澳门城市大学学术论丛

食品安全
刑事法律规制研究

范雪珂　著

Research on Criminal Legal Regulation of Food Safety

法律出版社
LAW PRESS·CHINA
——— 北京 ———

图书在版编目（CIP）数据

食品安全刑事法律规制研究 / 范雪珂著. -- 北京 : 法律出版社, 2025. -- (澳门城市大学学术论丛).
ISBN 978 -7 -5244 -0350 -0

Ⅰ. D924.364

中国国家版本馆 CIP 数据核字第 2025XL0149 号

食品安全刑事法律规制研究
SHIPIN ANQUAN XINGSHI FALǙ GUIZHI YANJIU

范雪珂 著

责任编辑 孔明林
装帧设计 李　瞻

出版发行 法律出版社
编辑统筹 学术·对外出版分社
责任校对 杨锦华
责任印制 胡晓雅　宋万春
经　　销 新华书店

开本 A5
印张 9.25　**字数** 201 千
版本 2025 年 9 月第 1 版
印次 2025 年 9 月第 1 次印刷
印刷 河北虎彩印刷有限公司

地址:北京市丰台区莲花池西里 7 号(100073)
网址:www.lawpress.com.cn
投稿邮箱:info@lawpress.com.cn
举报盗版邮箱:jbwq@lawpress.com.cn
销售电话:010 - 83938349
客服电话:010 - 83938350
咨询电话:010 - 63939796

书号:ISBN 978 -7 -5244 -0350 -0
定价:58.00 元
凡购买本社图书,如有印装错误,我社负责退换。电话:010 - 83938349

绪　论

本书重在研究与食品安全相关的刑事法律规制的若干问题，从理论与实践相结合的角度对法律应用的准确性、适当性进行探讨，对法律在保障食品安全、维护公众生命健康权利等方面的法律效果与社会效果进行剖析，以寻求改良路径。

一、研究之必要性

（一）理论上的必要性

在理论上，学术界对与食品安全犯罪有关的立法作注释性的研讨较多，对食品安全具体犯罪的成立及处罚的研究也不少。上述研究提出了一些完善现有机制的合理意见，但系统地从法学基本理论、相关学科的最新研究成果出发，结合司法实务的现状，研究食品安全违法犯罪的合理归类、犯罪成立要件的应有内容、刑罚体系的优化、与其他法律规制的衔接等问题的论述不够深入。放眼世界,其他国家和地区无不重视食品安全的法律理论研究与实践发展,我国香港和澳门地区及日本、美国、欧洲一些国家对危害食品安全犯罪的刑法规制,有许多有价值的做法,有关食品安全的刑事立法和刑罚量刑体系也有独到之处,可以结合我国国情加以借鉴。有些危害食品安全的犯罪,以外在的形态表现出来,社会公众通过正常的认识能力能够直接加以认识和判断。例如,在食品中添加违规物质,具体表现为:在牛奶中添加有害物质,在生猪饲料中添加“瘦肉精”,为了视觉效果在加工大米的过程中掺入石蜡、矿物油等。有些危害食品安全犯罪比较隐蔽,社会公众凭借常识不能直接加以认识和判断,只有借助特定的科学技术手段才能进行鉴别。例如,细菌性食品中毒案件。又如,澳门地区曾发生未经检疫之食品流通于市场,对公众造成危害时才应用法律惩治的情形。随着新技术的发展,应对危害食品安全犯罪面临新情况及新问题,法律规制的研究须跟上时代要求,特别是刑事法律规制要与时俱进。我国对危害食品安全犯罪通常适用重刑主义的刑事政策,实践证明效果不佳,如何调整刑事政策、适应新形势,理论探讨要先行。对法律规制中的具体问题进行深入的理论研究,是惩治危害食品安全违法犯罪行为、维护公众合法权益的必然要求。

(二)立法及实践中的必要性

近些年来,我国应对危害食品安全犯罪的立法工作取得了很大进展,表现在对《食品安全法》《刑法》相关条文进行了修改。但是,从实践及理论上考量,还有进一步完善的空间。例如,为了严密法网,应尽可能避免或减少适用“兜底性条款”以弥补法网不严之不足;立法模式宜由刑法这一“单轨制”过渡到刑法与单行法规并用的“双轨制”;在罪名体系上,适当注意具有竞合关系罪名之间的衔接,避免立法过剩;在刑罚结构方面,应为罚金刑设定比较明确的限度,使罚金刑的选择适用有一定的空间。实务中,涉及危害食品安全的罪名之间容易存在适用混乱的情形,出现同案不同判的现象。

(三)完善社会管理的必要性

食品生产和交易可能无时不在,无处不存在。该行业交易产品数量之大、从业人员之多是其他行业不可比拟的。食品安全的监管、技术设备滞后,工作人员素质有待提升,其涉及部门众多,易出现对食品安全的监管不到位、监管力度不足等问题;加之少数监管人员玩忽职守,这些都成为危害食品安全犯罪得不到有效遏制的重要原因。现实中还存在市场准入把关不严、监管缺失(特别是对食物源的监管缺失)等问题,这导致不安全的食品进入公众生活领域。部分农贸市场的新鲜水果、蔬菜等食品未经卫生检疫,农产品的种植和生产监管缺失,其安全性无法得到充分保障。在科学文化知识日益普及的今天,人们越来越重视身体健康与安全,对食品的质量要求不断提高,对食品安全更加关注。公众对危害食品安全犯罪行为深恶痛绝,但由于个体的自身能力有限,对危害食品安全犯罪往往难以抵制,因此表现出对执法、司法机关期望值越来越高,对司法惩治的法律效果及社会效果之企盼越来越大的倾向。

二、研究之方法

首先,理论与实践相结合是笔者采用的基本研究方法。食品安全违法犯罪与社会现实、公众生活紧密相连。只有将理论、法律规定与具体案例相结合进行研究,才能分辨各种法规、制度的法律效果及社会效果,比较与评估各种处罚、定罪量刑措施的优劣与利弊得失，以完善法律规制。其次，本研究采用了历史分析的方法。对食品安全的立法、司法沿革进行历史研究，找出不同时期食品安全违法犯罪的刑事立法及实务的特点及规律，结合法律规制的经济、社会背景，分析各种规制手段的优点与不足，以求更好地完善不足之处。最后，本研究采用了比较的研究方法。将我国内地与我国澳门地区及其他国家或地区具有代表性的有关危害食品安全犯罪之刑法规制进行比较，重点考察法律规制特点，找出值得借鉴之处。

目录

第一章　食品安全违法及犯罪态势之研究

第一节　发展态势、特点之分析

“民以食为天”是人类重要的生存法则，食品是人类生存的第一需要，也是人类发展的首要物质基础，无论富贵者还是贫贱者，均将其视为最重要的需求对象，常言道“手里有粮，心里不慌”，这是芸芸众生的基本感受。我国经过近50年的改革开放及经济发展，民众基本摆脱了饥荒，从温饱走向了富裕。不过，人们在渐渐远离饥饿的同时，又面临有毒、有害食品之困扰。重大食品安全事件触目惊心，如苏丹红及毒猪油事件、速冻食品深圳撤柜事件、三聚氰胺事件、瘦肉精事件、地沟油事件、蒙牛致癌物超标事件及近两年来曝光的化工油与食用油混装运输事件等。食品安全形势严峻，危害食品安全犯罪刑事案件数量增多，重大、恶性危害食品安全犯罪案件时有发生。在国家不断重点打击、强力治理危害食品安全犯罪的同时，一些不法分子仍顶风作案，以身试法。

危害食品安全犯罪损害了民众的健康，甚至剥夺了无辜消费者的生命，触动公众的神经，因此也引起党和国家的高度重视。习近平总书记强调“食品安全源头在农产品，基础在农业，必须正本清源，首先把农产品质量抓好。要把农产品质量安全作为转变农业发展方式、加快现代农业建设的关键环节，用最严谨的标准、最严格的监管、最严厉的处罚、最严肃的问责，确保广大人民群众‘舌尖上的安全’”。[①] 在党的十九大报告中明确强调：“实施食品安全战略，让人民吃得放心。”

新时期，危害食品安全犯罪呈现出新的特点。(1)传统的犯罪方式与新的技术手段相结合。传统的犯罪手段受技术条件限制，其特点是采用简单手工方式，以物理加工方法居多。随着科技的发展，犯罪手段的技术含量越来越高，并逐步向专业化方向发展。在网络技术高速发展的时代，犯罪分子利用物流监管漏洞，通过网络电商交易平台全过程的网络运作模式，从产品信息发布、与买家联系、网上付款到物流，呈现犯罪高智商化、技术化的趋势。行为人利用信息技术实施制售假冒伪劣食品等违法犯罪行为技术，从在实体店实现买卖双方直接交易，到在电子邮件、微博、微信等互联网平台，进行交易沟通、产品展示、货款支付。(2)由以具体、少数对象向大量涉众性犯罪转变，犯罪活动立体时空对接的复杂犯罪成为趋势。(3)团伙作案、共同犯罪成为主

① 参见习近平总书记2013年12月24日在中央农村工作会议上的讲话，载中央人民政府网，https://www.gov.cn/ldhd/2013-12/24/content_2553842.htm。

要形式。犯罪嫌疑人多为同乡，相互熟悉、信任，案发后更容易相互包庇，多以家庭成员、同籍关系为纽带组成犯罪团伙，他们语言习惯相同，结构相对稳定、分工明确，在危害食品安全犯罪行为的实施过程中，形成产、供、销、运等各个环节一条龙的黑色犯罪链条。(4)犯罪嫌疑人逐渐走向幕后、行为更加隐蔽。以食品为对象的违法犯罪行为逐渐走到传统监管视野之外。因此，如果犯罪嫌疑人深藏幕后采取更加隐蔽的手段，常规检查和监管方式难以及时发现。(5)由局部向全国、由国内到跨国(边)境的犯罪转变。现代信息互联网技术跨时空的特点，为从事食品行业的违法犯罪分子提供了便利条件。跨区域甚至跨国(边)境犯罪越来越多，范围越来越广。(6)有毒有害食物种类向多品种、多类别蔓延。危害食品安全犯罪中，有毒有害食品涉及的新品种、新领域、新配制不断出现，技术含量越来越高。

从全球范围看，食品安全问题是一个世界性的问题。

2017 年，欧洲陷入了连续的食品安全恐慌中。开始是在多国出现的“毒鸡蛋”事件，当年 8 月初，从荷兰出口到德国的数百万枚鸡蛋被检测出杀虫剂氟虫腈残留，包括英国、德国、荷兰、法国、比利时等在内的近 20 个国家及地区相继通报发现了“毒鸡蛋”。英国超市出售问题猪肉致人感染戊肝病毒，英国最大的连锁超市乐购(TESCO)被证实是弥漫英国几个月的“肝炎恐慌”猪肉的经营者，在此之前，英国公共卫生署(PHE)公布某超市出售携带戊肝病毒的猪肉可能导致消费者感染的消息，但一直将该超市匿名。2017 年 5 月英国公共安全卫生局发布了一项研究结果称，过去几年中，当地许多人可能因食用一家大型超市中被污染的猪肉制品后感染 G3－2 戊型肝炎病毒，这引起轩然大波。研究人员在一定程度上经过调查，发现其中一种新型戊型肝炎病毒(G3－2

HEV)与法国、荷兰、德国和丹麦的养猪场有关系,感染者中有部分人经常去一家大型超市购买香肠和火腿。分析显示,英国本地产的猪肉中并没有检测出戊肝病毒,从欧洲一些国家进口的猪肉产品可能被污染。英国戊肝感染者数量不断上升,据英国公共卫生局的统计,自 2010 年至 2016 年,戊型肝炎的严重病例数量几乎增加了 3 倍,2016 年报告有 1244 人,6 年前则只有 368 人。据英国媒体报道,英国每年有 6 万多人感染这种病毒。该菌种可能存在于约 10% 的香肠中。“这种病毒袭击肝脏和神经,5 月是病发的高峰。对具有免疫系统受抑制的人尤其危险,例如有器官移植和可能患有癌症的人。”英国埃克塞特大学胃肠学专家哈里道尔顿博士称,在英国,新型戊型肝炎病毒(G3 - 2 HEV)已经成为一个主要威胁,他把这一病毒命名为“Brexit 病毒”。该菌种以前主要是热带病,但现在已经变异,会感染牲畜,也会像流行性感冒一样导致人类感染。戊型肝炎的潜伏期为 30 ~ 40 天,发病者大多为年轻人,76% 的病人年龄在 15 ~ 45 岁,尤其对孕妇非常危险,怀孕第三期感染的妇女,其死亡率达 20% 。

2003 年美国暴发了有史以来最大规模的甲肝疫情,并席卷了宾夕法尼亚等东南部 4 州。在不到一个月内,当地感染甲肝的居民就超过 500 人,其中 3 人不治身亡。据调查,暴发的甲肝疫情与墨西哥进口的青葱有关,而且几乎所有的感染者都曾在同一家墨西哥餐馆用过餐。2006 年美国的毒菠菜、2011 年欧洲的毒芽菜,是食品集中生产和大规模销售的结果。由上可见,应对危害食品安全之祸,已经成为世界性问题。

第二节 违法犯罪原因之分析

食品安全方面的犯罪原因具有复杂性、多样性，概括起来有以下几方面。

第一，逐利意识影响。

在食品安全违法犯罪中，行为人的违法犯罪动机是为了追逐非法利润。市场经济的逐利性、法制不健全、管理不到位等负面因素是该类犯罪存在的条件。在市场经济高速发展的时期，存在部分极端逐利思想。一些食品生产者、经营者置公众健康于不顾，为了追逐超额利润而不择手段。危害食品安全犯罪成本低，有危害性食品的生产工艺技术含量低，投入低却回报高。部分管理部门的相关监管不到位或力度不够，食品违法犯罪也不易被发现，生活中一些违法犯罪行为多发，群众举报并与之做斗争的现象却不多，一些违法犯罪行为即便被监管部门查获，多以行政处罚了结，处罚力度不足，与因违法犯罪行为所造成的社会危害结果不相称。

第二，食品安全意识不强。

一些地方及部门片面追求经济指标，为追求政绩片面追求国内生产总值（GDP）的高速增长，没有将关系民众健康的食品安全问题放在重要位置，食品安全意识较为淡薄，少数地方为了营造所谓宽松的投资环境，吸引投资的同时放松监管，以致一些企业或其他商家放肆地从事违法违规的食品经营活动。众多消费者食品安全意识不强，对许多劣质食品缺少识别能力。

第三，食品安全管理不健全。

食品安全标准存在不一致、不够细化的问题。食品安全管理部门协作机制不健全,导致监督不到位,不能形成合力。有些部门之间的职责存在界限不明、相互交叉的情况,彼此关于食品安全的信息共享机制不健全,容易出现管理不到位问题。

第四,食品安全法律规制相对滞后。

对涉及食品安全方面违法犯罪行为适用法律的基础是食品安全标准,而现有的部分食品安全国家级标准是在 10 年前或 20 年前制定的,标准较低,滞后于社会经济发展,一些推荐性新标准缺乏法律约束力。现行《食品安全法》等法律法规规定还须更加具体,对危害食品安全犯罪入刑的范围及要件的规定还须更加缜密,刑法适用层面的惩治及震慑效果还须提升。

第五,对危害食品安全犯罪惩治力度不够。

危害食品安全犯罪行为存在分散、隐蔽等特点。实践中存在报案少、取证难、检测能力不足、部门协作不够等问题。在客观上,检测鉴定难度确实较大,危害食品安全犯罪案件在罪与非罪的认定上,因鉴定机制不适应侦查机关办案的要求,常常影响办案进展。鉴定机制的不足在于:其一,所需时间过长。普通问题的食品司法检测鉴定时间是 20 天左右,而成分不明的食品检测难度更大,有的所需时间长达数月。其二,食品检材送检滞后。一般情况下食品安全案件是在行政机关执法中被发现,后移交公安机关确认是否需要刑事立案。移交时,多数没有检测鉴定报告,公安机关以刑事程序送检,待司法鉴定给出意见,犯罪嫌疑人已经历了很长的羁押期限,有的甚至超过法定羁押期,有的机关被动地对嫌疑人采取取保候审或以行政处罚结案。如此,就在一定程度上放纵了危害食品安全犯罪。其三,少数鉴定检测对技术要求高,对检材品质要求高。少数鉴定检测项目对鉴定检测检材有特殊要求。例如,对病死动物肉食品的鉴定,检测对象必须有动物的淋巴和内脏才能进行有效鉴定。但实务中，执法人员一般只查扣到肉制品，难以取到动物内脏、淋巴，这样就不符合检疫部门的专业要求，就难以认定“有毒、有害”食品的性质。根据最高人民法院、最高人民检察院《关于办理食品安全刑事案件适用法律若干问题的解释（2021）》（以下简称《食品安全刑事案件司法解释》）的规定，客观上存在“死因不明的动物肉制品”，却不能得出符合要求的检测鉴定报告，刑事立案、侦查就有困难。其四，基于鉴定标准缺失及技术所限等原因难以检测鉴定。“地沟油”之类的有毒有害食品，制作的材料和方法多样，成分复杂，相关部门无统一、权威的认定标准，鉴定部门难以对其成分进行技术检测并得出结论。在技术检测方面，时常存在技术上的制约。例如，对有害味精的检测鉴定，在技术上能检测出味精中是否含有钠元素和硫元素，但是否含有硫化钠则无法得出结论。有些食品对象是否存在问题还无法检测认定，如陈年冷冻肉是否存在危害安全的问题，现阶段不能检测认定。其五，鉴定机构及检测鉴定意见效力需要规范。实务中，各级、各地公安机关针对各自侦办的案件，对涉案食品、物品进行检测鉴定，但侦查部门自侦自鉴的证据容易引发争议。有些部门，特别是委托的部门鉴定存在问题。例如，在假酒案件中，一般机构不具有对酒质进行检测鉴定的条件，让被假冒的白酒生产厂家对涉案假酒进行检测鉴定，具有技术上的检测鉴定优势，但其鉴定资格容易被质疑，鉴定意见的法律效力存疑。厂家的鉴定资质没有达到司法检测鉴定要求。

第六，食品安全宣传、教育不足。

食品安全宣传重视程度不平衡，在区域地理上，对城市人口的宣传较为重视，对城乡接合部及乡村的宣传不足。在受众对象上，中青年获得的食品安全知识较多，老幼年群体受到的食品安全教育较少,后一群体的食品安全意识薄弱,容易成为不安全食品的受害对象。食品安全宣传教育要深入人心,引起全社会的警惕,使食品生产、经营者增强自律性、自觉性,使消费者增强食品安全意识、依法维权意识。

第二章　食品安全立法之研究

第一节　相关概念之研究

一、“食品”“食品安全”的含义

我国内地关于食品的国家标准规定在《食品工业基本术语》中，将食品表述为“可供人类食用或饮用的物质，包括加工食品、半成品和未加工食品，不包括烟草或只作药品用的物质”。[①] 2009 年 6 月 1 日实施的《中华人民共和国食品安全法》（以下简称《食品安全法》）第 99 条将“食品”定义为“指各种供人食用或者饮用的成品和原料以及按照传统既是食品又是药品的物品，但是不包括以治疗为目的的物品”，还规定：“食品无毒、无害，符合应当具有的营养要求，对人体健康不造成任何急性、

① 参见 1994 年《食品工业基本术语》，载国家标准馆网，https://www.nssi.org.cn/nssi/front/2203683.html。

亚急性或者慢性危害。”①《食品工业基本术语》所规定的食品概念是从食品的使用价值的角度出发的,指能满足人体生理要求或营养要求的所有物品,该物品包括的内容有一般意义上的食物,也有生产食品过程中为了保质或美观所添加的食品调味品、添加剂、保鲜剂、色素等,还包括饮料等。比较以上概念,《食品安全法》中食品的概念外延相对较窄。笔者认为,为了保障食品安全,应对食品的含义作广义解释。食品,不仅包括《食品安全法》所规定的食品,还包括供人食用或者饮用的成品和原料,包括按照传统既是食品又是药品的物品(不包括以治疗为目的的物品),而且包括生产食品的原料、食品的半成品、食品的添加剂,包括所有在食品生产过程中所添加的作为食品的一部分供食用的物质。

我国澳门地区在《食品安全法》中使用的是“食品”(gênero alimentício)一词,并在第3条“定义”中明确指出,“食品:指任何供人食用的经处理或未经处理的物质,包括饮料及香口胶类产品,以及在生产、配制及处理食品过程中所使用的所有成分”。而且,根据立法会第1/Ⅳ/2013号意见书,供给公众食用的水(包括自来水以及有预包装的各类矿泉水、蒸馏水等)都属于本法规定的食品范围。可以看出,澳门地区关于“食品”的范围非常广泛,与欧盟的标准一致。② 这也是对澳门地区《刑法典》规定的“供应养料之物质”食品概念的修正。

关于食品安全的含义,世界卫生组织(WHO)也很重视,该组织在1984年发布的《食品安全在卫生和发展中的作用》一文中对

---

① 参见《中华人民共和国食品安全法》,载中央人民政府网,https://www.gov.cn/flfg/2009-02/28/content_1246367.htm。

② 参见李哲:《澳门食品安全法的相关刑事法问题研究》,载《澳门法学》2014年总第11期。

食品安全明确了以下内容："第一，发生在生产、加工、存储、制作和分配食品过程中；第二，目的是确保食品安全可靠并有益于健康；第三，性质是适合人消费的种种必要措施。"可以看出，如此表述把食品安全等同于食品卫生，还没有明确将二者区分开来。世界卫生组织于1996年发布的《加强国家级食品安全性计划指南》中食品卫生的含义为：首先，是一些措施和条件，其次，设定这些措施和条件的目的是确保食品适应性、安全性；最后，发生在食物链的所有阶段。食品安全的含义为：是对消费者不受伤害的一种担保，只要消费者正常食用，对食品摄入者本身及其后代均不会受到急性或者慢性的危害。很明显，这种食品安全的含义是狭义上的，范围较窄。食品安全除保证消费者不受伤害外，还应包括食品满足人体某种必需的营养成分，因为人体在缺乏某种成分或营养比例失调的情况下，也会发生健康损害。笔者认为，食品安全含义的外延应比食品卫生宽。以上对食品安全的定义，各有优点，但都有不足。不应将食品安全与食品卫生等同，否则在实务中是有不良作用的。食品安全定义的范围不能过窄，不应只包括食品的生产、消费环节，实际上，还应包括食品的原材料生产、食品包装、运输、经营等过程。食品的有害性不能只限定于有毒、有害性，规制对象不能过窄。实务中，常有营养成分添加不足或者过量添加合法添加剂的案例，也会对人体造成一定伤害，因此，如营养成分和添加剂指标等也应当成为食品安全刑事法律规制的对象。内地《食品安全法》中食品安全的含义，在范围上欠缺详细，过于概括。

综合分析各种定义，笔者认为，从保护、强化对食品安全违法行为的规制考虑，以求加大对违法行为的威慑力，食品安全的概念宜作较宽理解，可以定义为：食品安全，指在食品的生产、加工、运输、销售等各环节，符合国家制定的标准和要求，不存在可能损害人体健康的有毒、有害物质，合理使用合法的食品添加剂，符合应有的人体营养要求，对人的生命、健康不会造成急性、亚急性、慢性损害。笔者的研究在以上基本内涵的基础上展开。

二、危害食品安全犯罪的含义

危害食品安全犯罪在刑法中作为破坏社会主义市场经济秩序罪的一部分。不少学者对危害食品安全犯罪进行了研究，主要观点有如下几种：第一，危害食品安全犯罪是与食品的安全性相关的，具有社会危害性的，并且依据刑法应受到处罚的行为；第二，危害食品安全犯罪是对食品的生产与销售中一系列犯罪行为的总称，是指在食品的生产、销售过程中发生的犯罪行为；第三，在食品的养殖、种植、加工、贮藏、包装、运输、消费、销售等环节中，违反国家相关标准和要求，存在可能损害人体健康的有毒、有害物质，危害消费者的生命、健康，或在食品中投放危险物质，危及公共安全的行为。总之，危害食品安全犯罪可以分为广义的危害食品安全犯罪和狭义的危害食品安全犯罪两大类。狭义的危害食品安全犯罪是指我国《刑法》第143条规定的生产、销售不符合安全标准的食品罪，以及第144条规定的生产、销售有毒、有害食品罪。有人认为除了上述两种犯罪以外，还应当包括《刑法》第140条规定的生产、销售伪劣产品罪。广义的危害食品安全犯罪概念是食品量的犯罪和食品质的犯罪的结合，其内容除包括狭义犯罪内容外，还应包括《刑法》第140条规定的生产、销售伪劣产品罪、第221条规定的损害商业信誉罪、商品声誉罪、第225条规定的非法经营罪、第397条规定的滥用职权罪、玩忽职守罪和《刑法修正案(八)》增设的“食品监管渎职罪”[《刑法修正案(十一)》取消了该罪名，规定了食品、药品监管渎职罪，鉴于本书主题，后文统一采用食品监管渎职罪这一表述]等多项罪名，实际上是可能涉及食品安全的所有犯罪。高铭暄教授和马克昌教授认为，“危害食品安全犯罪是指故意或者过失实施的，违反食品安全法规，危及不特定多数人的生命、健康或重大公私财产安全的行为”。[①] 笔者基本上赞同这一对危害食品安全犯罪的定义。加以展开，危害食品安全犯罪的内涵应包括刑法规定的、违反食品管理制度的、危害不特定多数人生命、健康或财产安全的行为。

第一，构成危害食品安全犯罪的行为应当是刑法规定的行为。这是首要条件，是罪刑法定原则的基本要求，不过，这里的刑法包括刑法典、单行刑法、行政刑法，即广义上的刑法。如果某一与食品有关的行为没有被刑法规定，就不能认为是犯罪。如果仅违反了某一行政规范，不能认定为犯罪，要准确界定危害食品安全犯罪的概念，首先要以刑事法规为依据。

第二，危害食品安全犯罪是违反了食品管理制度且与食品有关的犯罪。危害食品安全犯罪必定与食品有关，如果与食品不沾边，肯定与此类犯罪无关。构成犯罪的危害食品安全犯罪行为应当是违反了食品管理规范，如果某一行为是国家关于食品的管理制度所许可的，应当不构成犯罪，危害食品安全犯罪侵害了食品监管秩序是其重要特征。

第三，危害食品安全犯罪是侵害了不特定多数人的生命、健康或财产安全的行为，即危害公共安全的行为。这一点将危害食品安全犯罪与其他与食品有关但不危及公共安全的犯罪区分开来。前两点所指犯罪是与食品有关的犯罪，但并不能认为一切与食品有关的犯罪都是危害食品安全犯罪。如以投毒为手段的故

---

① 高铭暄、马克昌主编：《刑法学》，北京大学出版社、高等教育出版社2000年版，第353页。

意杀人行为,虽然行为人实施了向食物中投放有毒物质的行为,但其主观方面表现为故意剥夺他人的生命,犯罪对象是特定的人,虽然是典型的侵害他人生命健康权的行为,但不能构成食品安全类的犯罪。危害食品安全犯罪最本质的特征取决于行为人是否侵害不特定多数人的生命、健康权或财产权益。因此,笔者认为,危害食品安全犯罪的范围指生产、销售不符合安全标准的食品罪(《刑法》第 143 条),生产、销售有毒、有害食品罪(《刑法》第 144 条),还包括《刑法修正案(八)》增设的"食品监管渎职罪"(《刑法》第 408 条之一),以下章节将继续论及。

第二节　古代食品安全法律规制考究

从我国历朝历代对食品安全的法律规制可以总结出以下特点:第一,食品安全问题表现为较原始状态的酒肉类有毒有害问题,其中多为肉类变质致人损害,因为古代无现代工业,食品全部由手工操作,无工业原料混合问题;第二,基本上以刑罚方法规制食品安全问题,但出现了以工商管理为手段管理食品生产交易的雏形;第三,是食品安全事故与毒品杀人混同,均以刑罚惩罚。

早在商周时期,未成熟的果实交易也被严禁。周代关于食品安全事件的记载不多,由于食品安全关系重大,对此统治者非常重视并作出了特别规定。《礼记》记载,周代对食品上市交易的条件规定明确:五谷不时,果实未熟,不鬻于市。这是中国历史上对食品安全管理最早的文字记载。周代的食品交易是以直接采摘收获的初级农作物为主,因此对农产品交易时的食品成熟度十分关注。

孔子提出的“十三不食”原则记载于《论语乡党》，其中有一部分就和食品安全有关，“粮食陈旧及变味了，鱼和肉腐烂了，都不能吃。食物的颜色发生变化了，不能吃。烹调不当，不能吃。气味变异了，不能吃。食物不生鲜了，不能吃。”

到汉唐时期，售毒肉致死者处绞刑。汉唐时商品经济有一定程度的发展，食品贸易活动非常兴旺，交易品种丰富。为了防止不安全的食品流入市场，王朝以法律作出了相应规定。汉朝《二年律令》明文规定：“诸食脯肉，脯肉毒杀、伤、病人者，亟尽孰(熟)燔其余。其县官脯肉也，亦燔之。当燔弗燔，及吏主者，皆坐脯肉臧(赃)，与盗同法。”意思是，如发现有肉类食品存在有可能导致他人中毒的情况，应尽快将变质的肉类食品烧毁，否则将处罚经营者及相应官员，其与盗贼同等处罚。汉朝是对不安全食品处罚方式规定最为明确的朝代。

唐朝对食品的法律十分严格。“脯肉有毒，曾经病人，有余者逗焚之，违者杖九十；若故与人食并出卖，令人病者，徒一年，以故致死者绞；即人自食致死者，从过失杀人法。”该内容记载于《唐律疏议》中。《唐律疏议》对腐败肉类规定得相当明确，明知脯肉有毒，但不马上焚烧销毁的，无论是否产生坏的影响都构成犯罪，要杖打九十。如果产生了影响，惩罚会更重。具体来说，明知脯肉有毒而出售或馈送，属于故意犯罪，如发生他人中毒事故的，对食品经营者要判处一年徒刑；导致他人中毒身亡的，对行为人要判处绞刑。如果他人在不知真相的情况下食用了未被焚毁的有害肉类造成死亡结果，要对受害人进行赔偿，支付一定数额的金钱，食品经营者要以过失杀人论罪。

宋朝由行会监管制假贩假行为。宋代的饮食市场空前繁荣，因此不可避免地存在食品安全问题。宋朝奸商较多，在历史上闻名。宋人一段戏曲，其内容是："浙右华亭，物价廉平，一道会买个三升……这一瓶约迭三斤。君还不信，把秤来称，有一斤酒，一斤水，一斤瓶。"华亭是上海在古代的旧名，这段唱词的意思是上海假酒，酒的价格不高，一贯纸币能买到三斤酒，空瓶子的重量就有一斤，掺的水在酒中又占了一斤，用一贯的纸币最后只能买到一斤假酒。

那时技术手段落后，假酒只是掺水，对人体没有什么危害。事实上，宋朝食品市场风气之坏和食品危害之严重其他朝代很少可比，有的商贩甚至通过使用"鹅羊吹气，鸡塞沙，卖盐杂以灰"坑蒙拐骗的方法牟取利益。有这样的故事发生于宋朝，文庙每年都有许多秀才祭祀，祭祀后的猪肉，就分给大伙，因为在盛夏，天气炎热，上午用过的猪肉，下午就臭了，谁都不愿意要。为了避免"浪费"，秀才们就将这些猪肉转卖给肉贩子，肉贩子采用泡洗血水的方法处理一下，异味就消失了，肉色还挺好看，然后以原价卖给老百姓。

为此，宋朝法律在刑罚上承继了唐律的严格规制，对致人危害的食品的经营者给予重刑。《宋刑统》规定："脯肉有毒曾经病人，有余者速焚之，违者杖九十，若故与人食，并出卖令人病，徒一年；以故致死者，绞；即人自食致死者，从过失杀人法……"同时，为了加强对食品以次充好、掺假等食品安全问题的管理和监督，宋代规定了行会制度，行会必须对食品质量承担责任，且食品从业者必须加入行会。"行会"由商人们依据其经营物品的类型组成，其他手工业者、商铺及其他服务行业的从业人员均必须加入行会，并通过注册进行行业登记，如不完成合法手续，就不具有从事该行业经营的合法资格。各个行会组织，对其商品质量的生产经营进行管理，行会的首领作为担保人，有评定物价和监督不法行为的职责。

皇帝吃“特供”在宋朝已经出现，食品不干净的责任人会被流放两年。平民百姓的食品安全受危害时，处罚严酷，对皇帝食品安全的保障更是重中之重。宋朝时，河南商丘有个皇家农场，出产的五谷、蔬菜和禽蛋也是专供皇室享用。此外，皇宫及附近还有“御苑”，里面也种菜种粮，可以供应御厨。所以宋朝皇帝吃的都是“特供”。唐、宋宫廷之内制定了一套专门的食品安全规则。唐代法律规定，如果宫廷食品发现被掺入不干净的东西，将依律将相关责任人流放两年。一般人不得随便出入皇家厨房，若不慎误将有毒物品带入御厨，得处以绞刑。根据《唐六典》的记载，朝廷设置了专门的食品监管官吏和食品尚食局（监管机构）。明朝嘉靖三十三年法律规定：“发卖猪羊肉灌水，及米麦等插和沙土货卖者，比依客商将官盐插和沙土货卖者，杖八十。”其意为，若为了给肉增加重量，在肉里注水并出售，以及为了增加粮食和食盐的重量，故意在其中掺入沙土，则打八十大板。

比较历朝历代对食品安全的监管措施，在中国历史上，清朝应是最发达、完备的。一些现代食品安全管理措施，就有沿用清朝做法的内容。清代检验抽查制度严格，清代茶叶市场交易繁荣，也是假冒伪劣成分最多的领域。清政府制定了相应的管理制度，如实行核发牌照制度，从源头上防假冒产品。当时政府管理部门已经为茶叶商人核发“执照”，按其名称品种登记“商标”，以及核准出口经营权限。政府部门还任命专业的官员从事茶叶质量抽查，对包装、品种、牌号进行比对，如果货不对版，就要依律追究责任。

至光绪二十四年（1898 年），中国茶叶成为主要的出口产品，外贸出口量大,与此相适应,清政府十分关注茶叶质量,在管理上加大力度。对出口的茶叶,一定要进行质量抽查,当时主要采取化学试验及滚水泡茶两种方法。若发现茶叶的质量有问题,则该批次茶叶将被全部没收。后期,清朝的相关主管部门对茶叶质量制定了认定标准。以实物作为样品,让茶叶经营者有质量依据;对于运输、销售茶叶的商家,对照样品检验审评,符合标准的可以通关,违反规定的,茶叶将被充公、焚毁或扣留。

清朝的食品安全管理机构齐备。清朝建立了膳底档,即清宫记载皇帝和皇太后每日用膳情况的档案。它主要由膳单和用膳记录两部分组成。膳单即每日早膳和晚膳的食谱和厨师名单,由供膳机构拟写。膳底档不仅记载宫中的用膳情况,而且也记载皇帝、太后在宫外的用膳情况。如乾隆帝出巡江南时,有《江南节次照常膳底档》;驻跸热河行宫时,有《驾次热河哨鹿节次照常膳底档》等。清宫设制膳底档,一方面是为了研究皇帝、太后的饮食习惯,以便改进膳食制作;另一方面,也是为了在皇帝、太后饮食有误时,便于检查与追究司其事者的责任。因此,膳底档所录情况力求全面、真实和细致。

第三节　比较法视域下刑事立法模式研究

对不同国家和地区的立法模式(法律渊源)加以研究,会发现有关食品安全的刑事立法各有特点。总体来看,立法模式主要有五种:第一,刑法规制模式;第二,单行刑法规制模式;第三,附属刑法规制模式;第四,附属刑法规制与刑法规制相结合模式;第五,特别刑法规制与附属刑法规制相结合模式。

一、我国立法沿革及模式

(一)我国内地立法沿革及模式

近些年来,在全社会关注食品安全的同时,立法、司法、行政执法也日益重视从法律层面对食品安全的规制,对危害食品安全犯罪加大了打击力度,出台了相关法律、司法解释及行政法规,相关部门作出了不懈努力,取得了一定成效。1979 年《刑法》还未规定与危害食品安全犯罪相关的具体规范,刑法规制内容最早出现在 1982 年 11 月 19 日通过的《食品卫生法(试行)》(已失效)之中,该法对食品生产经营规定了明确制度,确定了食品应有的标准和要求,并对违反生产经营规则的行为规定了处罚标准和方法,其中就包括《刑法》内容。该法第 41 条规定,违反本法,造成严重的食物中毒事故或者其他严重食源性疾患,致人残疾、致人死亡或因而丧失劳动能力的,根据不同情节,对直接责任人员,分别依照《刑法》规定的重大责任事故罪,强令违章冒险作业罪[《刑法修正案(十一)》已改为强令、组织他人违章冒险作业罪],制造、贩卖假药罪和玩忽职守罪处罚。尽管这些条文没有明确危害食品安全犯罪,但内地《食品卫生法》对危害食品安全犯罪以附属刑法的方式进行了规制。1985 年,最高人民法院、最高人民检察院联合下发了《关于当前办理经济犯罪案件具体应用法律的若干问题的解答(试行)》(已失效),其第 3 条规定:在生产、流通中,以次顶好、以假充真、以少顶多、掺杂使假,情节严重的,按投机倒把罪定罪处罚。实践中,对普通假冒伪劣食品经营行为以投机倒把的罪名进行刑法规制。其中,有毒有害食品危害公共安全的犯罪,按危害公共安全罪处理。随着改革开放、经济发展,法制进程取得了重大进步,食品安全刑事立法有了较大进展,1993 年,全国人大常委会通过《关于惩治生产、销售伪劣商品犯罪的决定》(已失效),该决定新设的罪名,包括非法的食品经营业活动,食品相关的犯罪走向设立单列罪名的方向。

1997 年,《刑法》经过修订,首次对与食品相关的罪名进行了独立的规定,使食品领域的犯罪从其他罪名中分离出来。2001 年,最高人民法院、最高人民检察院共同颁布《关于办理生产、销售伪劣商品刑事案件具体应用法律若干问题的解释》,详细地规定了相关危害食品安全犯罪客观方面的要件。

2002 年,瘦肉精事件影响较大,引起全社会的广泛关注,最高人民法院、最高人民检察院发布了《关于办理非法生产、销售、使用禁止在饲料和动物饮水中使用的药品等刑事案件具体应用法律若干问题的解释》,重点对动物饲养中的违法犯罪行为进行了明确规定。

2011 年,全国人大常委会颁布施行《刑法修正案(八)》,对食品相关的犯罪规制更为明确,对罪名进行了修改,"不符合卫生标准"被"不符合安全标准"取代,这次修改的变化在于:第一,扩大了对食品类犯罪行为的处罚范围;第二,提高了法定刑幅度;第三,规定了"食品监管渎职罪",对食品监管机关工作人员的渎职行为单独列罪名追究,扩大了该类渎职犯罪的处罚范围。另外,在《刑法》第 143 条规定的犯罪中,增加了"或者有其他严重情节"这一内容,一定程度上扩大了处罚范围。同样,在《刑法》第 144 条第二档情节条件中删除"造成严重食物中毒事故或者其他严重食源性疾患"的同时,增加"或者有其他严重情节"的内容。应当肯定,这次刑法修正,一定程度上在《刑法》与《食品安全法》的衔接上有了进步。至此,对食品相关违法犯罪规制的罪名有两类:第一类直接规定"食品"字样罪名:(1)"生产、销售不符合安全标准食品罪";(2)"生产、销售有毒有害食品罪";(3)"食品监管渎职罪”。第二类未标明“食品”字样，但犯罪对象与食品有一定关系，如“生产、销售伪劣产品罪”“非法经营罪”“投放危险物质罪”等。这两类共同形成了惩罚危害食品安全犯罪的一类罪名。应当说，《刑法修正案（八）》对危害食品安全犯罪罪与刑的修正，回应了全社会对食品领域犯罪的广泛关注，也是对2010年9月最高人民法院、最高人民检察院、司法部、公安部《关于依法严惩危害食品安全犯罪活动的通知》的呼应，符合时代要求。2020年12月，全国人大常委会颁布施行的《刑法修正案（十一）》第45条完善了食品、药品监管渎职罪。至此，在对危害食品安全犯罪的刑事规制上，形成《刑法》为核心的立法模式。

不过，应该客观地认识到，在实务中现行刑法规制仍然有一些不足之处，存在须改进完善之环节，刑事法规与食品安全相关的其他规范有必要进一步保持同步、相互协调。

（二）我国香港、澳门地区的立法模式

1. 我国香港、澳门地区立法概况

澳门地区对危害食品安全的相关犯罪规定在《刑法典》及特别刑法之中，其《刑法典》第269条规定了供应养料之物质腐败罪。于1997年制定的《惩治妨害公共卫生及经济违法法》（第6/96/M号法律）规定了三个罪名：质量或组成罪、妨害食品或食品添加剂之真实性、持有可用于伪造食品或食品添加剂之物质或用具罪及异常食品或食品添加剂罪。之后上述第6/96/M号法律规定的犯罪被废止，2013年10月20日开始施行澳门地区《食品安全法》，增设“生产经营有害食品罪”。至今，澳门地区刑事立法对有关危害食品安全犯罪的规定，形成了刑法典与特别刑法相结合的模式。

2. 澳门地区食品安全典型事例

(1)已经裁判之典型刑事案件(仅此两案为法院审理公布)

①中级法院第1044/2018号案的合议庭裁判

甲是澳门地区某贸易行东主。2016年6月3日,海关职员发现乙将两袋从内地带回的冷冻物品放置于甲店铺的侧门外,其后甲抵达店铺并将该两袋物品搬入店内,海关职员遂上前截查,并发现是两袋共重10.5千克的猪肉。由于甲未能出示进口这些猪肉的合法文件,海关关员就此制作笔录并将相关货品扣押。甲在声明笔录中声称该两袋冷冻物品属其所有,但不知悉猪肉的来源。海关知识产权厅调查后发现甲贩卖经关闸走私猪肉来澳,故建议按照第7/2003号法律第36条第1款的规定对甲科处罚款并将猪肉充公。甲在书面答辩中称其不认识乙,在事发前一日,甲曾在内地某店铺购买蔬菜,该店铺的东主称可以为甲安排走私贩运送所购买的货品来澳,但事发当日的猪肉并非其所有。海关关长基于甲未能出示运送货物的单据,认定该等猪肉归甲所有而不接纳其解释,并决定对甲科处1万澳门元的罚款。此外,民政总署管理委员会副主席根据第5/2013号法律第19条第1款亦对甲科处5万澳门元的罚款。甲不服,向行政法院提起司法上诉,行政法院经审理后裁定甲的上诉理由不成立。

甲不服,向中级法院提起上诉,认为被上诉判决错误解释第5/2013号法律第19条第3款,因为按照该规定,如同一事实同时构成该条及其他法规所定的行政违法行为,则只对处罚较重的行政违法行为作出处罚。

中级法院合议庭对案件进行了审理。

合议庭指出,第7/2003号法律及第5/2013号法律所保护的法益不同，前者保护的是货品的对外贸易和进出口，后者保护的则是食品安全，故两部法律所处罚的事实亦不相同，前者处罚的是在没有许可的情况下入口猪肉的行为，后者处罚的是销售（买卖）未经检疫的猪肉的行为。因此，被上诉判决并无不妥。

综上所述，合议庭裁定上诉败诉。

②中级法院第611/2021号合议庭裁判

行为人向餐厅提供（即使经过其他供应商）未经检疫而法定必须检疫的食物，以作客人食用，该等食物会对食客的身体完整性造成危险，而不论用于作生食或熟食。原因是检疫的目的就是排除受污染食物或对人体有害的食物；换言之，食用没有检疫的食物当然会对人体健康存有危险。

中级法院判处嫌犯触犯第5/2013号法律《食品安全法》第13条第1款第6项所规定及处罚的一项生产经营有害食品罪，罪名成立，科处2年8个月徒刑。

（2）公布之食品安全事件（选取代表事件）

①澳门地区消息：海关截走私货车，检224千克鲜肉：2017年2月5日发布

澳门地区海关联合民政总署食品安全中心执法人员，昨日（4日）早上到澳门地区北区一带巡查，查获一宗涉嫌销售及走私未经检疫鲜活食品案件，涉案货车载有35只共重62.5千克的已宰禽鸟、3千克禽鸟内脏、96千克猪肉、7千克猪内脏、20千克牛肉、32千克贝壳类及4千克蛙类，缉获物共重224.5千克。

海关将涉案人士带返总部协助调查，并以行政违法作出检控。民署亦将根据《食品安全法》的相关条款，对上述食材的收集及销售者作出起诉。

②23名大学生疑食用蛋包饭后集体肠胃炎，市政署跟进事件：2022年9月20日发布

市政署于9月19日接获卫生局通报一宗怀疑集体胃肠炎不适事件，共涉及23人。市政署已实时派员到涉事场所跟进调查，其间抽取食品及环境样本进行化验，并要求场所整顿贮存环境及卫生状况。市政署将持续跟进事件。

据卫生局通报，这次集体胃肠炎事件共涉及23名患者，均为澳门科技大学学生，于9月17日及18日先后在位于氹仔伟龙马路澳门科技大学的囍点餐厅用餐。其间进食了猪扒蛋包饭、鱼扒蛋包饭等各款蛋包饭食品。相关人士及后陆续出现发热、腹泻、腹痛、呕吐等症状。经卫生局流行病学调查，根据进食记录、潜伏期和症状，事件较大可能由细菌性病原体引起。

市政署接报后已实时派员前往涉事场所进行调查，并抽取食品及环境样本进行检验。现场所见，场所食品贮存条件欠佳，已烹煮的备用食材放置于室温下且未有妥善覆盖；部分冷冻冷藏设施温度不符合食安要求。市政署已实时要求餐厅人员检讨及整顿食品贮存环境、制作流程及人员卫生状况，并要求场所负责人安排员工修读食品卫生督导课程及食品安全与环境卫生基础班，以加强人员对食品及个人的卫生意识。

③市署查获两食品厂72包过期馅料已勒命停产将检控最高罚款60万澳门元：2024年4月25日发布

市政署日前食安排检查中查获银河食品厂72包重约340千克的白莲蓉、荔芋蓉等过期包点馅料。据调查，涉事过期馅料为银河食品厂及温记粉面厂共享，并生产制成包点供应两间下游食店。市政署实时采取预防控制措施，封存涉事过期食品原材料，勒令有关食品厂停止生产及供应涉事问题产品，市政署将根据

《食品安全法》作出检控，如属行政违法行为，将可被科处5万～60万澳门元的罚款；若情节触犯生产经营有害食品罪，可被判处最高监禁5年或最高600日罚金。

市政署呼吁业界倘有向该两间食品厂采购涉事馅料及制成品，应立即停止使用，并实时致电市政署食品安全厅，重申食品业界不能使用过期食品及原材料，业界有责任建立完善的食材管理系统，定期对库存食品的质量及食用期限进行检查并作妥善跟进处理，且须适时对已过期的食材进行报废，同时，保留食材的来货单据以便追溯货品来源。市政署将会持续透过市售巡查及入口检验检疫，对食品进行严格监管，保障食用安全。

二、其他国家的立法模式

（一）美国立法模式

美国对危害食品安全犯罪刑事立法采用附属刑法的立法模式。美国的刑事立法中没有制定统一的刑法典，其附属刑法占有主要地位。其危害食品安全犯罪方面附属刑法的立法时间集中在20世纪。① 美国相关的刑事立法是针对特定种类的食品，如肉类制品、家禽、乳制品、蛋制品等。其危害食品安全犯罪刑事立法的特点是较为分散，但其刑事规制的行为、对象范围非常严密，历经长期实践、发展，已经成为世界上公认的较为完善、先进的刑法规制。1906年，联邦制定的《纯净食品和药品法案》是美国最早的食品安全刑事法规，之后于1907年颁布了《肉食品检验法》，由此至今，美国涉及食品违法犯罪规制的法律有30部，形成了较为完备的食品领域刑事规制的法律体系。在美国的众多法律中，

---

① 参见左袖阳：《中美食品安全刑事立法特征比较分析》，载《中国刑事法杂志》2012年第1期。

《联邦食品、药品及化妆品法》是最为全面、最为重要的一部，该法规制的对象是食品和药品安全，规定了对危害食品安全犯罪的认定、预防和处罚，在世界范围内，该法是同类法律中较为全面的一部。2009 年，美国对该法律进行了 70 年以来的最大规模的修改，颁布了《2009 年食品安全加强法案》。

(二)日本立法模式

日本继承大陆法系国家的立法传统，在宪法的指导下，制定了食品安全和食品卫生方面的基本法律，此外，日本针对不同的对象分别制定了如下法律：《关于食品制造过程高度化管理的临时措施法》《对应疯牛病特别措施法》《关于化制场等的法律》《关于家禽处理业规制和家禽检查的法律》《健康促进法》等法律。日本还制定了一些实施法令，诸如《食品、添加剂等的规格标准》《食品卫生法施行令》《关于乳及乳制品的成分规格等之省令》《食品卫生法实施细则》等。

(三)英国立法模式

英国主要是以单行法的形式规制危害食品安全犯罪问题。其食品安全相关的法律从 1984 年开始制定，主要有《食品法》《食品卫生法》《食品标准法》《动物防疫法》《食品安全法》等法律，还有较多单行规定，如《肉类制品规定》《甜品规定》《食品添加剂规定》《饲料卫生规定》《食品添加剂、新型食品以及食品香料条例》等。上述法律规定涉及各种食品类别，关系到食品从生产、种植到消费的所有环节。英国规制食品领域行为的最关键的法律是《食品安全法》(1990 年颁布)，该法内容明确，其特点是对相关机构和执行人员的权利义务都明确规定。

第三章　危害食品安全犯罪法益之研究

第一节　法益之层次

一、公共安全是第一层次的法益

危害食品安全犯罪行为无疑侵害了多方面法益，或称复合法益、复杂客体。包括：第一，公共安全，即不特定多数人的生命、健康或财产安全；第二，国家对食品的管理秩序；第三，具体受害人的生命、健康权益及财产权益；第四，食品经营者的平等竞争权；第五，公民对食品真实性的知情权、买卖价格公平权等。在犯罪行为实际发生时，这些法益往往同时受到威胁或被实际侵害，笔者认为，上述法益有轻有重。其中，最本质的法益、第一层次的法益即公共安全。

（一）就食品安全的重要性而言，公共安全是第一层次法益

人的第一需要无疑是生存与安全，而要生存就必须处于安全的环境之中，没有安全，就难以生存，就算能生存，也生活在恐惧之中。人从出生时刻开始，生存的第一需要就是张口吃奶，母乳及奶粉的安全问题是人面临的最初、首要的安全问题。前些年的奶粉事件造成的大头婴儿等后果，形成的社会恐慌，已经让公众深切体会到了危害食品安全犯罪行为难以估量的危害。《食品安全法》第150条第1款规定，食品安全，指食品无毒、无害，符合应当有的营养要求，对人体健康不造成任何急性、亚急性或者慢性危害。这一定义恰当地肯定食品安全就是保障人体健康不受危害，危害食品安全犯罪就是对人的健康、生命造成危害，也即危害食品安全犯罪就是危害他人生命及健康。不可否认，寻求安全保障、躲避各种风险和危险，是人作为社会成员最为朴素、恒定、本能的心理需求，要求国家、社会建立相对安全的环境与秩序，是人们对法律制度的最基本的价值追求。“人的安全乃是至高无上的法律。”①这一论断之所以被广泛认同，是因为其高度准确估量了安全对人的重要性。从人的最原始、最基本的需求出发，就食品安全的重要性而言，危害食品安全犯罪侵害的第一层次法益应是不特定多数人的生命、健康及财产权益，即公共安全。

刑法保护的法益是有范围的。《食品安全法》要求食品“对人体健康不造成任何急性、亚急性或者慢性危害”，这就是对食品安全基本标准的表述。当然，在客观的现实生活中，绝对的安全在客观上不存在，食品安全也是如此。人们难以避免“病从口

① ［美］博登海默：《法理学：法律哲学与法律方法》，邓正来译，中国政法大学出版社1999年版，第293页。

入”，刑法规制是为了防止法定的危害较大的行为给人们造成法益的侵害。各种来自食品的危害和风险时刻潜伏，保障食品安全必须控制食品中的致害因素，食品的致害因素从其成因来看，有人为及非人为、先天与后天因素。有关食品安全的法律就是保障食品安全权利的准绳，刑法是其中最为严厉的法网。人类生产、消费食品的直接目的是维系生存，保障健康。倘若人类自己生产和消费的食品因含有致害因素而危及人的生命和健康安全，实际上是反人类、违背人性的现象。

刑法规制的食品安全，是指食品不含有危害生命和健康的因素，而且这些因素是人为造成的，不是天然形成的。如果某些食物含有固有的不良因素，不能认为是刑法意义上对法益的侵害。如某些食物使人上火，某些食物使人泻肚子、某些肉类胆固醇含量过高、某些水果含毒素等，就不属于刑法保护的范围。如果由于人为的原因而将这些固有致害因素加以扩大或现实化，经过人为配制或加工进行销售，就可能构成危害食品安全犯罪的行为。不过，由于消费者自身缺乏消费常识或认识错误而将两种或多种混合有害的食品一起食用，或食用存放过期而发霉变质的食品，或食用保存不当而受到污染的食品，从而遭受生命和健康之危害，则不属于刑法保护的“食品安全”的范畴。也就是说，那些来自食品自身先天的、固有的而又无法避免或完全排除的致害因素，以及由于消费者自身消费行为不当产生的致害因素，不属于刑事法律规制的食品安全问题。而来自经营者的人为原因产生的致害因素及其危害，则为食品安全问题。不难发现，法律层面上的“食品安全”是一种相对的安全，这种相对性还体现在另外两个层面：第一，食品是否安全，除了社会公众特别是消费者在生活中的主观判断和认识标准外，是以各种明确规定的食品安全标准为依据的，这些标准是国家制定并公布的，具有强行性和排他性。这些食品标准是客观的评判、检测基准，食品符合标准就具有安全性，不符合标准就缺乏安全性。第二，食品安全是一种社会化的安全，存在于主体相互关系之中，是消费者在消费活动中相对于食品生产者和经营者的安全诉求和法益主张。由此可见，保障消费者的食品安全，必须运用法律，通过规制食品生产者和经营者的生产、经营行为来实现。从此角度看，刑事法律规制食品安全，就是规制食品生产经营者的行为，保护公共安全，就是要惩处、遏制危害食品安全的犯罪行为。

（二）就刑法的价值追求而言，公共安全是第一层次法益

风险社会现实的复杂多变，令人们普遍认识到安全的价值重于一切。风险社会的理论观点认为“风险使人们心里充满恐惧和不安，因为风险使人们工作和生活处在极为不稳定的状态下”，① 人们在社会生活中寄希望于完善的法律秩序带来的安全感。犯罪是破坏安全的最恶劣行为，刑法是维护安全的最后防线，是规制最严重的危害安全行为的法律。人们对刑法规制抱有希望，希望刑法在风险社会下给予民众安全感，这是合理的。现代刑法具有两项功能：一是保障社会成员的权利；二是维护正常的社会秩序。这两项功能是紧密结合、辩证统一的，刑法的任务主要内容之一就是保障人的基本权益和共同的生活秩序。个人不可能与世隔绝地生活，每个人都生活在一个相互依存、彼此合作及彼此交往的社会里，刑法对于人类社会秩序的维护具有重要作用。在满足安全需要的前提下，人类才会产生强烈的自由追求，从安全

---

① 刘伟：《风险社会语境下我国危害食品安全犯罪刑事立法的转型》，载《中国刑事法杂志》2011年第11期。

与自由的关系上看，人对安全的需求强于甚至早于对自由的追求。当今社会，刑法的首要目的是赋予公民适度的安全感，因为人们生活在风险社会中，对安全的追求比任何追求都迫切，刑法应当将维护公共安全作为基本的、首要的价值取向。从社会政治层面看，历史的经验教训反复证明，没有稳定，其他一切就无从谈起。这里所指的稳定的核心内容，就是公共安全秩序的稳定。所以，刑法在规制危害食品安全犯罪时，理应将对公共安全法益的保护，放在多种法益的首位。

（三）就犯罪实际危害而言，公共安全法益是第一层次法益

实践中，危害食品安全犯罪的恶性案件主要存在两方面的实际危害：一是危害公共安全，造成社会恐慌，影响公众对政府的信任；二是直接侵害不特定的多数人健康权利和生命安全法益，危害范围广，受害者众多。只有充分认识到这两方面的危害，才能深刻认识到维护公共安全的重要性和刑法以人为本的法制理念，才能努力采取措施有效遏制危害食品安全犯罪，并增强公民对危害食品安全犯罪的防范意识。

根据食品安全事件造成的危害程度及影响范围大小进行排序，近些年来发生的案件中，三鹿奶粉事件无疑是重大案件之一。最先引起全社会关注的事件发生在甘肃省岷县 2008 年 9 月 8 日，该县有 14 名婴儿被医院诊断同时患有肾结石病症。9 月 11 日，该省有 59 人儿童被发现肾结石，多人肾功能不全，并发生一人死亡的结果，经排查原因，发现一个共同事实，发病婴儿均食用了三鹿牌奶粉，而且食用的该品牌奶粉均为 18 元左右价位。国家主管部门高度重视，疑是以三聚氰胺污染了三鹿牌婴幼儿配方奶粉。国家相关部门协同努力对事件进行了快速处置，国内所有婴幼儿奶粉中的三聚氰胺含量均由国家质量监督检验检疫总局

进行检验，结果为：在奶粉生产企业中，在22家69批次的奶粉中有不同含量的三聚氰胺，有关部门依法规对厂家及涉案产品进行了处理。2009年1月22日，石家庄市中级人民法院一审宣判，对三鹿集团前董事长田某华及管理人员王某良、杭某奇、吴某生等人判处无期徒刑、有期徒刑，对涉案单位被告三鹿集团判处罚金人民币4937万余元。涉嫌制造和销售含三聚氰胺奶粉的张某军（已执行）、高某杰（二审改为死缓）、耿某平（已执行）3人被判处死刑。经科技鉴定，三聚氰胺其实是一种化工原料，加入奶粉可以令奶粉蛋白质的检测值提高，但对人体有害。长期摄入含三聚氰胺的奶粉会致人体泌尿系统肾、膀胱等产生结石，并可能导致膀胱癌。

三鹿奶粉案件，危害地域广泛，受害婴幼儿众多，在当时造成无数家庭痛苦、引起社会恐慌，其侵害的首要法益显然是不特定多数人的生命健康权益及财产权益。类似事件如瘦肉精事件、地沟油事件、假白酒事件均损害公众的生命财产安全。

二、其他法益为第二层次法益

笔者所称危害食品安全犯罪侵害的第一层次的法益是公共安全，主要是从法益的重要性、刑法的价值追求、犯罪的实际危害的视角分析的，该类罪侵害的其他法益笔者统称为第二层次的法益，不再区分其他层次。两层次的法益在危害食品安全犯罪行为发生时往往同时受到侵害。如前文所述三鹿奶粉案件，罪犯在对不特定多数婴幼儿及家庭的生命、健康及财产造成侵害时，对社会市场管理秩序、同行业的平等竞争权、奶粉业的商业信誉均造成一定程度的损害。作层次上区分的意义主要在于能够更深刻地认识到危害食品安全犯罪的主要危害性，以便更准确地定罪量刑。

第二节　法益之归类

上节所述危害食品安全犯罪侵害的第一层次的法益是公共安全，按此逻辑，法益的归类影响犯罪归类，笔者建议，危害食品安全犯罪在理论上可归于危害公共安全类犯罪中。

一、比较视域下的法益的归类情况

综观世界各国家、地区的刑事立法，多数国家、地区已经认识到了危害食品安全犯罪对公众生命健康、对公共安全的突出危害性。将危害食品安全犯罪归于危害公共安全或构成公共危险类犯罪的国家有：英国、丹麦、希腊、泰国等。最典型的是新版的《丹麦刑法典》(2012 年版本)，该法典规定的公共危险犯罪中包括危害食品安全犯罪。该法典所规定的行为除有销售行为外，还有对人类有害食品的“试图扩散”，丹麦如此规定旨在强调对公共安全危害的严重性。在生产销售之外，将有害食品无偿提供给他人，危害他人健康的行为也受刑事规制，同样构成危害食品安全犯罪，这些都是其立法上的显著特点。《泰国刑法典》第 236 条是规制危害食品安全犯罪的专门条款，属于第六章公共安全的犯罪的内容。犯罪行为的对象是食品、药品及其他消费、使用的物品；行为方式是掺假、出售或为出售而陈列掺假物品；结果是危害健康。与《丹麦刑法典》相似，泰国也将危害食品安全犯罪归类于危害公共安全的犯罪中，明文规定陈列有害食品行为是犯罪行为，也是一大特点。在普通法系国家中英国也将食品安全方面的犯罪列入公共安全犯罪。

此外，还有一些国家在危害公共安全罪中规定了危害食品安全犯罪。如《俄罗斯联邦刑法》第238条的内容中包含了危害食品安全犯罪,即生产或销售不符合安全标准的商品罪,此罪名在该法中属于“危害公共安全和社会秩序的犯罪”之类犯罪,即是危害公共安全犯罪的罪名。《意大利刑法典》在第六章规定的是“危害公共安全罪”,该章规定的对公众健康造成危险的犯罪中,有关于销售食品或药品的犯罪。《巴西联邦共和国刑法》第8篇规定的“危害公共安全罪”中,将“妨害公共健康罪”作为其内容之一,且规定生产、销售食品犯罪为妨害公共健康罪的一部分。

有些国家在危害公共卫生犯罪中规定了危害食品安全犯罪,这也是较多的立法模式,如美国、挪威、西班牙、新加坡等国家。《西班牙刑法》将违反公共卫生罪规定在危害公共安全犯罪中,将危害食品安全犯罪又规定在违反公共卫生罪中。美国将危害食品安全犯罪视为十分严重的犯罪,称之为食品安保事件,并定义为恐怖袭击式的犯罪中的一种。

俄罗斯、保加利亚、马其顿、芬兰等国家将危害食品安全犯罪在刑法中规定为损害公民健康的犯罪。此类刑法规制模式之目的是重视对公民健康法益保护。此外,在日本刑法理论中,学者们认为危害食品安全犯罪应归类于侵害公民健康的犯罪。

二、宜将危害食品安全犯罪归类于危害公共安全罪

第一,在《刑法》立法过程中,实际已考虑危害食品安全犯罪侵害的主要法益是公共安全。刑法的起草过程中,也在考虑是否将危害食品安全犯罪归于危害公共安全类犯罪,“1988年3个稿本均将生产、销售有毒、有害食品罪的行为规定在危害公共安全罪一章中”①。说明刑法修改过程中，有较多意见赞同有毒有害食品类犯罪应归类于危害公共安全罪的。当然，该罪名由1997年刑法典最终归于“破坏社会主义市场经济秩序罪”一章，体现了将对市场经济秩序的维护放在了第一位的价值取向。危害食品安全犯罪侵害的法益是复合法益，是复杂客体，这类犯罪发生于市场经济运行过程中，行为人在主观上是为了追求非法利益，客观上一方面侵害了食品安全管理制度及市场秩序，另一方面侵害及威胁消费者的生命健康权利②。如《食品安全法》第1条规定：“为了保证食品安全，保障公众身体健康和生命安全，制定本法。”可见，制定《食品安全法》的出发点在于保障食品安全，保障公众的生命安全及身体健康。这里所述的公众就是不特定多数人，而不特定多数人的生命及健康权益就是公共安全，此条文是对惩治危害食品安全犯罪，保护公共安全法益的明确表述。由此可见，将危害食品安全犯罪归入危害公共安全类犯罪，符合法律保障食品安全的宗旨。

第二，危害食品安全犯罪侵害的法益与传统公共安全无本质区别。传统的公共安全的含义，是指以放火、决水、爆炸等方法侵犯不特定多数人生命、健康、财产权利，一般认为其本质特征是侵害的权利对象是“不特定多数”，还有人认为有结果发生的实时性特点，也即这类犯罪结果一般很快发生，或在相对短的时间内发生，且发生的结果比较直观，公众看得见，听得到。公共安全的本质特征是不特定多数人的生命、健康、财产权利，此为公认观

---

① 高铭暄、张慧：《“地沟油”犯罪的刑法规制及问题探析》，载《法治研究》2014年第2期。

② 参见高铭暄、张慧：《“地沟油”犯罪的刑法规制及问题探析》，载《法治研究》2014年第2期。

点，笔者亦赞同。但结果发生的实时性、直观性不应成为判断是否为公共安全类犯罪的必要特征，因为实时性是相对的，如有的爆炸是实时发生，但定时炸弹依设定的时间长短而引爆，公众是否能及时感觉到也是相对的。判断某一行为是否危及公共安全，还是要以该行为是否危及不特定多数人的生命、健康及财产安全为标准。而危害食品安全犯罪行为的危害恰恰具备公共安全的本质特征，结果的发生只是一般不像放火、爆炸的结果那么及时，有毒、有害食品致人病、死结果要经过一段时间才会发生，但也不绝对，在有些情况下，立即发生多人中毒的后果。所以，笔者认为，从公共安全的本质特征来看，危害食品安全犯罪应归入危害公共安全法益类犯罪。

现行《刑法》将危害食品安全犯罪规定在破坏市场秩序的犯罪中，但一些严重的危害食品安全犯罪又较明显地表现出对不特定多数人生命、健康及财产权益的侵害，侵害的法益是公共安全在一定程度上为社会所认同，因此，司法机关可能“以危险方法危害公共安全罪”进行定罪处罚。如果将危害食品安全犯罪归类到危害公共安全犯罪中，直接以生产、销售有毒、有害食品罪或生产、销售不合安全标准食品罪定罪处罚，更顺理成章。

以“瘦肉精”案件为例。瘦肉精，是一种动物用药，包括硫酸特布他林、盐酸克仑特罗、莱克多巴胺和沙丁胺醇等，在医学上归类于肾上腺类神经兴奋剂。为了增加动物瘦肉的比例，把“瘦肉精”加入动物的饲料中，的确能起到相当作用。经客观案例及研究证明，如果含有“瘦肉精”的动物肉被人食用了，人体会受到损害，会有手颤、恶心、头晕及四肢无力等中毒症状，对高血压患者、心脏病人的损害特别大。如果长期食用则会导致染色体畸变，诱发恶性肿瘤。不过，摄入多大量，才产生上述后果，尚无定论，但全国范围内有“瘦肉精”致人中毒及死亡的案例发生。2002 年，国家食品药品监督管理总局、卫生部及农业部发布公告，明令禁止在动物饮用水及饲料中添加“瘦肉精”，包括莱克多巴胺及盐酸克仑特罗等 7 种物质。自 2011 年 3 月 15 日“瘦肉精”事件曝光后的一周，河南全省共排查近 6 万个规模养殖场，确认呈阳性的含“瘦肉精”的 126 头生猪，分布于 60 多个养殖场；排查 50 头以下生猪散养户 7 万多户，同时还查获含“瘦肉精”的饲料若干批次。2011 年 11 月 26 日消息，河南全省法院受理的 59 起 114 人的“瘦肉精”案目前已经全部审结。其中，58 案 113 人均被判刑，制售者和公职人员共 77 人获刑。

2011 年 7 月 25 日，“以危险方法危害公共安全罪”这个罪名一时成为网络热门的话题。当日，河南省焦作市中级人民法院以“以危险方法危害公共安全罪”对“瘦肉精”案件[①]的主犯定罪量刑，主犯刘某被判处死刑，缓期二年执行。以“以危险方法危害公共安全罪”进行定罪处罚，在国内有关危害食品安全犯罪案件的审判中还是第一次。在罪名的确定上，河南省法院查阅了大量的法律条文和相关案例。最高人民法院、最高人民检察院《关于办理非法生产、销售、使用禁止在饲料和动物饮用水中使用的药品等刑事案件具体应用法律若干问题的解释》规定，对于非法生产、销售“瘦肉精”，或在生产、销售的饲料中添加“瘦肉精”或销售明知是添加“瘦肉精”的饲料，情节严重的，以非法经营罪追究刑事责任；对于使用“瘦肉精”养殖动物，或销售明知含“瘦肉精”的动物，或为明知含“瘦肉精”的动物提供屠宰、加工服务或销售其制

① 参见邓红阳：《河南“瘦肉精”案折射打击食品安全犯罪趋势》，载《法制日报》2011 年 11 月 15 日，第 4 版。

品的，以生产、销售有毒、有害食品罪追究刑事责任。有人认为司法解释对法院审理“瘦肉精”案件在法律适用方面具有重要的指导作用，但是，对非法经营罪的“情节严重”和“情节特别严重”的具体情形和数额没有明确规定，对实践中具有多重身份的销售“瘦肉精”者如何确定罪名不够明确。对危害食品安全犯罪的被告人以“以危险方法危害公共安全罪”定罪量刑，并从快、从严及从重打击，能充分发挥司法对于保护人民群众生命健康安全及保障食品安全的职能。时任河南省高级人民法院副院长田立文在阐述为何对刘某等人以“以危险方法危害公共安全罪”定罪处罚时认为，对未造成人员伤亡的食品安全事件责任人“以危害公共安全罪”定罪量刑，为全国首例，此举对震慑危害食品安全犯罪，遏制食品安全违法事件发生，保护人民群众生命健康安全具有重要的标志意义，将对今后处理此类案件起到“指南针”、“风向标”和“定位仪”的作用。河南财经政法大学教授邸瑛琪对田立文的观点表示认同。邸瑛琪认为，《刑法》第 115 条规定，决水、放火、爆炸以及投毒或者以其他危险方法致人重伤、死亡或者使公私财产受重大损失的，处 10 年以上有期徒刑、无期徒刑或者死刑。刘某等人生产、销售“瘦肉精”的行为造成了现实的重大危害，应在 10 年以上有期徒刑、无期徒刑、死刑这一量刑幅度之间选择适当的刑罚。邸瑛琪分析认为，刘某等人作为研究化工产品的专业人员，清楚地知道“瘦肉精”被动物食用后会残留于动物的组织中，甚至可以永久性残留于肺、肾、肝等内脏，具有一定的毒性。如食用的肉制品中含有过量的“瘦肉精”，会出现中毒症状如战栗、肌肉震颤、恶心、头痛、呕吐、心慌等，甚至可能导致死亡。在对危害结果具有主观明知的情况下，却不惜采用危害公共安全的手段牟取暴利，置广大人民群众的生命、健康及重大公私财产的安全于不顾，积极追求犯罪目的实现，属于故意犯罪。邸瑛琪同时认为，刘某等人违法经营数额巨大，获取非法利润数额巨大，而且犯罪行为造成的损失数额巨大。以直接损失计算，仅河南济源双汇食品有限公司受“瘦肉精”事件的影响，造成各种经济损失 4503.86 万元。间接损失数额更加惊人，据河南省焦作市畜牧局统计，案发后生猪月平均出栏数减少了 6.25 万头，下降 48.26%。月平均损失 9131.25 万元。两个半月以来，仅河南省焦作市辖区共遭受经济损失 2.28 亿元。如此判决的意义在于，“民以食为天，食以安为先，谁对食品下黑手，法律就对谁无情”；“刘某等人利欲熏心，置人民群众生命健康于不顾，理应严惩，法院的判决彰显了我国打击食品安全违法犯罪的决心和力度”。大多数网友对法院判决持肯定态度，有民众公开表示，“瘦肉精”事件直接导致猪肉产品消费下降，行业利益受到严重损害。法院的判决，既弘扬了正气，有力震慑了危害食品安全犯罪，维护了广大消费者、合法养猪户和养猪企业的利益，同时也对生猪养殖市场规范了相应秩序，回应了群众呼声，实乃人心所向，充分体现了法院的人文情怀和关注民生、维护社会稳定的力度与决心。

判决结果也引起法学界的广泛关注。学者们认为，以“以危险方法危害公共安全罪”对刘某等人的行为定罪处罚，而没有按照非法经营罪定性，是因为在这个案件中，被告人的行为具备了危害公共安全罪的基本特征，法院的判决符合刑法的有关规定，体现了宽严相济的刑事政策。清华大学法学院教授王振民认为，法院判决体现了司法机关对危害食品安全犯罪药品安全犯罪行为采取的零容忍态度，回应了广大人民群众对食品和药品安全的呼声和关切。河南法院面对“瘦肉精”系列案件，一方面依照法律和司法解释的规定，分别根据“瘦肉精”的研制生产者、销售者和使用者的不同情况，用不同的罪名定罪量刑，体现了严格司法的要求；另一方面，在法律条文滞后性和犯罪形态复杂性的矛盾面前，法官根据立法的本意，创造性地适用法律。刘某案件可以作为处理相类似案件的指导性案例。

这一具体案件的判决结论，得到了社会的广泛认同。该案中行为人犯罪后果严重，受害者广泛，影响恶劣，在刑事立法、司法解释的框架下，法院所作裁判是明智选择，关键点是法官准确认识到行为人的行为严重侵害公共安全法益，相比对市场秩序等法益侵害，公共安全法益受损最显著。笔者对判决结论无异议，但是，从刑法规制危害食品安全犯罪的立法角度，认为存在值得反思之处：第一，严重危害食品安全犯罪不是偶发性的犯罪，而是多发性的一类犯罪，为什么非要用“以危险方法危害公共安全罪”这样的兜底性、预防性条款呢？如果对这类犯罪都如此判决，这一“口袋罪”可能会越撑越大，与设立这一条款的立法初衷不符。第二，对这一案件法院适用兜底性条款，其他法院不一定如此适用，可能直接适用危害食品安全犯罪的相关罪名，也具有合法性，而且在什么情况下才达到适用兜底性条款的要求也不明确，就会形成同案不同判、类案不同判的局面。第三，在社会各界赞许从案件实质出发进行判决的做法的同时，也折射出立法、司法解释不完善的现状。问题的症结在于危害食品安全犯罪侵害了公共安全这一首要法益，而没有被规定在破坏公共安全犯罪一章中，一些严重危害食品安全犯罪对公共安全的破坏明显，为公众感受并认知，司法者只能寻求突破，打破常规。其实，尝试将危害食品安全犯罪归入危害公共安全犯罪类别，上述问题可能会迎刃而解，如此，可以不用采取“破例”或“打破常规”的方法解决问题。

第三节　法益之保护

将危害食品安全类犯罪归入危害公共安全犯罪中,并不是一个简单的归类问题,对于公共安全这一法益的保护有重要的意义。

一、有利于认识到危害食品安全犯罪的危害性,重视对主要法益的保护

现行《刑法》将危害食品安全犯罪归于破坏市场经济秩序罪中。根据理论界的通说,危害食品安全犯罪之犯罪客体是复杂客体,犯罪行为不仅侵害公共安全,危害他人生命及健康权(对象是不特定多数人),而且还破坏了国家食品监督管理秩序,对于何为主要客体和次要客体尚存争议。对危害食品安全犯罪所侵害的法益层次认识的不同,关系到对这类犯罪危害性的认识,关系到定罪量刑考虑的诸多因素,影响刑法规范的规制效应。

在危害食品安全犯罪侵害的多种法益中,最直接侵害的是国民的饮食安全,关涉国民的生命健康权。国家建立并维护食品管理秩序的最终目的是保护国民的生命健康权;换言之,国家对食品的管理秩序的维护是保护国民的饮食安全的手段。相比之下,保护国民的饮食安全比食品管理秩序具有更高的价值,危害食品安全犯罪侵害的主要法益为国民的饮食安全,而公众的饮食安全也是公共安全的组成部分。

从不同的法益角度认识一个犯罪行为,对其社会危害性的认识会有差异。以地沟油案件为例,地沟油的危害在于:长期食用地沟油,会引起、头痛、乏力、头晕、失眠及消化不良等症状,会导致许多肠胃疾病，严重者甚至会导致肠癌、胃癌等疾病。2012年3月21日，在公安部统一指挥下，安徽、山东、上海、浙江、江苏及重庆六省市的公安机关组织警力，周密部署，对浙江金华特大新型地沟油项目采取集中统一行动，将一个跨省新型特大地沟油犯罪网摧毁了，从“地沟油”的收购、加工到运输销售该网络运作齐全，公安机关成功捣毁了“黑窝点”、新型地沟油炼制厂共计13处，共抓获犯罪嫌疑人100余人，办案机关在现场查获新型地沟油3200多吨。这些地沟油的生产原料的主要成分是动物屠宰以后内脏的一些膈膜，还有羊皮、猪皮、牛皮上刮下的碎末，部分原料来源是已变质的动物内脏，主要来源是屠宰场的废弃物。窝点多家，熬油户分布广，嫌疑人李某坚负责统一收购。此类新型地沟油大部分销给江苏、安徽、重庆、上海等地的油脂公司，最终进入食品领域，销往食品油加工企业，制成食品及火锅底料等。①这一案件中，多处犯罪窝点中参与犯罪人数多，影响横跨多省，地沟油数量大，受害人无法准确统计。该犯罪活动首要侵害的法益是全社会的食品安全，使无数人担心自己吃了地沟油，对餐桌上的食物没有信赖感，造成公众对食品安全的心理恐慌，危害结果难以定量分析和估计。如果从对食品市场秩序法益破坏的视角观察，该案件具有破坏作用，但是在庞大的市场中，不能充分认识该犯罪的危害程度。如果主要从危害公共安全的视角观察，就能深刻认识到该犯罪对公众生命健康危害的广度及深度。

实践中，对地沟油类犯罪是否属于危害公共安全犯罪，存在不同看法，在《关于依法严惩“地沟油”犯罪活动的通知》发布前，

---

① 参见《围剿新型地沟油》，中央电视台“焦点访谈”栏目2012年4月2日播出节目，https://big5.cctv.com/gate/big5/news.cntv.cn/china/20120402/117253.shtml。

不少法院以危险方法危害公共安全定性。[①] 通知出台后，有人认为："地沟油"犯罪不能构成以危险方法危害公共安全罪，"地沟油"犯罪主要适用生产、销售有毒、有害食品罪予以规制。[②] 当然，通知发布后，按通知执行并对案件定性是对的。该通知是以维护公众的生命、健康为出发点的，该通知开宗明义地指出："为严惩地沟油犯罪活动，切实保障人民群众的生命健康安全。"《通知》第1条还明确指出地沟油犯罪的危害性有三层次：一是严重危害人民群众身体健康及生命安全，二是严重影响国家形象，三是损害党和政府公信力。可见，该通知将地沟油侵害的法益提高到了公共安全及政治的层面。虽然通知不能修改刑法，不能将危害食品安全犯罪划归危害公共安全犯罪中，但在该通知的内容上肯定了地沟油犯罪是严重危害不特定多数人生命、健康权益的犯罪，是从公共安全的角度认识其严重危害性，并认为是应当严惩的。

司法实务中，司法机关在对案件适用刑事法律条文时，已明显重视危害食品安全犯罪对公共安全法益的侵害。如最高人民法院发布的第70号指导案例《北京阳光一佰生物技术开发有限公司、习文有等生产、销售有毒、有害食品案》（笔者在本书第二章第四节引用了案情）肯定了该案中对于剥夺政治权利这一附加刑的适用。该案中习某有、尹某新、谭某民等3名被告人犯生产、销售有毒、有害食品罪，被判处10年以上有期徒刑的同时，附加

---

① 参见最高人民法院、最高人民检察院、公安部《关于依法严惩"地沟油"犯罪活动的通知》，2012年1月9日发布，公通字[2012]1号，载最高人民检察院网，https://www.spp.gov.cn/spp/gfwj/201208/t20120830_365574.shtml。

② 参见高铭暄、张慧：《"地沟油"犯罪的刑法规制及问题探析》，载《法治研究》2014年第2期。

剥夺政治权利3年或2年，这意味着，各级人民法院在对此类案件进行审判时，可以将《刑法》第三章“破坏社会主义市场经济秩序罪”中的危害食品安全犯罪等同于“严重破坏社会秩序的犯罪”，可以依据《刑法》第56条的规定，对行为人附加剥夺政治权利，从而扩张了该附加刑的适用范围和领域。因为根据《刑法》第56条的规定，除对于危害国家安全的犯罪分子应当附加剥夺政治权利外，还规定可以附加剥夺政治权利的是严重破坏社会秩序的犯罪分子，如故意杀人、强奸、抢劫、投毒、放火、爆炸等。该指导案例将生产销售有毒、有害食品犯罪，视为与刑法列举的危害国家安全犯罪及几种严重破坏社会秩序犯罪具有同等社会危害性。最高人民法院1997年12月23日发布的《关于对故意伤害、盗窃等严重破坏社会秩序的犯罪分子能否附加剥夺政治权利问题的批复》中要求：“根据刑法第五十六条规定，对于故意杀人、强奸、放火、爆炸、投毒、抢劫等严重破坏社会秩序的犯罪分子，可以附加剥夺政治权利。对故意伤害、盗窃等其他严重破坏社会秩序的犯罪，犯罪分子主观恶性较深、犯罪情节恶劣、罪行严重的，也可以依法剥夺政治权利。”换言之，司法机关认识到生产、销售有毒、有害食品罪的社会危害性已经超出该罪所在类罪的范围，并在刑罚的适用上有所突破。

现行刑法体系中，将危害食品安全犯罪归入破坏社会主义市场经济序罪中，随着市场经济及科技、交通等方面的发展，危害食品安全恶性犯罪危害性的主要方面已经从破坏经济秩序转移到危害公共安全，侵害法益的主次地位发生了变化。结合我国国情，笔者认为该类犯罪侵害的主要法益是公共安全，即不特定的多数人健康权利及生命安全更具合理性，更有利于对公共安全的保护，更能体现现代以人为本的刑法理念，有利于提高社会公众对该类犯罪社会危害性的认识，更有效地惩治并遏制危害食品安全犯罪。

从实践出发并参照相关国家或地区的立法经验，宜调整危害食品安全犯罪在刑法分则体系中的定位，将主要侵害公众人身、财产安全的犯罪，如第143条规定的生产、销售不符合安全标准的食品罪、第144条规定的生产、销售有毒有害食品罪，归入《刑法》分则第二章危害公共安全罪中。此外，食品安全监管渎职罪实际上是食品安全责任事故罪，是从重大责任事故中单独列出的一个罪名，也应列入危害公共安全犯罪一章。

二、有利于完善危害食品安全犯罪的规制体系，有利于更合理地定罪量刑

只有做到法网严密，形成完善的法律规制体系，才能有效地惩治危害食品安全犯罪。准确认识该类犯罪对公共安全的危害，将该类犯罪调整到危害公共安全罪当中，更利于完备规制体系。

（一）有助于对相关犯罪设立过失犯

现行《刑法》规定的生产、销售不符合安全标准的食品罪及生产、销售有毒、有害食品罪，均为故意犯罪。行为人若在生产、销售中应当履行《食品安全法》规定的查证或检验等注意义务而没有履行，导致食品安全事故的，因行为人不具有现行危害食品安全类犯罪的主观成立要件，即行为人在主观上不具有故意，却不能依据这些罪名进行处罚。在这种情形下，应扩充这些罪名在主观方面的条件，规定过失行为也能构成危害食品安全犯罪，才能对有严重社会危害的过失行为定罪量刑。食品的生产者、制造者对于供应商向其提供的原料、加工所需成品及半成品，应有一定注意的义务，因供应方所生之潜在危险，不影响生产商对产生后果的责任，生产商因为信赖供应商而相信其供应的无瑕疵原

料，也不能免除责任。为了保证社会公众食品安全性，保护国民饮食安全，应增加食品生产者、销售者、运输者、贮藏者等的注意义务。在危害公共安全犯罪一章中，对一些严重危害公共安全法益的犯罪，如放火、爆炸、决水、投放危险物资、破坏交通工具、破坏广播电视设施等犯罪设有过失犯罪条款。生产、销售有毒、有害食品罪和生产、销售不符合安全标准食品罪归入危害公共安全犯罪一类犯罪后，可以相应增设过失犯，并规定一定的法定刑。过失犯罪人只在出现严重食源性疾病或者其他严重后果之时才负刑事责任，其刑期可相当于其他危害公共安全犯罪过失犯的刑期。

（二）有利于注重惩处危险犯

危险犯与实害犯相对应，指对法益产生损害危险即告成立的犯罪。危害公共安全罪中的故意犯罪多为危险犯，如放火、爆炸、破坏交通工具、抢夺枪支弹药等犯罪，行为危险性大，刑法规定的刑罚也相对要严厉，注重以行为的性质、情节恶劣程度作为定罪量刑的依据。《刑法》第 143 条及第 144 条规定的生产、销售类故意危害食品安全的犯罪，其行为本身就具有严重危险性，一经实施就存在损害不特定多数人的健康权和生命安全权的危险，应属危险犯，将这类犯罪纳入危害公共安全罪一类犯罪中，有利于重视对危险犯的惩处。

《刑法修正案（八）》中对危害食品安全犯罪的修改，表现出立法上对危害食品安全犯罪危害性认识的进步，有相当多的学者结合较为严峻的危害食品安全犯罪形势，提出应当重新定位和规制危害食品安全犯罪，危害食品安全犯罪实际上就是危害公共安全，应将《刑法》第 143 条、第 144 条规定的危害食品安全犯罪从破坏经济秩序罪中划出，列入危害公共安全犯罪中。从当今世界各国家或地区的刑事立法发展趋势看，刑事立法应当考虑有效地预防犯罪。为了保护公众安全，立法者放弃对行为产生结果的要求，将刑法的防卫线向前推置，对危险犯的规定大量增加，以确立并加强对危险犯的刑法规制。这样，对一些不容易确定是否对法益造成实际侵害的个案做到及时处理，刑法开始将行为人所制造的危险作为关注的重点，以避免和降低这种风险的发生，实现对社会秩序的维护和对公众安全的保障。刑法作出的相应调整，是刑法的价值追求应对风险社会问题的回应。将刑法的防线提前，扩大刑法的处罚范围，加大刑法的打击力度等，表明传统的罪责刑法向“风险刑法”转变。

从理论上讲，危险犯分为两类，即抽象危险犯和具体危险犯。司法实践中认定的危害食品安全犯罪，具体危险犯居多，抽象危险犯较少。《刑法》第 143 条规定的生产、销售不符安全标准的食品罪，要求具备足以造成其他严重食源性疾病和严重食物中毒事故的要件，一般认为这是具体的危险犯，这一规定对打击犯罪很重要，但是这种具体危险犯在适用上较困难，因为鉴定难度较大，可操作性不强。依据最高人民法院、最高人民检察院 2001 年 4 月 9 日发布和生效的《关于办理生产、销售伪劣商品刑事案件具体应用法律若干问题的解释》第 4 条的规定，认定危险必须具备两个条件：一是经省级以上卫生行政部门确定的机构鉴定的；二是食品中含有可能导致严重食物中毒事故或者其他严重食源性疾患的超标准的有害细菌或者其他污染物的。从这些规定来看，这里的中毒或疾患在标准界定上较为模糊。在实务操作上有一定难度。在科技高速发展中，与现代食品工业同时存在的食品安全风险，检测手段和方法一时不能适应要求，安全标准也是相对的，食物中毒与食源性疾病往往要较长时间才能被社会认识，短期内无法显现。很多情况下,问题暴露之时,则为时已晚,要做到风险控制并非易事。如《刑法》第141条生产销售假药罪,被设定为具体危险犯,有关部门在实践中发现,假药与严重危害人体健康之间的因果关系难以被证明,立法时听取了合理意见,修正案将“足以危害人体健康”这一条件删除,使该罪从具体危险犯演变为抽象危险犯。相比之下,形势严峻是我们对危害食品安全犯罪的共同认识,危害食品安全犯罪归类于公共安全犯罪的同时,拟删除其具体危险条件,设置为抽象危险犯。

抽象危险犯的立法模式能够适应风险社会对刑法的功能需求,防控功能较强,抽象危险犯的成立,不要求实际发生侵害法益的危险,行为人只要实施了法律所禁止的高风险行为,刑法规制即可对其进行干预,可以定罪量刑。相比具体危险犯,抽象危险犯构成犯罪的门槛降低了,办案机关的举证责任大为减轻。有学者认为,“刑法第144条规定的生产销售有毒、有害食品行为,造成的都是紧迫危险,刑法条文将其类型化为抽象的危险犯,不需要司法上的具体判断,只需要以一般的社会生活经验为根据判断”。①

对于抽象危险犯,法定行为一旦发生,可以直接定罪处罚,立法者对其归责并不以该行为产生侵害结果作为条件。因此,抽象危险犯受到较多质疑,因为抽象危险行为成立犯罪与传统刑事责任原理有差异。抽象危险犯是刑法把预防向前及向外延伸的结果。事实上,抽象危险犯的立法理由是对造成他人法益侵害性危险极高的行为所作的禁止及预防,而不是客观上已经发生的结果。笔者认为,刑法对于少数有高度危险的特定行为,有作为抽

① 张明楷:《刑法学》(第5版),法律出版社2016年版,第167页。

象危险犯处罚对象的必要，是积极有效预防犯罪的需要，是社会对刑法作用的要求。在大陆法系国家及地区的刑法规制中，抽象危险犯的设置范围较广。如《德国刑法典》规定的危害公共安全罪、经济辅助欺诈罪、信用欺诈罪等；《日本刑法》规定的单纯放火罪等。将部分危害食品安全犯罪设置为抽象危险犯，不违背基本的罪责原则，因为其行为本身表明其造成后果具有高度危险，当然这种危险或者经实践证明，或者有科学依据，不是想象、推测的。以毒豆芽案件为例。2011 年4 月，沈阳市查获6 个黄豆芽黑生产点，案值巨大，查获毒豆芽约 25 吨，这些豆芽因加入非食品添加剂，检测出恩诺沙星、亚硝酸钠、尿素、恩诺沙星、6 - 苄氨基腺嘌呤激素等对人体有害物质。随后济南等多地曝出了“问题豆芽”，经检测这些毒豆芽可以致癌。在进一步行动中，打掉有害豆芽黑加工点 23 个，查获行为人 30 余名，查获有毒有害豆芽超过 55 吨，查获了一个跨省销售毒豆芽大案。案中行为人采用农药、尿素等添加物制作豆芽，产量可翻 1 番。辽宁省北镇市蹇某志、杨某荣夫妇等被告人因犯生产、销售有毒、有害食品罪，被判处有期徒刑。专家介绍，毒豆芽中的恩诺沙星是一种用于动物的兽用药，6 - 苄氨基腺嘌呤在医用上是一种激素，这些非食品原料的加入，使豆芽长得又粗又长，并能够缩短生产周期，使黄豆增加发芽率。人食用后在体内会产生亚硝酸盐，可致癌。对这类案件，如果要查明有多少人吃了毒豆芽，或有多少人致癌，是相当困难，甚至是不可能的，但可以查明行为人制售了多长时间、多少数量或现场查获多少，就能认定其行为事实客观存在，作为抽象危险犯就可以定罪处罚，这种做法并没有罪刑擅断，不违背刑事责任的基本原则。

第四节 损害法益之行为对象研究

一、危害食品安全犯罪的行为对象范围是法定的

行为与行为对象相结合才能构成危害食品安全犯罪客观上损害法益的行为，对象的内容与范围取决于立法者的认知和选择。一般来讲，危害食品安全犯罪行为的对象具有致人损害的因素，被行为人利用以后，就成为危害他人生命、健康的致害物；也可以说，这种对象具有损害法益的特性，如果被人利用就会造成危害。依据《刑法》第143条、第144条规定的两种犯罪，行为对象分别为不符合安全标准的食品与有毒、有害的食品，总体可以概括为有害于人体健康的食品。

《食品安全法》第34条列举了13种不符合安全标准的食品。对犯罪对象的规定有其特点：(1)区分了食品与食品添加剂，新修订的《食品安全法》将食品添加剂列为犯罪对象；(2)食品的包装材料和容器不是犯罪对象，但受其污染的食品是犯罪对象；(3)限于食品范围内，非食品不能成为犯罪对象。但《刑法》第143条及第144条规定的犯罪对象，并不包括用于食品的包装材料和容器、食品添加剂，更不可能包括添加甲醛的物质等“其他物品”，也不包括人们常用的牙膏、口香糖等。

有些食品经行为人非法加工后，对人的生命健康构成特别严重危险，对法益的侵害后果为社会公众知悉，这样的犯罪对象蕴

含严重破坏因素。如王某兵生产、销售“假白酒”案件。[①] 2002年开始，案犯王某兵用自来水、包谷酒、甜蜜素掺入食用酒精制作伪劣白酒并销售牟利。2009年3月，王某兵指派雇员到宜都市外购买工业酒精（甲醇）3.74吨，价格为2100元/吨。王某兵明知是工业酒精的价格。之后，王某兵指使员工唐某等在工业酒精中掺入自来水，并掺入包谷酒、香精等制作原料，制造成6吨多“白酒”，王某兵与同案人覃某芬一起将其中3448千克销售出去。饮用该“白酒”后，附近居民多人中毒，发生5人死亡、6人重伤、11人轻伤、2人轻微伤的恶劣后果。此外，王某兵以食用酒精勾兑“白酒”生产并销售，以包谷酒名义销售金额达185万余元。经湖北省宜昌市中级人民法院、湖北省高级人民法院两审后，判决认定王某兵犯生产、销售有毒食品罪，判处死刑，缓期2年执行，犯生产、销售伪劣产品罪，判处有期徒刑12年，并处罚金人民币98万元，数罪并罚，决定执行死刑，缓期2年执行，剥夺政治权利终身，并处罚金99万元。对同案犯也分别作出了判决。

本案中涉及的主观故意内容及共犯、定性问题在下面章节中再论，此处注意的是王某兵的行为对象是用工业酒精所制的饮用酒，是一种对人体非常危险的液体，历史上发生过多次致人伤亡的案例，工业酒精所制饮用酒本身是一种对人的生命健康法益有严重危险的物品，在成为犯罪行为对象后，后果难以估量。犯罪对象的范围也不是固定不变的，工业酒精本身不是食品，不是危害食品安全犯罪的对象，但经行为人制作成有害“食品”后，就成为犯罪对象。

---

① 参见《最高法院3日公布一批危害食品安全犯罪典型案例》，载中央人民政府网，https://www.gov.cn/jrzg/2013-05/04/content_2395591.htm。

二、法定犯罪对象较窄，宜拓宽范围

现行《刑法》对危害食品安全犯罪的行为对象规定范围较窄。从犯罪论来讲，行为对象与犯罪客观要件存在直接关系，犯罪对象外延宽泛，即意味着刑法规制的违法犯罪行为更多。所以，如果要严密刑事法网，更好地保护法益，刑事立法有必要扩宽危害食品安全犯罪之行为对象范围，当然要防止盲目扩张对象。笔者认为，《刑法》有关危害食品安全犯罪的行为对象较为狭窄，这与打击危害食品安全犯罪的要求不相适应，可以通过立法或司法解释将相关对象予以扩充，以拓宽现有危害食品安全犯罪刑法规制的范围，理论上更为合理，更符合实践要求。如食品包装存在问题，往往将直接导致食品成为有毒、有害食品。2016 年 8 月，外媒曝出费列罗集团旗下品牌健达巧克力在德国被检测出可致癌物矿物油芳香烃，这会对企业及品牌的信誉造成极为不利的影响，其实这都是包装惹的祸，该有害物质是由包装迁移到食品中的。可见，食品包装安全也是保障食品安全应当考虑的问题，为此，一些食品企业建立了严格的食品包装安全控制体系。近年来，国内外由食品包装引起的食品安全事件时有发生。为此，食品企业越来越重视食品安全，慎用包装材料，确定了更为安全有效的包装解决方案。企业在关注食品生产过程的同时，还对食品包装材料的选择及包装供应商的管理提出了更高要求，食品包装材料成为食品安全控制的重要一环。因此，食品包装应纳入刑法规制对象的范畴。

《食品安全法》对食品、食品添加剂及食品相关产品进行了定义，然而诸如转基因产品、初级农产品、食品添加剂等并未具体体现于刑法规定中，刑法条文没有具体区分食品添加剂和食品。《食品安全法》规定，国家对食品添加剂的生产、销售实行许可制度,如果行为人违反了食品添加剂使用的规定,情节严重,在足以追究行为人的刑事责任的情况下,现行《刑法》中没有与本条相适应的罪名,追究行为人的刑事责任没有明确依据,不能与《食品安全法》完全衔接。在司法实务中,对于危害食品安全犯罪,通常依《刑法》第143条、第144条规定的食品类犯罪论处;对于生产销售食品添加剂的犯罪,一般以生产、销售伪劣产品罪论处。由于现行《刑法》中对有关食品添加剂方面没有专门的规定,因此在司法实务中可能会出现不同的判决结果。如在"三鹿问题奶粉案"中,对生产、销售三聚氰胺的行为,对行为人田某华的判决是以"生产、销售伪劣产品罪"定罪处罚的,2011年的河南"瘦肉精"是以"以危险方法危害公共安全罪"对案中5名犯罪人定罪处罚的。面对这种情况,笔者认为,可将附加条款作相应规定或增加独立罪名,可以在生产、销售不符合安全标准和有毒、有害食品罪后增加一个附加条款作出相应的规定,或者在《刑法》中增加生产、销售不符合安全标准的食品添加剂或初级农产品等罪名,以独立的罪名规制相关行为。

三、法定对象通常依赖鉴定或检验

具体食品或其制品,是否为《刑法》规定的"不符合安全标准"或"有毒、有害食品",凭人的主观或常识只能作出一般判断,这种在侦办案件时有一定作用,但是作为定罪量刑的依据,应有专门鉴定或检验机构对具体对象的成分、含量、数量及致害性所作结论。

以陕西秦晋中医糖尿病研究所生产销售有毒有害食品案为例。2015年3月,群众举报陕西秦晋中医糖尿病研究所有制售假保健品的行为,经现场检查,陕西省西安市食品药品监管局当场查扣标注了保健食品的多种可疑产品包括"天富生"芡实片、森健降糖冲剂、“天富生”菊花玉竹片、胰粉胶囊等。经查，查获的产品中含有格列本脲和盐酸二甲双胍，定性为在食品中违法添加了药物成分，涉食品违法犯罪。经公安机关的共同调查查明，从2014年开始，案犯张某安家族以全国20多个省市开设的诊所作为掩护，利用陕西秦晋中医糖尿病研究所作案，以看病开处方为手段，将其违法生产的10多种假冒保健食品进行销售，标注虚假的保健食品批准文号，涉案的11批次产品中被检出化学物质及药物成分，包括盐酸二甲双胍、格列本脲等。抓获案犯26人，假冒保健食品共查获35,000余瓶，案值金额1700万余元。依据《刑法》第144条和最高人民法院、最高人民检察院《食品安全刑事案件司法解释》第9条第1款、第3款的规定，上述人员的行为涉嫌构成生产、销售有毒、有害食品罪。本案的犯罪对象是含有格列本脲、盐酸二甲双胍等药物成分的保健品，而其中对人体健康有害的化学品格列本脲、盐酸二甲双胍不为普通人熟知，一般是食用后有不良感觉，只有经过专门鉴定后，才能确定其性质及含量。前期群众举报及管理部门的判断对于侦办案件发挥了重要作用，但专业性强的化学物品的成分及其有害性经专门机构鉴定给出鉴定意见后，才能作为定案依据。①

① 参见《食品药品监管总局发布筛选2015年食品安全十大典型案例》，载中央人民政府网，https://www.gov.cn/xinwen/2016-03/14/content_5053394.htm。

第四章　危害食品安全犯罪行为之研究

第一节　行为范围之研究

本部分研究危害食品安全犯罪客观行为的形式、范围及相关罪名，比较研究立法规定的优缺点，实务上对发生的具体行为的定罪问题。主要观点是：现行刑法规定的行为范围过窄，宜将“生产、销售”改为“生产、经营”，应规定危险犯、持有危险食品犯。

一、危害食品安全犯罪客观行为的范围

《刑法修正案(八)》对《刑法》第 143 条和第 144 条的内容进行了修改，取消了生产、销售不符合卫生标准的食品罪，以生产、销售不符合安全标准的食品罪取代。《刑法修正案(八)》对两个条文的修改是与时俱进的，反映了社会发展的要求，是刑法对危害食品安全犯

罪规制的一大进步。不过,《刑法修正案(八)》对两罪客观行为规制的范围仍限于规范生产、销售环节,与《食品安全法》不相衔接,因为后者对食品安全的保护从食品的养殖、种植、加工、原材料的供应、包装、销售、贮藏、运输等全过程都有明确规定。很明显,两法在对行为人从事食品运作活动的环节规定上不一致。笔者认为,宜将《刑法》第 143 条和第 144 条内容中的“生产、销售”更改为“生产、经营”。这样更有利于规制实践中存在的一些危害食品安全犯罪行为,将经营过量添加剂、营养成分不足食品等导致人体损害的问题也纳入规制范围。食品的生产、经营可以理解为包括一切从事食品的生产、加工、运输、采集、包装、销售、收购、供应、陈列、贮存等活动。《刑法》及其修正案规定的“生产、销售”过于简单,将更多的食品运作环节排斥在刑法规制的范围之外,不利于预防及打击危害食品安全犯罪。在食品安全环节中出现的许多问题只能通过行政处罚规制,对危害食品安全犯罪编织的法网不够严密,不能充分起到刑法规制应有的作用,如果在司法实务上强行纳入刑法规制范围,又有违背罪刑法定原则之嫌。

二、比较视域下刑法规制的行为类型

域外国家或地区刑法规定的危害食品安全犯罪行为模式较为宽泛。一些国家和地区的刑法规定的危害食品安全犯罪行为大多比较宽泛,所规定的危害食品安全犯罪行为类型普遍用“进行流通”“出售”“销售”“为消费而分发”“投放市场”等方式进行表述。在刑法规制中一般注意两个方面的问题:一是避免刑法罪名的口袋化倾向,如果规定得过粗,会将条文设定的罪名变成大口袋;二是避免打击面过宽。这两类问题都是违背罪刑法定等原则的。大多数国家和地区采取精细化的列举的立法方式,如意大利将以获利为目的的有害食品的“占有”或“持有”行为规定为犯罪。奥地利、瑞典、芬兰等国家，将有害食品的储存、生产、进口、运输等环节的行为都纳入刑法的调整范围，并且将“进口”行为与境内销售、储存、生产、运输行为的定性和量刑同等对待，均作为危害公共健康犯罪。以此方式刑事立法扩大了危害食品安全犯罪行为的范围。日本在公害法中对危害食品安全犯罪行为规定得比较广，对犯罪行为模式也使用上述国家所用词语进行表达。

美国刑事法律在规定犯罪行为方面，除生产、销售这类典型的行为外，其食品安全立法还规定了非常多的行为类型，而且非常具体。仅《联邦食品药品化妆品法》中对行为的规定就包括：(1)人为改变或者冒牌食品的运输行为；(2)人为改变或者冒牌食品的接收行为；(3)不建立或保持食品生产、加工、包装、运输、派送、接收、持有、进口记录，对在售商品的标签的全部或者部分进行改变、切除、损毁、涂销等行为；(4)未能在婴儿配方奶粉上市前 90 天向联邦食品药品管理局提供相应材料；(5)未能在发现婴儿配方奶粉有问题后迅速通知联邦食品药品管理局；(6)未能维持婴儿配方奶粉生产的相关记录；(7)未能在问题婴儿配方奶粉召回起 14 天内，以及之后每 14 天直至召回结束前，向联邦食品药品管理局报告执行召回的工作情况；(8)未能在问题婴儿配方奶粉召回期间在销售终端张贴召回通知；(9)在已被取消资格的人的协助下进口食品，未能按规定注册食品生产设备等信息；(10)未能在进口前将相关食品的生产、运输、原产地等信息向食品药品管理局报告；(11)承运人未能遵循食品药品管理局有关运输卫生的规定，伪造膳食补充剂严重问题事件的报告。

美国危害食品安全犯罪立法中对行为的规制特点明显：一是

规定列举详尽;二是采取较多的解释性立法,如上述《联邦食品药品化妆品法》,针对“人为改变的食品”规定了9款解释;三是采取行为犯的立法模式,以危害结果发生与否为标准,以行为作为判断标准;四是不会认定极为轻微的违法行为为犯罪。如对于有关书面通知或警告,只要健康与人类服务部部长认为公共利益可以保证不受侵害时,可以对极为轻微的违法行为不提起刑事诉讼。

法国对危害食品安全犯罪的刑法规制的首要特点是:既重视作为犯罪,也重视不作为犯罪。对有害食品应办理召回或撤回手续却未履行义务的,行为人要承担刑事责任。法国《农村和海洋渔业法典》第L237－2条对食品安全类犯罪规定了4种类型的行为,并规定对这些行为判处有期徒刑4年并判处罚金75,000欧元:(1)将欧洲议会和理事会2002年1月28日第178/2002号条例第14条规定的有害健康的动物源产品或者食品投放市场;(2)无视该共同体条例第19条的规定没有将进口、生产、加工或分销的这类产品办理撤回或召回手续的;(3)将欧洲议会和理事会2002年1月28日第178/2002号条例第15条规定的有危险的动物源动物食物或含有动物源产品的动物食物投放市场;(4)无视该共同体条例第20条或《农村和海洋渔业法典》第L235－1条的规定没有将进口、生产、加工或分销的这类产品办理撤回或召回手续的。对不作为犯罪的规定是法国刑法规制的重要特点,这对于减少有害食品的危害是有效和必要的,有积极作用。

我国香港特别行政区对危害食品安全犯罪行为的规定也非常详尽,将危害食品安全犯罪与毒杀行为明确分列规定,主要行为类型如下:(1)配制和出售掺杂食物罪。其《公共卫生及市政条例》第 50 条第 3 项规定,使食物有损人身体健康,而出售、邀约出售、为出售而展出、宣传或保管,处第 3 级罚款及监禁 3 个月(香港地区《刑事诉讼程序条例》共规定了 6 级罚款,分别为 2000 港元、5000 港元、1 万港元、2.5 万港元、5 万港元及 10 万港元)。(2)出售不宜食用的食物罪。《公共卫生及市政条例》第 54 条规定,处第 5 级罚款及监禁 6 个月。(3)食物业违令罪。《食物安全条例》中大部分条款规定处第 3 ~6 级罚款及根据情况分别监禁 3 个月、6 个月或 12 个月。(4)奶粉违规罪。《奶粉规例》第 6 条、第 40 条规定,处第 5 级罚款及监禁 6 个月。(5)输入和出售含过高浓度物质、违禁物质的食物罪。《食物内有害物质规例》第 5 条规定,处第 5 级罚款及监禁 6 个月。(6)供应、制造、输入不符合安全或认可标准的消费品罪。生产、经营消费品违反通知要求罪。《消费品安全条例》第 28 条第 1 款规定,初犯处第 6 级罚款及监禁 1 年,再犯处 50 万港元罚款及监禁 2 年。(7)出售含矿物油的食物罪。《食物内矿物油规例》第 5 条规定,处第 5 级罚款及监禁 6 个月。(8)运输、制造、出售含超额金属物质的食物罪。《食物掺杂(金属杂质含量)规例》第 5 条规定,处第 5 级罚款及监禁 6 个月。(9)意图损害而施用毒物罪。《侵害人身罪条例》第 23 条规定,意图使他人受损害、精神受创或恼怒而非法及恶意向该人施用或导致向该人施用毒药或其他残害性物品或有害物品,或导致该人服用毒药或其他残害性物品或有害物品的,处监禁 3 年。《侵害人身罪条例》中的“恶意”指伤害他人的犯罪意图,包括故意或轻率,其“轻率”大致等同于内地《刑法》中的“间接故意”。(10)为危害生命或使人身体严重伤害而施用毒物罪。《侵害人身罪条例》第 22 条规定,可处监禁 10 年。

我国澳门特别行政区刑法对危害食品安全犯罪行的规定也

很具体,规定故意犯罪、过失犯罪,而且同时规定危险犯与实害犯,并规定不同的量刑幅度,这是相比内地《刑法》而言,澳门地区刑法的一大特点:(1)故意使供应养料之物质腐败致人危险罪或致人损害罪。澳门地区《刑法典》第 269 条第 1 款及第 273 条规定,危险犯(对他人生命造成危险,或对他人身体完整性造成严重危险者)处 1～8 年徒刑。实害犯(引致他人死亡,或身体完整性受严重伤害)处 1 年 4 个月至 10 年 8 个月徒刑。(2)过失使供应养料之物质腐败致人危险罪或致人损害罪。澳门地区《刑法典》第 269 条第 2 款及第 273 条规定,危险犯处最高 5 年徒刑,实害犯处最高 6 年 8 个月徒刑。(3)使供应养料物质腐败之过失行为罪。澳门地区《刑法典》第 269 条第 3 款规定,处最高 3 年徒刑或科罚金。(4)故意生产经营有害食品致人危险罪或致人损害罪。澳门地区《食品安全法》第 13 条第 1 款和第 3 款规定,危险犯(对他人身体完整性造成危险)处最高 5 年徒刑,或科最高 600 日罚金;实害犯(致他人身体完整性受伤害)处最高 6 年 8 个月徒刑,或科最高 800 日罚金。(5)过失生产经营有害食品致人危险罪或致人损害罪。澳门地区《食品安全法》第 13 条第 2 款和第 3 款规定,危险犯处最高 1 年徒刑,或科最高 120 日罚金;实害犯处最高 1 年 4 个月徒刑,或科最高 160 日罚金。

三、对危害食品安全犯罪刑法规制的反思

与其他国家及我国香港、澳门地区不同,我国内地刑法对危害食品安全犯罪行为采取高度概括的刑法规范模式,有简洁的显著特点。

在立法模式上,我国香港、澳门地区及其他国家采用多种类法律的立法模式,部分危害食品安全犯罪由刑法典规定,部分罪名由相关行政性法律规定,即采用附属刑法规定,法律渊源多样。

我国内地采用单一的立法模式，由《刑法》统一进行规定。

在犯罪行为范围上，其他国家及我国香港、澳门地区所规定的犯罪圈较广，行为类型多，对食品生产经营的所有环节进行规制。① 行为形式齐全，行为对象概括周密，法律规范表述详细。从刑法规范层面，找不出一种不受规制的食品生产经营行为。我国内地刑法还未规定得如此严密，如对存储、运输等不作为行为未予以规定。

我国香港港、澳门地区刑法规定的危害食品安全犯罪不仅包括故意犯，还包括过失犯，我国内地危害食品安全犯罪（生产、销售类犯罪）均为故意犯，不包括过失犯，如果构成过失犯，就必须具备其他条件，构成其他罪，如过失致人死亡罪。我国香港、澳门地区刑法规定了不作为犯罪，行为人不履行法定义务也是犯罪，我国内地刑法规定应当履行召回食品义务而拒不履行者，不构成危害食品安全犯罪。

从入罪门槛上看，我国内地对危害食品安全犯罪行为有客观条件要求，其他国家及我国香港地区所设立的罪名多数没有足以危害或损害健康之类的要件要求，不要求发生结果危险，只要实施法定行为就可以成立犯罪。如对有害食品进行陈列的行为就可以构成犯罪，陈列行为明显未造成结果危险，仅行为宣传，并不一定引起危险。我国内地生产、销售不符合安全标准的食品罪，有要求造成“危险”的具体规定，也即属于具体危险犯，不是抽象危险犯。抽象危险犯比具体危险犯的成立要件更低、犯罪圈更广。我国内地《刑法》第 143 条、第 144 条之生产、销售类食品犯

① 参见秦宗川：《港澳台地区食品安全犯罪刑法规范的考察与借鉴》，载《福建农林大学学报（哲学社会科学版）》2015 年第 1 期。

罪，一般要求的要件有：其一，行为人的行为严重违反了国家食品安全管理法规，违法性是行为人构成犯罪的前提；其二，行为对象特定；其三，行为形式特定，如非法掺入行为，如果不是非法掺入，则不成立第144条之罪；其四，实务上实际要求造成危害的危险，定罪范围狭窄。其他国家或地区刑法规定的行为种类繁多，且大量设置了抽象危险犯或举动犯，重点考虑行为人是否实施刑法禁止的行为，并以行业标准作为规制的依据，而不在于考虑是否足以发生公共危险，这种规定更有利于实务上的操作，有利于遏制危害食品安全犯罪行为发生，可以根据实践需要加以借鉴。

实践中危害食品安全犯罪行为类型众多，涵盖了“从农田到餐桌”，故意与过失，作为与不作为。内地《刑法》设定罪名规制的范围时应当考虑在食品链条上各个环节的延伸。危害食品安全犯罪抽象危险犯设立范围较窄。我国内地危害食品安全犯罪立法，在解释性立法的运用上存在进一步改进的空间。如对《刑法》第144条，立法上可以进一步解释何为有毒有害食品，对第143条，可以对食品安全标准作出更具体界定。《食品安全法》目前更多的是对标准、原则、基本要求的规定，食品安全标准不完善，一些行为对象没有国家标准，参照的标准是农产品质量安全标准、食品卫生标准、有关行业标准、食品质量标准。

关于食品安全刑事立法，比较其历史发展过程，仍然可以看到其不断在进步。在1979年《刑法》制定“宜粗不宜细”的原则上，1997年《刑法》及后来的修正案已经从“粗”逐步努力走向细，不过，粗线条的概括性规定仍然占主导。而且，危害食品安全犯罪所含行为范围的确立，一般以关于食品的行政法规规范为基础，一些犯罪行为类型的确立，以违反行政法规为前提。很多国家或地区对不同的食品分门别类专门立法，如美国设立的犯罪行为,使用范围广泛,如《联邦食品药品化妆品法》的主题只有一个,即关于食品安全的集中立法,在第 301 条对相关食品的违法犯行为进行全面的规定,列举了 31 项犯罪行为。如前所述,还有对蜂蜜、奶粉等进行分类的法律规定。我国内地可以在《刑法》中进一步完善关于犯罪行为的立法。

四、对危害食品安全犯罪行为的立法建议

综上,笔者认为对危害食品安全犯罪行为在刑法规制上可以作一些改进,可以从以下几方面努力。

(一)可增设持有、贮藏有毒、有害食品罪及持有、贮藏不安全食品罪

《刑法》规定的生产、销售行为,从严格意义上讲不包括持有、贮藏行为,只能对生产、销售行为作扩大解释,才能将持有、贮藏行为纳入刑法规制,但有违罪刑法定原则之嫌。从上文可知,将持有行为规定为犯罪已经成为国际发展趋势。欧盟法规针对危害食品安全犯罪问题,强调追责时,必须考虑食品生产经营的各个环节,在任何阶段、任何时间,食品的相关详细信息必须明确详尽。除上述国家、地区外,《瑞典刑法》第 233 条明确规定贮藏、陈列损害健康之饲料或者原料者;《意大利刑法》第 442 条规定的犯罪中,认定为销售而持有已被他人投毒的、已腐败的、已变质的或者已掺假的水、食品或物品为犯罪。持有、窝藏毒品行为是犯罪,持有、窝藏有毒、有害食品也可以规定为犯罪,但这种持有、窝藏型犯罪主观上应有故意,且持有的对象应有一定的危险程度。

从理论上讲,从风险刑法的角度出发,往往赞成在刑事规制上增加持有型食品犯罪,从而实现严密法网、防范食品风险。持有是一种针对特定物品的支配、控制。《刑法》中规定持有以下

两种对象构成犯罪：一是为实施故意犯罪，而且是为特别危险的犯罪而准备使用的工具或凶器；二是法律严控的，对重大法益有危险的特殊物品，如枪支、弹药、爆炸物等危险物品等犯罪。针对第二种对象的持有型犯罪，实际上是抽象危险犯，其被定性为犯罪是为了发挥刑法遏制犯罪的功能。行为人持有或贮藏有害食品不可能是为了自食，其危害性就在于行为人的动机是获得利润，就必须销售转让。持有、贮藏行为实际是一种犯罪准备阶段的行为。所以这种持有行为有危险性，不发生意外，行为人一旦销售、转让持有的危险食品，而一旦流入社会必然会造成实害，危害后果则不可逆转。实务中，危害食品安全犯罪具有隐蔽性，发现、取证均困难，往往发生了食品事故后才暴露出来，公众才能知晓，食品相关部门耗费了大量的人力、财力，但效果不佳。而持有行为更为隐蔽，查获更为困难，导致一些有害食品来源不清，去向不明，隐患极大。因此，刑法规制中没有设立持有、贮藏有害食品犯罪是不合理的，对遏制危害食品安全犯罪十分不利，给了犯罪分子以时机与空间，不利于遏制危险食品流向市场。上述观点，也正是世界上很多国家、地区规定持有型食品类犯罪，追究持有危害食品安全犯罪行为人法律责任的原因所在。

与持有毒品犯罪行为相比，持有危害食品安全犯罪的行为更应该纳入刑法的规制中。首先，食品与人们的日常生活息息相关，人们一日三餐无不涉及，是生存必需品，食品问题影响大，范围广。因此持有危险食品比毒品的危害性更大。其次，毒品持有者除了销售牟利外，还可以自己吸食，具有害己性。持有危害食品安全犯罪者自己不会食用，而是售予他人以获取非法经济利益，只具有害他性。持有危害食品安全犯罪的行为危害性更大，内地《刑法》将持有毒品规定为犯罪，更应该将持有危害食品安全犯罪的行为设定为犯罪。在设置持有型危害食品安全犯罪时，与其他持有特定物品罪一样，行为人在主观方面必须是明知其持有或贮藏的是危害食品安全犯罪，即不安全食品，或有毒有害食品，客观上存在持有或者贮藏的行为。

何谓持有型犯罪，理论界的看法不尽相同。一般认为，所谓持有型犯罪，是指行为人实施支配或控制国家法律禁止持有的物品，触犯刑法，依法受刑罚处罚的行为。持有型犯罪应有如下含义：第一，持有的物品是国家法律规定禁止持有的物品；第二，行为人对物品能够实际支配，表现为行为人以占有、携带、收藏等方式支配物品；第三，持有者不一定是所有者、占有者，只要行为人实际控制物品就成立，而且既可以是单独持有，也可以是与他人共同持有，可以是直接持有，也可以是间接持有；第四，持有物品有一定的持续时间，是一个持续行为，行为人支配物品持续一段时间才能称为持有；第五，持有物品的行为是非法的，没有合法依据；第六，持有的非法物品必须达到一定数量，才能成为刑法规制的行为。持有和贮藏危险食品的行为，具备造成严重后果的极大可能性，具有极大的危险性，又具有隐蔽性，查证困难，所以大量危害食品安全犯罪行为，难以受到应有的惩治。规定持有、贮藏危险食品犯罪有利于遏制危险食品流向市场，保护社会公众的生命健康。

（二）将食品安全“生产、销售”修改为“生产、经营”

刑法应当扩大所规制的危害行为的范围和适当增加危害食品安全犯罪的打击环节，与《食品安全法》规制形成对应和衔接，应以“生产、经营”代替“生产、销售”。建议将危害食品安全犯罪的刑法规制范围从生产与销售环节扩展到从养殖场、农作物、销售到餐桌的所有环节，设定的危害食品安全犯罪的行为，应涉及食品生产、流转、消费的整个过程中的危害行为。食品生产、销售是重要环节,但要从全方位的角度,对危害食品安全犯罪行为加强治理、监管,才能有效地对危害食品安全犯罪的行为进行抵制与惩处。因此,应从生产前的组织、准备到物流运作、监管,从食物养殖、种植、原材料供应到包装、贮藏、加工、运输等环节均加以规制。将销售改为经营,就弥补了仅注重生产、销售环节的不足。"经营"可包含的范围广,能够对食品安全实现全面的监管,对食品安全的各个环节都实现了应有的刑法保护,使食品安全危害行为受到应有的惩处。

(三)刑法条文拟增加抽象危险犯的规定

境外多将食品类犯罪设为公害犯罪,且多为抽象危险犯,不需要烦琐的举证或者鉴定,只要行为人实施了法定食品危害行为,就认定为犯罪。这种模式符合风险社会理论。德国学者贝克特提出了风险社会理论,在英美法系国家产生了同大陆法系国家同样的广泛影响。在风险社会理论的影响下,产生了风险刑法理论。风险刑法理论的要义是在某些社会领域,对犯罪的预防,对社会的刑法保护要提前。关于在危害食品安全犯罪中设立抽象危险犯的主张,就是风险刑法理论的一种表现,这种主张的实现,能够更好地对直接危害公民健康与生命的食品公害犯罪进行严厉打击。《刑法》及其修正案规定可以根据国情和法治实践,借鉴境外食品安全立法方面的抽象危险犯立法,进一步完善关于危害食品安全犯罪的规制。例如,可以将《刑法》第 143 条修改为抽象危险犯。

(四)对危害食品安全犯罪的不作为应恰当规制

食品生产经营者收到有关主管部门的指令,令其召回或者停止经营危害食品安全的行为,仍拒不召回或者不停止经营造成严重后果的,可以规定为犯罪。应如实贴标签而做不到,应如实说明产品的性能、成分、危险而不履行义务等,以致发生严重食品安全结果时,也可以设定为不作为犯罪。在这方面日本的做法值得借鉴,日本建立了信息化程度很高的产品溯源制度,并建立了产品召回制度,对不履行义务者设置不作为犯罪,规定了应尽义务的条件。日本《食品卫生法》第3条第2款规定,食品等经营者应努力记录食品等出售人的姓名以及其他必要的信息,以防止由于销售食品等造成的食品危害,并保存相关信息。通过食品标签,可以找到绝大部分商品的生产地和厂家,有些食品标签上加入了电子信息,通过在查询系统中输入编号,甚至可以了解生产者的资料和生产过程。此外,有些领域还建立了动物"身份证"制度,完善了食品溯源制度,这些都为实行问题食品召回制度提供了坚实保障。日本很早就建立了问题食品召回制度,食品召回制度属于缺陷产品召回制度的一部分。目前,日本有《消费者产品安全法》等6部法律授权有关部门责令制造商对缺陷产品附有实施召回的义务。我国在北京奥运会的食品供应上也采取了这样的产品溯源制度,如果逐步进行普及,将有利于保障食品安全。

《食品安全法》第63条对食品召回制度进行了明文规定,但是在刑法条文中没有相应罪与刑的规定。实务中,行为人没有按照《食品安全法》的规定,履行召回或停止行为的义务,发生食品安全事故或造成人员伤亡的,司法机关通常以《刑法》第143条或第144条论罪。拒不召回不安全食品会导致有害食品进一步流通,产生更加严重的后果。从《食品安全法》出发,该行为是违法行为。对拒不召回的行为设定为犯罪,在刑法条文中规定相应的刑罚,有利于对食品安全的保护,及时减少对社会的损害。拒不召回危害食品安全犯罪的行为,可以区别为两种情况:一是人员伤亡等重大危害后果，是由拒不召回行为引起，如果及时召回就不会发生结果，生产经营者发现危害食品安全犯罪既没有采取措施，也没有及时召回。这种情况下，行为人对造成危害后果已经有预见，未能采取防范措施，放任危害后果发生，此时，行为人的主观态度符合故意犯罪形态。二是危害食品安全犯罪已经发生致人伤亡等后果，生产经营者没有立即停止行为，并及时召回有害食品，以致扩大损害结果，即发生更为严重的结果。对扩大的后果，行为人有故意态度。综上，行为人违反义务，拒不召回（停止）危害食品安全犯罪行为本身是违法的，可以就该行为单独定罪，不以发生结果为条件，予以刑法规制；如果行为人正在进行生产、销售危害食品安全犯罪的行为，拒不召回涉案食品，导致发生危害结果或使结果扩大的，以《刑法》第 143 条或第 144 条处断，将拒不召回行为作为量刑的从重情节。

目前，对食品安全的行政管理日趋完善，为惩处拒不召回危害食品安全犯罪行为提供了条件。2017 年 3 月，国家食品药品监督管理总局（以下简称国家食药监总局）发布《关于食品生产经营企业建立食品安全追溯体系的若干规定》，对食品生产经营企业建立食品安全追溯体系提出了完整的、系统性的框架和指导意见，回应了新修订《食品安全法》中对追溯体系的要求。2017 年 6 月，我国台湾地区电商奥丁丁市集（OwlTing）宣布在其供应链中整合基于乙太坊的食品来源区块链。11 月，深圳市筷云信息科技股份有限公司（FEC 筷云股份）与广东云图电商签约打造“农品正源”电商平台，建立农特产品溯源体系。12 月，沃尔玛、京东、国际商业机器公司（IBM）、清华大学电子商务交易技术国家工程实验室共同成立了我国首个安全食品区块链溯源联盟，旨在通过区块链技术进一步加强食品可追溯性和安全性的合作，提升中国食品供应链的透明度。2017 年 4 月，国家食药监总局成立特殊食品注册管理司，标志着婴幼儿配方食品、保健食品等进入了注册管理时代。2017 年 11 月，国家质检总局、国家食药监总局出台《关于进口婴幼儿配方乳粉产品配方注册执行日期的公告》，要求 2018 年 1 月 1 日后生产的进口配方乳粉应当取得国家食药监总局产品配方注册，并在产品销售包装上注明注册号，未经注册严禁在境内销售。2017 年 4 月，国家食药监总局发布《关于进一步加强保健食品监管工作的意见（征求意见稿）》和《保健食品备案工作指南（试行）》，要求生产和进口依法应当备案的保健食品，应按规定向省级或国家食药监总局备案，未经备案不得生产销售。

此外，法学界还提出了一些有建设意义的意见，如增设危害食品安全犯罪的相关罪名，可以考虑运用刑法规制下列行为：生产、销售毒害性食品添加剂的行为；以生产、销售为目的而持有有毒、有害食品添加剂、食品原料等物品的行为；在食品加工、销售、运输、贮存等过程中，掺入有毒、有害的非食品原料，或者使用有毒、有害的物品对食品进行加工、包装、运输、贮藏，从而使食品带有毒害性的行为等。但是，扩大刑法对行为的处罚范围，要具有一定的限度，应当坚持宽严相济的刑事政策及刑法谦抑思想，使刑法保护与行政处罚相协调。

第二节　行为罪名之研究

《刑法》分则中明文规定与危害食品安全相关的犯罪主要有三个罪名：即《刑法》第 143 条、第 144 条规定的犯罪，即生产、销售不符合安全标准食品罪和生产、销售有毒、有害食品罪，以及第408条之一规定的食品监管失职罪；此三罪侵害的主要法益是公共安全，这种观点，在理论上更符合该类犯罪的特性，在实务上更利于罚当其罪。与此三罪相关联的其他犯罪将在后文专章展开论述。

一、生产、销售有毒、有害食品罪

生产、销售有毒、有害食品罪，是指在生产、销售的食品中掺入有毒、有害的非食品原料或者销售明知道掺入有毒、有害的非食品原料的食品的行为。本罪侵犯的法益是多方面的，包括不特定多数人的生命、健康权利和食品安全的管理制度。

第一，行为的对象是生产、销售掺入有毒、有害的非食品原料的食品。按照《食品安全法》第150条的规定，食品的含义包括：(1)从作用上讲，能供人食用或者饮用；(2)可以是成品、原料及既是食品又是中药材的物品；(3)不包括以治疗为目的的物品。因此，该法对本罪中的"食品"做出了全面的解释，不一定是绝对的商品性质的食品，包括从生产环节到最后进入口中食用的任何阶段被污染的食品；供人食用的成品是食品，食品原料也是食品，在具体案例中只要是供人食用的就认为是食品；食用农产品虽然不能被人直接食用，但仍然受到《食品安全法》的调整；原本不适合供人食用，但是最终被人食用，也是本罪中的"食品"，如将工业酒精兑成白酒出售给他人的行为。①

第二，"有毒的物质"是指破坏人体的组织或生理机能的物质，造成这种破坏，是由于这种物质进入人体后，能够与人体内的

① 参见范雪珂：《危害食品安全罪：法益与立法完善》，载《政治与法律》2019年第6期。

一些物质发生化学反应。所谓有害的物质，是指被摄入人体后，对人体的机能、组织产生影响、损害的物质。有毒、有害非食品原料，则是指有毒性元素或者因有对人体有害的成分而从食品卫生学角度来说根本不能食用的物质，主要是指食品工业使用原料之外的工业用原料，食用后会有不良反应，常见的有工业酒精、工业燃料、化学合成剂、受污染的水源等。“食品”也是对“有害”“有毒”的限制，即单纯的有毒物质和单纯的有害物质不能成为本罪规制的对象，只有投入到食品中才是刑法规制处罚的对象。当然，非食品原料是否有毒、有害的标准同样是由卫生行政部门或者相关鉴定机构确定。由此可以得出：在食物中掺入无毒、无害的非食品原料，或者掺入腐败变质、过量会有害的食品原料等情况，均不构成本罪。行为人实施的是“掺入”“销售”行为。具体表现为两种行为，即将有毒或有害的非食品原料掺入食品中和明知是掺入有毒或有害的非食品原料的食品而销售。“掺入”不仅包括直接把有毒、有害的非食品原料当作食品原料加入用于销售的食品中的行为，还包括了将非食品原料直接加入食品中（如将三聚氰胺添加到奶粉中的行为），也包括直接将非食品原料当作食品的行为。掺入本来是指把一种物质添加到另一种物质的行为，在本罪中的“掺入”要作扩大解释，即直接将有毒、有害的非食品原料当作食品或者当作食品原料进行销售的行为，其主观恶性和人身危险性明显更强，作扩大解释也符合罪刑法定原则。最高人民法院、最高人民检察院《关于办理非法生产、销售、使用禁止在饲料和动物饮用水中使用的药品等刑事案件具体应用法律若干问题的解释》第 3 条和第 4 条规定，盐酸克仑特罗就是禁止在动物饲料、饮水中使用的药品，如果行为人违反该规定，且该动物是供人食用的动物，对行为人依照《刑法》第 144 条的规定，追究其刑事责任。如果行为人没有使用盐酸克仑特罗，但明知是使用盐酸克仑特罗等物掺入饲料和动物饮用水中，养殖的供人食用的动物，而提供屠宰等加工服务，或者销售其制品的，也依照《刑法》第144条规定的罪名追究其刑事责任。可见，司法解释将在饲料和饮用水中"使用"的行为和用饲料"养殖"供人食用的行为视作特殊的"掺入"行为。根据法条的规定，本罪的"销售"行为也涵盖了两种情况：一是在食品中掺入有毒、有害的非食品原料后进行销售活动；二是直接销售明知是掺入有毒、有害的非食品原料的食品。《食品安全法》的规定可以帮助理解"销售"行为的范围包括为了销售而从事采购、包装、贮存、运输、装卸、陈列、出售等一系列环节中的几乎所有行为，任何一个行为违反了《食品安全法》的规定达到了犯罪的程度，都会构成本罪。另外，本罪中只要行为人故意实施了法定掺入行为或者法定的明知并销售行为就构成犯罪，不要求是否出现了危害结果，即不要求行为人的行为有现实的危险性。①

本罪的主观方面，行为人具有犯罪故意，必须具备两个明知：第一，行为人明知是有毒或有害性质的非食品原料，而故意掺入。在食品制造行业中，经常会用到一些非食品原料，以增加食品的稳定性和防腐性。因此，非食品原料并非不能使用，而是使用要以国家标准为限制，或以严格的行业标准为限制。从业人员能够而且应当具备这种认识能力，这是一种最低标准的认识前提。第二，明知食品中掺有有毒或有害的非食品原料而销售。所谓有毒或有害，是指对人体有生理毒性，食用后会引起不良反应，损害人

---

① 参见蒋建军：《中国食品安全管制体系建设研究》，中国人民大学2005年博士学位论文，第二章。

体健康的不能食用的原料。这种对于非食品原料的毒害性的明知，不仅包括其对人体的作用机理的明知，甚至包括对该原料化学属性及含量成分的明知，是一种程度较高的明知，是专业技术人员才有可能达到的明知水平。因此，这两个明知实际上是一种梯级关系，行为人具备了第二个明知条件时，其主观上才具备犯罪罪过。①

从逻辑上看，是一个选择性罪名，一般来说有毒一定有害，但有害的不一定有毒。如果行为人在食品中掺入有毒非食品原料，可以认定为生产或销售有毒食品罪，认定为生产或销售有毒、有害食品罪也是可以的。但是，如果只是掺入有害而无毒的非食品原料，就只能定为生产或销售有害食品罪。

例如，幼儿园孩子无病却被安排吃感冒药事件。北京通州区新天地幼儿园曾发生一起食品安全事件，该园 180 个孩子在没有患感冒的情况下，连续 2 天服用感冒药，而且是园方统一安排服用。园方解释称，因为考虑到季节的变化，服药是为了让孩子预防感冒。孩子没有生病就让服用感冒药，结果浑身起红疙瘩，发生过敏。很多家长得知自己健康的孩子服用感冒药，非常震惊，认为非常不科学，也不妥当，如果想预防感冒，也不应该吃感冒药。如果孩子感冒了，园方应当通知家长。在此事件中，在没有感冒的孩子的食物中加感冒药，可以认为是在食物中加入有害物质，如果时间过长肯定会危害孩子的身体健康，幼儿园行为的性质是生产销售有害食品的行为，是否达到犯罪程度，要结合时间长短、情节轻重予以考量。

---

① 参见毛乃纯：《论食品安全犯罪中的过失问题——以公害犯罪理论为根基》，载《中国人民公安大学学报(社会科学版)》2010 年第 4 期。

有毒或有害非食品原料包含两个要素：第一，非食品原料；第二，被添加的物质具有有毒性或有害性。这两个要素缺一不可。据此，诸如在食品中添加有毒或有害的食品原料或者添加无毒或无害的非食品原料即使导致食品毒害也不构成本罪，或者只构成《刑法》第143条规定的生产或销售不符合安全标准的食品罪。本罪中形成有毒有害食品的方式仅限于“掺入”，不包括除掺入以外的其他行为方式，显得行为方式过窄。依照《食品安全刑事案件司法解释》第9条的规定，下列物质应当认定为有毒或有害的非食品原料：第一，法律、法规禁止使用的；第二，国务院的有关部门明确公布、列出名单的物质；第三，国务院有关部门公告，明确禁止使用的农药或兽药，以及公告并禁止的其他有毒、有害物质；第四，除以上三项外的其他危害人体健康的物质。上述司法解释第24条还规定，《刑法》对第143条规定的足以造成事故或者其他疾病，以及第144条规定的有毒、有害非食品原料，认识上难以确定的，司法机关可以根据三方面进行认定：一是有关部门的检验报告，二是专家意见，三是相关材料。必要时，可以依法要求相关专家出庭说明。特别是第二项所指国务院的有关部门公布的物质名单，是实务中认定有毒或有害非食品原料的重要依据。最高人民法院公布的指导案例70号《北京阳光一佰生物技术开发有限公司、习某有等生产、销售有毒、有害食品案》的裁判要点进行了补充性解读。在该案中，北京阳光一佰生物技术开发有限公司与习某有等人生产、销售的含有盐酸丁二胍的山芪参胶囊，盐酸丁二胍未获得国务院药品监督管理部门批准生产或进口，是不得作为药物在我国生产、销售和使用的化学物质，其亦非食品添加剂。盐酸丁二胍也不属于上述司法解释所指国务院有关部门公布的物质名单。但是，如果该物质与上述名单中所列物质具有同等属性，并且根据检验报告和专家意见等相关材料能够确定该物质对人体具有同等危害的，应当认定为《刑法》第144条规定的有毒、有害的非食品原料。在该案中，扬州大学医学院葛晓群教授出具的专家意见和南京医科大学司法鉴定所的鉴定意见证明，盐酸丁二胍与《食品安全刑事案件司法解释》第9条第2项《保健食品中可能非法添加的物质名单》中的其他降糖类西药（盐酸二甲双胍、盐酸苯乙双胍）具有同等属性和同等危害。长期服用添加有盐酸丁二胍的"阳光一佰牌山芪参胶囊"有对人体产生毒副作用的风险，影响人体健康甚至危害生命。法院对盐酸丁二胍依照该司法解释第20条第3项、第24条的规定，认定为《刑法》第144条规定的"有毒、有害的非食品原料"，对涉案单位及个人作了有罪判决。

在实务中，如何将不在上述国务院部门公布名单中列明的物质认定为"有毒、有害的非食品原料"一直是一个具有重大争议的问题，该案裁判要点对此有重大的指导意义：第一，国务院有关部门公布的两个文件确定的名单是确定有毒或有害的非食品原料的重要依据。只要在食品或保健食品中添加上述两个名单中的物质，达到法律规定的后果，就可以以生产或销售有毒、有害食品罪对行为人进行定罪处罚。第二，对不属于名单上的物质，确立了"两个同等"标准认定其是否属于"有毒、有害的非食品原料"。这"两个同等"标准指的是：如果在食品中添加的是上述两个名单未列入的物质，但是与名单中的物质具有同等属性，同时该物质对人体具有同等危害的，可以认定为《刑法》第144条规定的"有毒、有害的非食品原料"。这"两个同等"标准是第70号指导案例裁判要点中的核心和关键。第三，检验报告和专家意见等材料是确定"两个同等"标准的重要依据。从指导案例的表述来看,二者应同时具备,缺少任何一项均不能确定涉案物质与名单内物质具有"两个同等"的属性和危害。这一结论与《食品安全刑事案件司法解释》第 24 条"有毒、有害非食品原料"难以确定的规定相协调。第四,针对保健食品,即使添加了物质名单中的物质,还要考察另外一个要件,才能确定是否应对行为人以涉嫌此罪进行立案追究。该要件指的是指导案例中所述的该物质"未取得国务院药品监督管理部门批准生产或进口,不得作为药物在我国生产、销售和使用"。也就是说,如果在 2012 年 3 月 16 日(《保健食品中可能非法添加的物质名单》的发布日期)之后,国务院药品监督管理部门批准生产或进口该物质,并在我国生产、销售和使用的,如果行为人在保健食品中添加了该物质,司法机关仍然不能对其予以刑事追究。

本罪是抽象危险犯,行为人只要实施了生产或销售有毒有害食品的行为,即可构成犯罪,不要求实际发生危险,也不要求行为人对发生的危险有确切预见,但行为人对生产、销售的食品是有毒有害的性质应是有认识的,即应是明知的。如果完全没有认识,就不能构成本罪。有些行为应根据具体对象从法律规定、对象的性质、行业规范、行为人对业务的熟悉程度进行判断。

如张某新、郑某芹生产、销售有毒、有害食品,李某明、何某友生产有毒、有害食品,王某超等销售有毒、有害食品案——"新型地沟油"一案。[①] 张某新、郑某芹明知食用猪油不能含有淋巴,仍先后从浙江黄岩食品有限公司、浙江诚远食品有限公司购入含有淋巴的花油、含有伤肉的膘肉碎及"肚下塌"等猪肉加工废弃物

① 参见最高人民法院刑事审判第一、二、三、四、五庭主办:《最高人民法院刑事审判参考》总第 99 集,总第 1004 号案例,法律出版社 2015 年版,第 9 ~ 20 页。

并用于炼制食用猪油。2007 年 3 月至 2010 年 7 月间，浙江黄岩食品有限公司城区分公司经理王某洪（另案处理）明知张某新、郑某芹从事炼制“食用油”，仍向其销售含有淋巴的花油等猪肉加工废弃物。张某新、郑某芹利用上述原料在台州市黄岩区澄江街道仙浦汪村的家中炼制“食用油”360 余桶，共计超过 18 吨，销售金额共计人民币 10 万余元。2010 年 7 月至 2012 年 3 月间，浙江诚远食品有限公司副产品销售负责人李某明明知张某新、郑某芹从事炼制“食用油”，仍向其销售含有淋巴的花油、膘肉碎、“肚下塌”等猪肉加工废弃物，张某新、郑某芹利用上述原料在台州市黄岩区澄江街道仙浦汪村的家中、西城街道霓桥村出租房、东城街道上前村工业区租房等地炼制“食用油”1026 余桶，共计超过 51.3 吨，销售金额 47 万余元。其中，2011 年 11 ~ 12 月和 2012 年 3 月，被告人何某友受张某新雇用以含有淋巴的花油等猪肉加工废弃物炼制“食用油”135 余桶，共计超过 6.75 吨，销售金额 6.75 万余元。被告人张某新、郑某芹利用含有淋巴的花油、膘肉碎、“肚下塌”等猪肉加工废弃物共生产“食用油”超过 69.3 吨，销售金额 57 万余元，张某新将生产的“食用油”销售给顺青面馆等餐馆。台州市黄岩区人民法院认为，被告人张某新、郑某芹使用猪肉加工废弃物等非食品原料生产“食用油”，销售金额 57 万余元，情节特别严重，其行为均构成生产、销售有毒、有害食品罪。被告人李某明明知他人生产“食用油”，仍为其提供猪肉加工废弃物等非食品原料，其间供他人生产“食用油”销售金额 47 万余元，情节严重；被告人何某友明知他人使用猪肉加工废弃物等非食品原料生产“食用油”，仍为其提供劳务，帮助炼制油脂，其间供他人生产“食用油”销售金额 6.75 万余元；被告人李某明、何某友的行为均构成生产有毒、有害食品罪；被告人王某超、吴某弟、蒋某明、林某友、应某兵明知是利用猪肉加工废弃物等非食品原料生产的“食用油”仍予以销售供人食用，其行为均构成销售有毒、有害食品罪。对上述被告人分别判处10个月至10年有期徒刑，并处罚金。

本案的焦点也是认定生产销售有毒、有害食品罪的关键所在，即行为人的行为对象是否是有毒有害食品。被告人张某新、李某明的辩护人的辩护观点及被告人的上诉理由主要有：经检验检疫合格的花油、膘肉碎、“肚下塌”（猪肚下垂部位赘肉）不属于肉制品加工废弃物，张某新使用该原料炼制的猪油不应认定为“地沟油”；张某新的辩护人另提出，检测报告显示张某新炼制的猪油合格，并非有毒、有害食品，张某新的行为不构成犯罪；李某明的辩护人另提出，李某明系对外合法销售检验检疫合格的花油、膘肉碎、“肚下塌”，其作为原料提供者没有任何过错。

具体到本案的问题是：（1）利用含有淋巴的花油、含有伤肉的膘肉碎、“肚下塌”等肉制品加工废弃物生产、加工的“食用油”是否应当认定为“新型地沟油”？（2）关于“地沟油”的检测报告是否为司法机关认定“有毒、有害食品”的前提？（3）明知他人生产、加工“猪油”供人食用仍向其提供肉制品加工废弃物的行为应当如何定性？

相关规定有：（1）2006年11月28日，中华人民共和国国家质量监督检验检疫总局、中国国家标准化管理委员会联合发布的《食用猪油》国家标准（GB/T 8937—2006）明确规定炼制食用猪油的脂肪组织不能包含淋巴结。《食用猪油》国家标准明确要求：“健康猪经屠宰后，取其新鲜、洁净和完好的脂肪组织炼制而成的油脂。所用的脂肪组织不包含骨、头皮、尾巴、耳朵、气管、粗血管、脏器、碎皮、沉渣、压榨料、甲状腺、淋巴结、肾上腺及其他类似物，而肌肉组织和血管应尽可能不含。”《食用猪油》国家标准于2007年3月1日正式实施。(2)根据最高人民法院、最高人民检察院、公安部联合下发的《关于依法严惩“地沟油”犯罪活动的通知》(公通字[2012]1号，以下简称《地沟油通知》)的精神，“地沟油”犯罪，是指非食品原料包括各类肉及肉制品加工废弃物、废弃油脂、用餐厨垃圾等，销售明知是利用“地沟油”生产、加工而作为食用油的油脂，以及生产、加工“食用油”的行为。其中，“地沟油”来自社会公众的通俗称谓。

本案的特殊之处在于：首先，张某新生产、加工“食用油”的原料系含有淋巴的花油、含有伤肉的膘肉碎、“肚下塌”等，并非普通民众认知的传统“地沟油”原料，如废弃油脂、废弃餐厨垃圾，而且检测报告也显示张某新生产、加工的“食用油”有关理化指标合格，并未检出有毒、有害成分，对张某新的行为能否认定为“地沟油”犯罪？其次，浙江诚远食品有限公司在检验检疫合格的生猪屠宰后，李某明作为副产品销售负责人，明知张某新生产、加工“食用油”，仍将含有淋巴的花油、含有伤肉的膘肉碎、“肚下塌”等销售给张某新作为原料，对李某明的行为能否与张某新一并定罪处罚？

猪屠宰后的淋巴结检疫是一项重要指标，相关资料表明，它是生物体周围的免疫器官和防御结构，具有吞噬异物和各种微生物的功能，并产生免疫反应。当身体的组织或器官受到致病微生物的攻击时，其迅速被局部淋巴结截留并发生相应的变化，导致淋巴结体积的增加或减少，色泽呈现出红、黑、青等。[①] 故淋巴结

① 参见马文涛：《浅谈驻场监管检疫环节中的几点体会》，载《山东畜牧兽医》2011年第11期。

含有大量的病原微生物，如一些细菌、病毒等，甚至会有苯并芘等致癌物质，且本身没有什么营养。因此，完全摘除淋巴结的花油虽可食用，但其中含有的淋巴应当属于有毒、有害的。利用含有淋巴的花油、含有伤肉的膘肉碎、“肚下塌”等肉制品加工废弃物生产、加工的“食用油”，应当视为“新型地沟油”。含有大量淋巴的花油、含有伤肉的膘肉碎及“肚下塌”等在市场上销售无人购买，即已不具备应有的食用价值，属肉制品加工废弃物无疑，不能因被告人张某新用其炼制劣质猪油而否认其肉制品加工废弃物的性质。张某新利用含有淋巴的花油、含有伤肉的膘肉碎、“肚下塌”等猪肉加工废弃物生产、加工“食用油”，根据《地沟油通知》的规定，应当作为“地沟油”犯罪追究其刑事责任，对涉案食用油无须由鉴定机构出具鉴定意见。并且，针对“地沟油”案件，没有形成一种公认的、行之有效的鉴定方法，鉴定机构的鉴定只是作为参考，不是唯一依据。最重要的是行为人在食品中掺入的国家行业主管机关明令禁止使用的非食用物质是否能被充分、确实的证据证实。李某明明知张某新生产、加工“猪油”供人食用而仍向其提供肉制品加工废弃物作为原料，生猪屠宰行为的合法性不影响李某明共犯地位的认定，符合“明知他人生产、销售有毒、有害食品，提供生产技术或者食品原料、食品添加剂、食品相关产品的，以生产、销售有毒、有害食品罪的共犯论处”①之规定。

国家明令禁止用淋巴结类猪组织制猪油。案中制猪油的淋巴的花油、含有伤肉的膘肉碎、“肚下塌”等为肉制品加工废弃物

---

①　参见最高人民法院及最高人民检察院于2013年联合出台《关于办理危害食品安全犯罪刑事案件适用法律若干问题的解释》，载最高人民检察院网，https://www.spp.gov.cn/zdgz/201305/t20130506_58566.shtml。

也符合生活常识，行为人自己是肯定不会食用的。从职业角度讲，行为人是长期从事肉类生产销售的专业人员，更应知悉相关废弃物的有毒有害性。所以，可以判断行为人对行为对象的有害性是明知的，可以认定为故意犯罪。

笔者认为，本罪侵害的法益是不特定多数人的生命、健康，这是主要法益，即公共安全，对经济秩序也会造成一定破坏。行为人生产、销售过程中不法行为的动机主要是追求经济利益，对公众生命健康安全的危害是故意的，包括直接故意和间接故意。

从概念上讲，食品与药品是有区别的，笔者研究的是食品，但很多保健品实际上是名为药品，实为食品。如江苏南京“7·21”特大生产销售有毒有害食品案。2015 年 7 月 21 日，在公安机关的配合下，建邺区食品药品监管局对该区范围内 11 家性保健店突击检查，查获 11 家性保健店假借称有壮阳功能保健品而销售假冒保健食品的违法行为。经专业鉴定，查获的假冒品中检测出的药物成分包括“西的纳啡”及“他哒那啡”等。经侦查，生产窝点在河南郑州和三门峡市被查获。案犯檀某强、席某霞、席某伟等人的作案方式是，以租赁的房屋作为制作窝点，购买大量外包装盒及空瓶作为包装材料，购买淀粉、西地那非等原料进行混合后装进空胶囊，在包装成成品后，案犯将假冒品销售至多个省份包括山东、江苏等，通过郝某和翟某静等人销往西安等地。此案共查获“金伟哥”“植物伟哥”“德国黑蚂蚁”等有毒有害假冒保健食品共计 90 多万颗，品种近百种，还查获西地那非粉末 25 千克，涉案金额共约 1300 万元，抓获犯罪嫌疑人多名。[①] 此案中，行为

① 参见《食品药品监管总局发布筛选 2015 年食品安全十大典型案例》，载中央人民政府网，https://www.gov.cn/xinwen/2016-03/14/content_5053394.htm。

人生产销售的是有毒有害的假冒保健食品，很容易被人误认为药品，有关部门对行为人以生产销售有毒有害食品追究其刑事责任。

二、生产、销售不符合安全标准的食品罪

《刑法》第143条规定，生产、销售不符合安全标准的食品罪，是指违反国家食品安全管理法规的规定，生产、销售不符合安全标准的食品，足以造成严重食物中毒事故，或者其他严重食源性疾病的行为。本罪侵害的法益是不特定或者多数人的生命健康及财产安全，也侵犯了国家对食品安全的管理秩序。国家为了保证食品生产和经营的安全和秩序，保障人民群众的身体健康和生命安全，制定了一系列安全标准和监管制度。从这个意义上说，一切生产、销售不符合安全标准的食品的行为，都可以看作是违反国家食品管理制度，不同程度地侵害了不特定多数人的人身、财产安全法益。

行为人在客观上实施了生产、销售的行为。本罪"生产""销售"行为的定义来自《食品安全法》。根据《食品安全法》第四章"食品生产经营"的规定，食品的生产、销售行为不只是生产（单纯地将原材料制为成品）和销售（有偿转让产品），要同时包括食品生产和经营过程中的一系列行为——原材料的采购、食品的加工、包装、贮存、运输和装卸等全部食品链条中的所有环节。食品从生产到流通链条中的任何一个可能出现污染的环节都是刑法要保护的环节，刑法条文中的生产、销售与《食品安全法》中的生产、经营是同义解释。本罪中的"生产"、"销售"作缩小解释，销售是对生产的限制，生产的目的就是用于销售。根据2001年4月9日，最高人民法院、最高人民检察院《关于办理生产、销售伪劣商品刑事案件具体应用法律若干问题的解释》第4条，认定构

成《刑法》第 143 条中规定的“足以”,必须符合以下条件:首先,是专门机构鉴定,这个专门机构必须是经省级以上卫生行政部门确定;其次是食品中含有两种物质之一:一是可能导致严重食物中毒事故;二是其他严重食源性疾患的超标准的有害细菌或者其他污染物。第 143 条规定的“足以造成严重食物中毒事故或者其他严重食源性疾患”是一种危险状态。在《食品安全法》中,为生产经营者规定了许多应当遵守和履行的义务,这些规定有的是命令性规范,有的是禁止性规范。行为人在生产销售中应当履行的法定义务而没有履行就是违反了命令性规范,《食品安全法》第 50 条规定:“食品生产者采购食品原料、食品添加剂、食品相关产品,应当查验供货者的许可证和产品合格证明……”行为人如果没有履行上述义务而造成了严重后果,其行为就构成刑法上的不作为。行为人在生产、销售产品的过程中实施了法律所禁止的行为则是违反了禁止性规范,例如,《食品安全法》第 34 条规定,禁止生产经营污秽不洁、腐败变质、霉变生虫、混有异物、掺假掺杂、油脂酸败或者感官性状异常的食品,行为人如果明知是该种食品而进行生产、销售造成了严重的后果,其行为就是刑法上禁止的作为。因此,可以认为本罪的危害行为既包括作为又包括不作为两种行为方式。

本罪的犯罪对象是生产、销售的是不符合安全标准的食品。2011 年 2 月正式通过的《刑法修正案(八)》,对食品安全类犯罪作出了修订,将“食品卫生”改为“食品安全”。修订后的刑法对危害食品安全犯罪的规定基本实现了与《食品安全法》的接轨,表意更为准确。《食品安全法》在第三章专门规定了“食品安全的标准”,制定食品安全标准应当以公众的身体健康为宗旨,做到科学合理、安全可靠。《食品安全法》确定了大类标准,包括食品中的致病性微生物等各种危害人体健康物质的限量规定、食品添加剂的种类范围和用量、专供婴儿和其他特定人食用的主辅食营养成分、食品安全性标签标识说明书的要求、食品经营卫生的要求、食品安全有关的质量要求、食品检验方法和其他需要制定的标准内容。《食品安全法》第 27 条第 1 款规定:“食品安全国家标准由国务院卫生行政部门会同国务院食品药品监督管理部门制定、公布,国务院标准化行政部门提供国家标准编号。”没有食品安全国家标准的可以制定食品安全地方标准。所以,如果尚未出台食品安全相关的国家标准,在具体案件的认定中,对罪与非罪的判断仍然需要考虑现行的具体标准。本罪构成的一个重要客观标准是生产、销售不符合安全标准食品的行为必须要引起一定的危险状态,且必须达到“足以造成严重食物中毒事故,或者其他严重食源性疾病”的程度,才能构成本罪。依据相关规定,所谓食物中毒,是指食用了被有毒有害物质污染的食品,或者食用了含有有毒有害物质的食品后,出现的急性、亚急性疾病。食源性疾病,指食品中致病因素进入人体引起的感染性、中毒性等疾病。由此可以得出,食物中毒是属于食源性疾病的范畴。《刑法修正案(八)》将“食源性疾患”修改为“食源性疾病”的变化也反映了《刑法》与《食品安全法》的一致。此处的致病因素,主要指人为因素,是指在制造食品的过程中使用劣质原料、添加有毒有害或对病原微生物控制不当而引发疾病的情况,人无法主观控制的自然因素不在《食品安全法》和《刑法》的规制范围。同时,《食品安全法》的规定,有效地规避了诸如病人在治病期间的感染性疾病和通过化学作用对机体呈现毒害影响的中毒性疾病。限制了致病因素,必须是食品和与食品相关产品含有的致病性微生物,兽药、农药残留物,重金属污染物质以及其他危害人体健康的物质,此外还包括食品添加剂。本罪中行为人生产销售不符合安全标准的食品,并不要求实际危害结果的出现,具有造成严重食物中毒事故、严重食源性疾病的客观危险状态即构成既遂。食品安全是一个需要专业技术的特殊领域,对食品安全问题的治理需要各个机关相互配合。对危害食品安全犯罪案件的调查也不仅需要公、检、法等部门的介入,更要由食品安全监管部门进行调查处理,从而准确进行检验检测并且防止证据灭失。此时,涉及行政权与司法权衔接的问题,以及司法机关如何正确对待行政机关收集的证据问题。现阶段我国在对本罪进行调查过程中的通行做法,是将行政机关获取的证据材料视作具有刑事效力的证据。

不符合安全标准的食品是否包括只违反食品安全监管的食品?对此存在不同看法,有人认为不符合安全标准的食品就是《食品安全法》第 34 条明文规定的禁止生产经营的食品;有人认为禁止生产经营的 13 种食品是不符合食品安全标准的食品,但违反食品安全监管的食品也应认为是不符合食品安全标准的食品;也有人对此观点持否定态度,例如,《食品安全法》第 34 条第 8 项规定的未经检疫、检验的肉类及肉类制品,就存在符合或者不符合安全标准两种可能性,因为没有经过检疫、检验并不能断言是不符合安全标准的食品,存在有未经动物卫生机构检疫检验但事实上符合安全标准的肉类;再有第 34 条第 10 项规定禁止经营超过保质期的食品,也不能认为一旦超过保质期就必定成为不符合安全标准的食品。

《食品安全法》第 34 条所规定的禁止生产的 13 种食品,是法律明文禁止经营的食品,是食品安全监管部门进行监管并处罚的对象。但是,笔者也认为将“不符合安全标准的食品”界定为《食品安全法》第 34 条所指食品的观点值得商榷。《食品安全法》第

34 条禁止的食品与不符合食品安全标准的食品并不是逻辑上的全等关系，虽然《食品安全法》第 34 条第 13 项作出了“其他不符合法律、法规或者食品安全标准的食品、食品添加剂、食品相关产品”这一兜底性质的规定，也只能认为“不符合安全标准的食品”包含《食品安全法》第 34 条所禁止生产经营的食品。

有毒有害食品肯定是不符全安全标准的食品，所以生产销售不符合安全标准的食品罪中的食品，是除有毒有害食品之外的不安全食品，这也是两罪容易形成法条竞合的原因，某一行为同时触犯两个罪名时，应以特殊优于一般的原则处理，即以生产销售有毒有害食品罪定罪处罚。“油条铝超标”案件曾引发社会关注。2017 年 5 月 22 日，被告人柴某林因在制作油条的过程中超量添加明矾，被河北省邯郸市峰峰矿区人民法院以“生产、销售不符合安全标准的食品罪”，判处有期徒刑 1 年 8 个月，并处罚金人民币 80,000 元。6 月 26 日，河北省邯郸市中级人民法院裁定驳回上诉，维持原判。① 这只是“油条铝超标”系列案件之一。近年来，媒体出现大量“油条铝超标”并被判处“生产、销售不符合安全标准的食品罪”的案件，案情基本相似，即店主在制作油条时使用了较多明矾或泡打粉，导致油条中的铝残留量超标。这类案件在 2014 年 5 月国家卫生计生委等 5 部门发布有关公告后集中出现。油条作为中国传统的早点之一，因其口感松脆有韧劲而受到人们的喜爱，油条的制作中加入明矾已是坊间的传统做法。但是由于明矾的主要化学成分为硫酸铝钾，其中含有铝离子，人体过量摄入后会影响人体对铁、钙等重要成分的吸收，导致贫血、骨质

---

① 参见《2017 年度食品安全法治十大事件候选素材》，载中国法学会法治研究所网，https://fzyjs.chinalaw.org.cn/portal/article/index/id/320.html。

疏松,严重的情况下还会影响神经细胞的发育。明矾作为我国法律明确规定的食品添加剂,油条的生产者缺乏相关的法律意识和风险意识,仅凭经验在实际加工中添加明矾。殊不知加入明矾过量,油条就成为不安全食品,从而触犯了法律,构成刑事犯罪。此种案例大都类似,行为人都是为了其所生产的油条外观、口感能得到顾客的认可而添加明矾过量。鉴定部门的鉴定意见显示,被告人在油条的生产过程中所添加的明矾明显超过《食品安全国家标准食品添加剂使用标准》中规定的 100mg/kg 的规定,有的严重超标甚至是数倍之多,法院判决行为人的行为触犯《刑法》第 143 条的生产、销售不符合安全标准的食品罪,并处罚金。

明矾本不是有毒有害物质,而且是法律规定许可的食品添加剂,普通油条制作者的认识水平,没有达到预见过量明矾掺入后的不安全后果,这就是社会对入罪比较关注的原因所在。在普遍认为该罪的成立由故意罪过形式构成的情况下,如果将所有被发现加入过量明矾的油条生产者一律入罪则不妥,因为其中可能存在不是明知故犯者。因此,执法机关通常是对经过警告或行政处罚后,仍我行我素者,移送追究刑事责任。如湖北省阳新县冯某连续超量使用明矾生产油条一案。[①] 2015 年 5 月,冯某在城区某早点摊使用硫酸铝铵(俗称“明矾”)、面粉等生产油条并对外销售。同年下半年,县食品药品监督管理局执法大队对冯某销售给另一家早点店的油条进行检测,发现含铝量超标,当时给予冯某口头警告,责令整改,并告知油条含铝不能超过 100mg/kg。然而,冯某事后不仅不知悔改,反而更换明矾品种,继续添加明矾生

---

① 参见《男子加超量明矾,生产销售油条被判刑》,载阳新县人民政府网,http://www.hbyxx.cn/index.php? m = content&c = index&a = show&catid = 62&id。

产油条。2016年3月31日,县食品药品监督管理局对冯某生产的油条再次抽检,检验结果为含铝量为983毫克/千克,使用量超出近10倍。同年4月28日,县食品药品监督管理局在冯某处扣押明矾2.81千克。该县检察院向县法院提起诉讼,指控冯某犯生产、销售不符合安全标准的食品罪,县法院依法公开开庭审理了此案。县法院经审理后认为,冯某生产、销售不符合安全标准的食品,足以造成严重食物中毒或者其他严重食源性疾病,其行为已构成生产、销售不符合安全标准的食品罪,判处拘役5个月,并处罚金5000元。在此案中,即使冯某最初不知过量"明矾"对食品安全的危害性,但经过执法部门的警告并责令整改后,冯某确属明知故犯了,此时的行为就完全符合生产、销售不符合安全标准的食品罪的成立条件。

三、食品监管渎职罪

食品监管渎职罪是《刑法修正案(八)》设立的一个新罪名,《刑法修正案(十一)》第45条对该罪进行了修改,归纳了该罪的行为种类并将严重后果或其他严重情节作为成立要件。与其他罪类似犯罪比较,其特点明显,具体分析如下。

第一,罪名的确定上合二为一。《刑法》第408条之一规定的食品监管渎职罪,明确规定了该罪的成立要件。其一,该罪的主体是国家机关工作人员,且负有对食品的监管职责。其二,行为方式上有两种,玩忽职守和滥用职权。其三,客观上具备两种要件之一:一是造成严重后果。这是《刑法修正案(十一)》第45条对《刑法修正案(八)》修改后的表述,《刑法修正案(八)》的表述是"导致发生重大食品安全事故或造成其他严重后果"。二是有其他严重情节。这是《刑法修正案(十一)》增加的规定,与造成严重后果相并列。理论上和实务中,对于该条的罪名有多种观点:有人认为是食品安全监管滥用职权罪和食品安全监管玩忽职守罪;有人认为是食品安全监管滥用职权罪和食品安全监管失职罪;有人认为是食品安全监管渎职罪。最高人民法院、最高人民检察院《关于执行〈中华人民共和国刑法〉确定罪名的补充规定(五)》,将《刑法》第408条的罪名确定为食品监管渎职罪,在司法实务上统一了罪名标准。对此有司法官员认为,[①]"两高"确定这一罪名的司法解释是刑法修改以来长期实践经验的总结,目的是解决司法实践中遇到的问题。因为在实践中,检察院以滥用职权罪将案件起诉到法院,法院有时根据案情以玩忽职守罪定罪判刑。从上述两罪的犯罪构成表述看,两罪的主体、客体和法定刑都相同,区别的关键是主观过错和客观行为。从主观过错来看,滥用职权的主观过错为故意,而玩忽职守的主观过错为过失。从客观行为来看,滥用职权是指国家机关工作人员超越职权违法决定、处理其无权决定、处理的事项,或者违反规定处理公务,而玩忽职守是指国家机关工作人员严重不负责任、不履行或者不认真履行职责的行为。在司法实践中,玩忽职守罪中不履行或者不认真履行职责的行为与滥用职权罪中的违反规定处理公务的行为应如何认定容易产生认识分歧。违反规定处理公务也可能与玩忽职守的行为相近或者相同,在客观上表现为不履行或者不认真履行职责的行为。认定与区分的关键在于行为人主观方面的心理状态。[②] 如果行为人对涉罪时的心理状态不承认,那么司法机

① 法制日报记者杜萌采访最高人民检察院渎职侵权检察厅副厅长李忠诚:《权威人士详解食品监管渎职罪单位个人都将究责》,载新浪财经网,https://finance.sina.com.cn/g/20110519/07449865184.shtml。

② 参见朱沅沅:《食品安全监管渎职犯罪与食品安全监管体系完善》,中国犯罪学学会第二十届学术研讨会暨年会论文。

关对其主观过错只能由客观行为进行推知，即便如此，在当事人不承认的情况下对容易对案件定性产生分歧，从而使严肃的法律适用问题存在争议。为了解决司法实践中的这一问题，以食品安全监管渎职罪统一规制玩忽职守与滥用职权的行为，避免因司法机关之间认识分歧而影响更为及时、有效地查办食品安全监管领域的渎职犯罪。按照这一说法，由于食品安全监管滥用职权与玩忽职守两种犯罪行为容易混淆，难以区分，为了执法的便捷和高效，司法解释将两种行为归于食品安全监管渎职罪一个罪名。这种技术上的处理，具有相当的合理性，但仍为一定时期不得已而为之的做法。这种做法并非只有我国刑法才会出现，世界上其他国家的刑法也存在不区分滥用职权与玩忽职守犯罪的情况，在意大利、德国与日本等刑法典中也未明确区分滥用职权与玩忽职守犯罪。如日本刑法以滥用职权犯罪包容玩忽职守的行为，《刑法典》第 25 章规定的渎职罪包括两种类型：滥用职权类犯罪与贿赂类犯罪，并未在滥用职权犯罪之外将玩忽职守的行为进行单独规定。

第二，行为形式有作为与不作为。《刑法修正案（八）》规定的滥用职权和玩忽职守两类食品监管渎职行为发生的空间范围，包括行为人从事食品安全监管的生产、加工、运输、管理、销售，以及来自初级农业产品的质量安全管理、餐饮服务行业监督管理等所有环节。不可否认，滥用职权与玩忽职守毕竟是两种有区别的行为，明确两种行为的特征、范围，有助于正确地定罪量刑。滥用职权是指国家机关工作人员故意逾越职权或者不履行职责，致使公共财产、国家和人民利益遭受重大损失的行为。食品监管渎职中的滥用职权主要指食品监管机关工作人员滥用一般职务权限，主要包括两类：超越食品监管的职权和没有超越食品监管的职权。违法决定或者处理无权决定、无权处理的食品监管事项就是“超越监管职权”的行为；在监管范围内违法或错误地行使职权的情况就是“没有超越食品监管职权”的行为。食品监管渎职罪在滥用职权的形态下表现为明知违法而不处罚，导致食品生产者生产、销售了不符合标准的食品或者造成有毒、有害的食品流向市场，造成重大食品安全事故；或者是在生产、销售企业合法正常运营时故意对其违规处罚，扰乱了正常的生产经营的行为。滥用职权通常表现为积极的作为，但这种作为超越职权范围、违背法律授权的宗旨，或违反职权行使程序，是一种乱作为。玩忽职守通常表现为消极的不作为，是国家机关工作人员严重不负责任，负有食品安全监管职责而不履行监管义务，或不正确地履行监管义务的行为。具体地分析，食品监管渎职中的玩忽职守行为分为两类：第一，不履行职责，负有食品监管责任的机关或者个人应当履行职责，有能力履行职责却怠于履行职责，导致严重后果的发生；第二，没有正确地履行职责，履行食品监管职务时，虽然履行了监管职责，但是没有完全达到监督管理的要求，并且导致食品安全事故或者其他严重后果。两种行为中行为人的主观罪过上均有较为明显的不同之处。《刑法修正案（十一）》将食品监管渎职行为概括为五种具体类型：一是瞒报、谎报食品安全事故、安全事件的；二是对发现的严重食品安全违法行为未按规定查处的；三是在特殊食品审批审评过程中，对不符合条件的申请准予许可的；四是依法应当移交司法机关追究刑事责任不移交的；五是有其他滥用职权或玩忽职守行为的。很明显，这五种类型的行为包括作为与不作为两种行为形式。

第三，犯罪主体范围限于自然人。食品监管渎职罪的行为主体是特殊主体，只有负责食品安全监督管理职责的国家机关工作人员才能成为本罪的主体,通常是负有食品监管职责的行政机关的工作人员,单位不能成为本罪的犯罪主体。《食品安全法》第107条第2款规定:“调查食品安全事故,除了查明事故单位的责任,还应当查明有关监督管理部门、食品检验机构、认证机构及其工作人员的责任。”可见,《食品安全法》规定的责任主体,既包括单位也包括自然人,而且自然人的范围不限于国家机关工作人员,因此,《食品安全法》规定的失职、渎职责任主体的范围大于《刑法》中食品安全监管渎职罪的主体,也可以理解为行政责任的主体范围大于刑事责任的主体范围。对于《刑法》规定的食品监管渎职罪行为主体的理解,也即《刑法》第408条规定的国家机关工作人员的范围,还必须结合《全国人大常委会关于〈中华人民共和国刑法〉第九章渎职罪主体适用问题的解释》,该解释对国家机关工作人员的范围实际上作了扩大解释,其主要内容是:首先,必须是从事公务的人员。从事公务,是国家工作人员的本质特征。《刑法》第408条规定的国家机关工作人员应当是机关中从事公务的人员,机关中不从事公务的人员,不能成为该罪的主体。当然,就该条而言,行为人身份上所从事的公务,必须是对食品有监管职责的公务。其次,从事公务行为人所在组织或公务身份的来源有以下范围:其一,以法律、法规规定为依据,行使国家行政管理职权的组织;其二,受国家机关委托,能够代表国家机关行使职权的组织;其三,虽未列入国家机关人员编制,即不具有机关人员身份,但在国家机关中代表国家从事公务。从这一解释分析,该罪的主体特征是具有食品监管职权和依法从事公务两个方面。

第四,造成严重后果或有其他严重情节为犯罪成立要件。严重后果与严重情节具备其中之一即可。“造成严重后果”,是指行为人的行为与危害结果之间有刑法上的因果关系,《刑法修正案(八)》规定为"导致发生重大食品安全事故或者造成其他严重后果"。在实务中,参考2006年7月26日公布的,《最高人民检察院关于渎职侵权犯罪案件立案标准的规定》,该规定是专门针对渎职侵权犯罪的立案标准,该规定第1条是对滥用职权罪与玩忽职守罪所造成"重大损失"的解释,在财产损失方面,明确了立案所要达到的具体损失数额。食品监管渎职罪是从该两种渎职犯罪中分离出来的,该立案标准,特别是具体数额标准,对食品监管渎职罪毫无疑问有参照价值。根据《食品安全法》第150条的规定,食品安全事故,指食物中毒、食源性疾病、食品污染等源于食品,对人体健康有危害或者可能有危害的事故①。食源性疾病,指食品中致病因素进入人体引起的感染性、中毒性等疾病。根据《食物中毒诊断标准及技术处理总则》第2条的规定,食物中毒,指食用了被有毒有害物质污染的食品或者食用了含有毒有害物质的食品后出现的急性、亚急性疾病。事故是否达到重大程度,要从财产损失的数额、伤亡的人数、受影响的区域范围等多个方面予以衡量。什么是"其他严重后果"?笔者认为应理解为食品安全事故之外但又有一定关系的其他严重后果,如严重物质损失、恶劣的社会影响等,立法上旨在作一兜底性规定。

一般认为,食品监管渎职罪是结果犯,但在《刑法修正案(十一)》规定"有其他严重情节"可以成立犯罪后,该罪是否为结果犯呢?笔者认为,从立法精神理解,仍应认为是结果犯,因为这里的"严重情节"主要是指严重社会影响等无形结果,是对《刑法修正案(八)》规定的"其他严重后果"的变通规定。《刑法修正案(十一)》颁布于新冠疫情暴发期间,一些违法犯罪行为造成的严

---

① 参见《食品安全法》第150条。

重后果一时难以量化且不具有直观性,如行为恶劣、社会影响极坏的违法犯罪,一时难以通过生命、财产损失的后果来量化,但不是没有后果,所以《刑法修正案(十一)》增加规定了"严重情节"。该罪中行为与结果的因果关系有其固有特点:其一,一般表现为多因一果情况。行为人的渎职行为与他人生产、销售等非法经营食品行为结合在一起,共同造成结果发生。其二,行为人的渎职行为与结果之间是偶然关系、间接关系,不具有必然的、直接关系。行为人的渎职行为给他人生产、经营不安全食品、有毒有害食品创造了条件,留下了空间,是结果发生的原因之一,但其渎职行为并不直接引起结果发生,也不必然导致结果发生,由于他人利用行为人的渎职行为形成的便利条件,非法进行食品经营活动,造成危害结果产生。

食品监管渎职罪是众多渎职罪中的一个罪名,与《刑法》第九章所规定的其他具体渎职犯罪有一些区别。主要区分在于:第一,食品监管渎职行为发生在食品安全监管领域,其他具体渎职行为发生在其他领域,比如违法发放林木采伐许可证罪不可能发生在食品领域,而是发生在林木管理领域;又如徇私舞弊不征、少征税款罪只能发生在税收管理领域,在行为的领域上有着质的差别。第二,食品监管渎职行为造成事故或严重后果,发生在食品相关的范围内。第三,主体职责的范围不同。食品监管者行为主体职务上有专门的食品安全监管职责。但其他渎职罪,如商检失职罪、动植物检疫失职罪的行为人的主要职责不是食品监管,但其行为可能与食品有关,检验检疫的对象中包括食品,因其渎职失职行为,也会发生重大食品安全事故或者相关的其他严重后果,就发生适用法条竞合的问题(笔者将在第四章中专门论述)。

《刑法》增设食品监管渎职罪,以惩处有关部门工作人员对食品经营监管不力，不履行或不当履行职责的行为，对于促使相关部门及工作人员加强对食品安全的监管具有明显积极的促进作用。一方面，该罪的设置有效应对了食品监督管理中的失职行为，遏制其对社会危害的危害，弥补了之前设置罪名的不足；另一方面，新设罪名较一般玩忽职守等犯罪，在法定刑的配置上提高了一些，两个档次的最高刑分别增加到 5 年、10 年有期徒刑。明显加强了惩处力度。《最高人民法院、最高人民检察院、公安部关于依法严惩"地沟油"犯罪活动的通知》对此也明确规定，对涉及的公职人员职务犯罪，依法追究刑事责任。《食品安全刑事案件司法解释》对公职人员职务上的犯罪体现了从重精神。首先，对食品监管渎职行为与其他犯罪发生刑法上的竞合时，应适用重罪优于轻罪的原则；其次，定罪时，国家机关工作人员对食品监管行为违法程度不构成食品监管渎职罪，如果构成刑法规定的其他渎职犯罪的，依照其他规定定罪处罚；最后，在共犯处理上，体现了从重处理原则。对食品有监管职责的公职人员事前与他人共谋，同时构成其他危害食品安全犯罪的，也从一重罪处罚。由此可见，加大了对职务上渎职犯罪行为的处罚力度。《食品安全法》第 143 条规定，对于违反职责的县级以上政府，因其管理不到位，发生重大食品安全事故、影响较恶劣的，依法对主管人员及直接责任人员给予轻重不同的行政处分。第 144 条、第 145 条规定，县级以上人民政府食品药品监督管理、卫生行政、质量监督、农业行政等不履行法定的职责或监管渎职，依法对主管人员及直接责任人员给予行政处分，发生严重后果的，直至给予开除处分。主要负责人依法应当引咎辞职。这类规定在法律上表现出一个倾向，即政府及其部门的渎职行为造成后果时，主管人员及直接责任人员要承担重要的行政责任，而未规定政府及其部门的行政处罚,这时的单位行政违法只处罚个人,不处罚单位,对相应的刑事规制有一定预示作用。第149条规定,对达到犯罪程度的,追究刑事责任,但如何追究,依刑法规定,就会涉及《刑法》与《食品安全法》协调的问题。县级以上政府及其部门在监督管理过程中的作用是十分重要的。从《食品安全法》的规定可以确定,政府及其工作人员在食品监督管理中未尽到上述责任的或者超越职权,导致本地区出现法定食品事故或者造成重大社会影响的,要承担相应的法律责任。行为人承担责任的前提是在食品监督管理中未尽责任或者超越职权,若出现严重的食品重大事故有关的其他后果,则按食品监管渎职罪处罚。

以余某食品监管渎职案为例。公诉机关指控,被告人余某于2011年2月至2012年10月,在担任江阴市徐霞客镇人民政府卫生助理、徐霞客镇食品药品安全委员会办公室专职副主任,江阴市食品药品安全协管员(徐霞客镇)期间,工作不负责任,没有认真对辖区内食品生产加工小作坊进行调查摸底并建立档案,没有进行有效的巡查和专项检查,没有及时发现辖区内生产、加工、销售假羊肉的事实,没有尽到日常监管之职责,导致江阴市徐霞客镇任九房村、金凤村等地用狐狸肉、水貂肉等未经检验检疫的动物肉制品添加明胶等材料制作假羊肉的小作坊未被及时发现和查处。2011年10月至2012年2月间,这些小作坊共购进未经检验检疫的狐狸肉等超过21,750千克,加工、销售假羊肉超过28,000千克,加工、销售假羊肉案值人民币62万余元,并导致这些假羊肉流入市场,给广大消费者的健康造成了潜在和现实的损害,且造成了恶劣的社会影响。①

---

① 参见江苏省江阴市人民法院刑事判决书,(2014)澄刑初字第0832号。

综合余某及其辩护人的意见,余某的行为是否构成犯罪,焦点在于:余某所担任职务是否具备犯罪主体身份;余某的行为与后果之间是否有因果关系,对结果承担多大责任。结合案情及法院判决,可以认定以下事实:第一,余某符合食品安全渎职罪的主体资格。余某于2011年9月13日至2012年10月30日间,同时担任江阴市徐霞客镇卫生助理、食品药品安全委员会办公室专职副主任及江阴市食品药品安全协管员职务,实为江阴市徐霞客镇对食品小作坊的食品安全工作实行属地管理的具体负责人。根据相关规定,余某对辖区内的食品生产加工小作坊和食品摊贩,有日常巡查、监督检查,及时发现制售假劣食品并举报的职责。这些文件有:(1)江苏省人民政府办公厅档苏政办发(2011)101号意见,即《进一步加强食品生产加工小作坊和食品摊贩监督管理的意见》,对相关小作坊进行规范的同时,就食品摊贩的监督管理也规定了措施。就食品摊贩从事经营活动的安全问题,由市、县人民政府对其辖区内分管的食品安全工作负总责,食品安全综合监管部门负责这些对象的协调工作,乡镇人民政府、街道办事处负责这类对象经营活动的日常监督管理工作。(2)无锡市人民政府办公室档锡政办发(2011)155号《关于加强食品小作坊管理的意见》,明确了相关职责实行属地负责部门联手的管理模式,各级政府要按照"食品安全地方政府负总责"的要求,统一领导协调本辖区食品摊贩的管理工作,组织各相关部门进一步加大对食品小作坊违法行为的查处力度。(3)江阴市人民政府办公室档澄政办发(2011)71号《关于进一步加强食品生产小业主监管意见》,该意见明确,镇(街道)对食品小业主的食品安全工作实行属地管理,各职能部门按照环节监管要求,负责食品小业主的监督管理工作。(4)《江阴市食品药品安全协管员、信息员管理办法》,该办法规定,食品药品安全协管员具有以下职责:加强对辖区内食品药品安全的日常巡查工作,主动配合市有关部门抓好本辖区内食品药品从业单位的日常监督检查,及时发现并举报辖区内无证无照、涉嫌制售假劣食品药品的违法行为。可见,食品安全渎职罪的行为主体是否负有食品安全监管的职责要根据相关规定确定。

第二,余某存在不履行职责的玩忽职守行为,而且是结果发生的重要原因。余某作为江阴市徐霞客镇对食品小作坊的食品安全工作实行属地管理的具体负责人,严重不负责任,对辖区内食品安全的日常巡查等职责未切实履行,致使江阴市徐霞客镇任九房村、金凤村多处羊肉加工小作坊以购进的狐狸肉、水貂肉为原料,通过向煮熟的狐狸肉、水貂肉中添加明胶等物品制作假羊肉制品对外销售,并最终流向社会供消费者食用。因监管不力,上述羊肉加工小作坊使用狐狸肉、水貂肉生产并销售假羊肉一直持续至 2013 年 2 月被有关部门查处,发展到 20 余名制售假羊肉及提供原材料的人员被追究刑事责任。2011 年 10 月至 2013 年 2 月间,上述羊肉加工小作坊向他人购进狐狸肉、水貂肉共计 7.5 万余千克,加工、销售假羊肉制品 8 万余千克,销售金额达人民币 170 万余元。2013 年 5 月初,公安部将江阴市徐霞客镇辖区内羊肉加工小作坊系列制售假羊肉案件作为打击肉制品犯罪典型案例予以公布,国内外多家媒体进行了报道,社会影响恶劣。余某未履行食品监管职责的行为表现明显,相应的后果也客观存在,致使辖区内羊肉加工小作坊使用狐狸肉、水貂肉生产并销售假羊肉制品的现象长期存在,持续至他人负责监管时被查处,并最终造成恶劣的社会影响,实属后果严重。本案中,不作为形式的玩忽职守行为,与当地发生的假羊肉乱象结果之间的因果关系不难判断,如果余某及时发现辖区内制销假羊肉的违法行为并依职责采取措施,就不会发生上述严重后果,辖区内制销假羊肉的现象就不会发生。在这类案件中,对社会公众身体健康的危害结果,是制售假羊肉的违法犯罪人直接造成的,但余某玩忽职守行为也是原因之一,即为多因一果的情况,余某对后果依法应承担相应的法律责任。

法院认定余某作为国家机关工作人员,依法负有食品安全监督管理职责,在工作中严重不负责任,不认真履行职责,造成严重后果,其行为确已构成食品监管渎职罪。余某的到案情形符合自首的规定,依法予以从轻处罚。根据被告人余某的悔罪表现、犯罪情节,以余某犯食品监管渎职罪,判处有期徒刑 1 年,缓刑 1 年 6 个月。

第三节 行为方式之研究

一、涉互联网危害食品安全犯罪研究

2017 年,全国公安机关重拳打击涉互联网危害食品安全犯罪,特别针对危害食品安全犯罪向互联网发展蔓延的突出问题,加强专题部署,与阿里巴巴等电商平台建立健全涉网违法犯罪发现查处联动机制,形成网上网下联动的打击格局。上半年,各地破获 3500 余起危害食品安全犯罪案件,公安部挂牌督办 80 余起重大危害食品安全犯罪案件,其中,涉互联网犯罪案件占 40% 以上。① 取得了明显成效,但利用互联网、寄递物流等管道实施犯

---

① 参见《今年上半年我国破获各类食品安全犯罪案件 3500 余起》,载中央人民政府网,https://www.gov.cn/xinwen/2017-07/03/content_5207720.htm。

罪的新情况、新问题不断出现，不法分子通过电商、微商平台发展下线销售有毒有害、假冒伪劣食品问题较为突出。在严防瘦肉精、病死猪、地沟油等老问题反弹的同时，密切关注利用电商平台制假售假等新情况，加强风险排查，强化网上联动，特别是针对利用电商、微商平台实施食品违法犯罪日益突出的情况，推动互联网企业落实主体责任，强化对危害食品安全犯罪打击。公安部门表示，互联网不是违法犯罪的"法外之地"，互联网决不能成为危害食品安全犯罪的"洼地"。有关互联网企业应当严格落实《食品安全法》等法律法规的要求，切实担负起企业的主体责任，加强源头审核把关，加强与政府间、企业间的沟通协作，着力形成尚德守法、共治共享食品安全的局面。公安部将继续深化与电商企业、协力厂商平台（在网络食品交易流程中，为交易双方提供网页空间、交易撮合、虚拟经营场所、信息发布、交易规则等服务，供交易双方或者多方独立开展交易活动的信息网络系统）等的合作，推动企业查找薄弱环节、及时堵塞漏洞，并积极为公安机关打击犯罪提供支持。

（一）涉互联网危害食品安全犯罪的特点

从刑法规制的角度研究网络相关的危害食品安全犯罪问题，是一个重要课题。因为随着网络技术的广泛应用，通过网络交易食品的占比会越来越高，与网络相关的危害食品安全犯罪越来越多。网络相关的危害食品安全犯罪的新特点主要有两个方面：第一，犯罪故意的认定成为突出难点。《刑法》规定的生产、销售类危害食品安全犯罪均为故意犯罪，在行为人利用网络空间进行犯罪的案件中，出售方与卖方之间的食品交接及货款支付通过协力厂商平台完成，避免了传统交易关系中买卖双方的直接接触，具有隐蔽性。实务中，对网络危害食品安全犯罪行为人的主观认识内容判断更为困难,尤其是行为人是否认识到食品“有毒、有害”或不符合安全标准,较难确定,在主观故意难以确定的情况下,定罪量刑就十分困难。第二,犯罪数额认定难,电子证据取证及核对难。多数通过网络交易的案件,买方分散,查找当事人困难,运用传统方式核实交易数额异常困难,司法人员对网络危害食品安全犯罪的具体问题,包括电子证据作用的理解,把握标准不统一。

例如,2016 年,在公安部的统一指挥下,河北、湖南等 11 个省市公安机关会同当地食药监管部门成功破获一起特大利用互联网制售有毒有害食品案,摧毁一个覆盖全国的庞大犯罪网络,抓获颜某等犯罪嫌疑人 76 名,打掉涉嫌非法经营罪的化工厂 1 个,制售有毒有害食品的黑窝点、黑工厂 22 个,查获有毒有害食品 15 万盒、化学原料 1.3 万千克、制假流水线 4 条、生产设备 27 台,全案涉案金额达 12 亿元。这是国务院食安办牵头部署开展食品、保健食品欺诈和虚假宣传专项整治中多地区多部门联动成功侦破的典型案例。① 当年 6 月,河北承德公安机关接到群众举报称,服用了从某电商平台“仁合胰宝企业店”购买的“仁合胰宝”后出现严重不适。该食品送检后,检出国家明令禁止添加的违禁物质盐酸苯乙双胍。公安机关高度重视,河北、湖南等地协同侦办这起互联网销售“仁合胰宝”案件,公安部挂牌督办,统一指挥。经查,山东曲阜某化工公司负责人颜某组织人员违法生产盐酸苯乙双胍、盐酸二甲双胍等国家明令禁止在保健食品中添加的降糖类高纯度原料药,以化工产品或医药中间体名义非法销售

---

① 参见《公安部指挥侦破特大网络制售有毒有害食品案,抓获犯罪嫌疑人 76 名》,载中央人民政府网,https://www.gov.cn/xinwen/2018-02/12/content_5266353.htm。

给生产有毒有害食品或假药的黑工厂、黑作坊。涉案“仁合胰宝”每盒生产成本不足5元,“出厂价”12元,批发价40元,电商平台零售价125元,线下店铺零售价高达300元,犯罪链条中的各个环节均存在暴利空间。向食品中非法添加化工原料、西药成分的犯罪活动一直是公安机关打击的重点,此类食品、药品、保健品,因其非法添加西药,往往在短时间内有明显的“治疗”效果,欺骗性很强,但由于非法添加的西药成分未经科学配比,存在很大安全隐患,严重危害人民群众的身体健康;有的食品本身没有安全问题,但不法分子夸大宣传功能、效果,诱骗消费者高价购买,甚至延误了正常治疗。此案是犯罪行为人利用网络生产销售有毒有害食品的典型案件。在这类案件中,要查找到所有买家十分困难,要查找到所有受害人几乎不可能,更多的证据是协力厂商平台所能查到的电子资料,销售数额及交易金额主要依电子资料认定。因此对电子资料的收集、分析、整理、采信是侦查、起诉、审判的重点工作。

(二)协力厂商平台的刑事责任问题

对涉互联网危害食品安全犯罪刑事规制中最突出的问题是协力厂商平台提供者的刑事责任问题。首先,应当肯定,相关法规对责任人规定的义务是其承担刑事责任的重要依据之一。《食品安全法》第62条、第131条规定了网络食品交易协力厂商平台提供者两个方面的义务,其刑事责任与此两方面义务密切相关。

第一,对入网食品经营者身份的审查义务。该义务的主要内容是进行实名登记、审查许可证。网络食品交易中,提供协力厂商平台的行为人,是指在网络食品交易流程中,为交易双方提供网页空间、交易场合、虚拟经营场所、信息发布、交易规则等服务,供交易双方或者多方独立开展交易活动的信息网络系统。平台提供者自身并不参与交易，只是根据与买卖双方分别订立的协定提供技术服务以保证网上交易的顺利进行，这类平台为中介型或开放型平台。考虑到平台提供者对入网食品经营者具有一定的控制能力，因此规定其具有对入网食品经营者身份的审查义务。审查义务的主要内容为进行实名登记的义务。应当记录入网食品经营者的真实名称、地址及有效联系方式等信息，以实现交易的可追溯及责任的可追究。其中，对于依法应取得许可的经营者，还应当审查其许可证。进行入网身份审查时，还应明确其食品安全管理责任。对于消费者而言，在规模巨大的网络食品交易面前，潜藏一定风险。如果入网经营者资质、信誉良莠不齐，食品质量不能保证，容易引发食品安全危险。如发生问题，查找不到经营者，受害人权益得不到保护，违法者易逃脱制裁。

相关政府规章对这一义务进行了细化规定，例如，2016 年 7 月 14 日，国家食药监管理总局发布的《网络食品安全违法行为查处办法》（以下简称《查处办法》）。《查处办法》于 2016 年 10 月 1 日起施行，并于 2021 年修改、2025 年修订。具体内容包括强化平台和入网食品生产经营者义务。《查处办法》明确了协力厂商平台和通过自建网站交易的食品生产经营者备案及协力厂商平台的相关义务，这些义务包括：保障网络食品交易资料和资料的可靠性及安全性，保障保存交易记录、信息等。该办法还规定了协力厂商平台建立登记审查、建立入网生产经营者档案、检查经营行为的各种义务。2015 年 10 月 30 日，国家质检总局发布对跨境电子商务进口食品监督管理相关细则，对协力厂商平台在审查登记、投诉处理、信息审核、消费者权益保护、应急处置、检验检疫备案等方面规定了义务。

当然，如果网络交易平台提供者没有履行前述审查义务，食品经营者利用其平台销售了不安全食品或有毒有害食品，还不能据此认定平台提供者构成犯罪，因为现行刑法规定的生产销售不安全食品或有毒有害食品罪是故意犯罪，行为人未履行审查义务不一定就与经营者有共同犯罪的故意。但是这一不履行审查义务的行为是判断网络平台提供者是否有犯罪故意的参考依据之一，也是追究其民事或行政责任的依据。在笔者主张刑法应规定生产销售不安全食品或有毒有害食品过失犯罪的情形下，网络交易平台提供者没有履行前述审查义务，是证明其主观上存在过失的关键依据，如发生了食品安全事故，可以认定行为人构成过失犯罪。

第二，对违法行为制止、报告、停止提供平台服务的义务。网络交易平台提供者应当对入网食品经营者及其发布的食品信息建立检查监控制度，发现有违反食品安全法规行为时，应当履行制止违法行为的义务，并应当立即报告所在地的政府食品监督管理部门。发现严重违法行为的，应当立即停止提供平台服务。前述《查处办法》也明确了协力厂商平台提供者发现入网食品生产经营者严重违法行为时停止提供平台服务的义务。如果协力厂商平台提供者明知他人生产、销售《刑法》第 143 条、第 144 条规定的危害食品安全犯罪，而不履行停止义务，继续提供网络销售管道便利的，其行为符合共同犯罪的成立条件，根据《食品安全刑事案件司法解释》第 14 条规定的，应以《刑法》第 143 条、第 144 条规定的生产、销售不符合安全标准食品或者有毒、有害食品罪的共犯论处。

（三）协力厂商网络交易平台提供者刑事责任与行政责任、民事责任的衔接问题

协力厂商平台的作用与责任无疑已经引起社会各方面的重

点关注。《查处办法》明确了协力厂商平台违反规定的行政处罚措施。根据这些规定,协力厂商平台明知入网食品生产经营者因涉嫌食品违法或犯罪行为有下列情形之一,不停止服务的,应受到处罚:第一,被立案侦查的;第二,被提起公诉的;第三,被人民法院判处刑罚的;第四,被公安机关拘留或给予其他治安管理处罚的;第五,被依法吊销许可证、责令停产停业等处罚的。在对第三方平台违法行为的管辖上,由第三方平台所在地食品监督管理部门管辖;对入网食品生产经营者的查处,由经营者所在地或者生产经营场所所在地食品监督管理部门管辖。网络食品交易引发重大事故或者其他严重危害后果的,可以由事故发生地或者违法结果地的食品监督管理部门管辖。消费者因网络食品安全违法问题进行投诉举报的,由第三方平台所在地、入网食品生产经营者所在地或者生产经营场所所在地食品药品管理部门处理。同时,还明确了调查处理职责。《查处办法》规定,食品药品监督管理部门,对网络食品安全违法行为进行调查处理时,可以对交易场所实施现场检查;查阅、复制各方交易的资料、相关账簿以及其他与交易有关的资料;调取网络交易的技术监测、记录资料。《查处办法》规定了检查规范,如检查部门应全程记录在案,并按规定履行通知、告知义务。消费者通过网络食品交易协力厂商平台购买样品的,应当同时将检验结果通知协力厂商。《查处办法》规定了约谈措施,内容为:协力厂商平台与经营者有特定情形,食品监督管理部门可以对其法定代表人或者主要负责人进行责任约谈,约谈情形包括:发生食品安全问题,可能引发食品安全风险蔓延的;未及时妥善处理投诉举报的食品安全问题,可能存在食品安全隐患的;未及时采取有效措施排查、消除食品安全隐患,落实食品安全责任等情形。① 法律责任方面,《查处办法》规定,协力厂商平台如果未履行应尽义务,引起较为严重的结果的,由食品监督管理部门依法处理,主要措施是责令停业,再会同有关部门视情况追究责任。这里的结果主要是致人伤亡、引起较大事故、发生影响较大的疾病、较大财产损失、不良社会影响等。《查处办法》还规定协力厂商平台未按要求建立食品安全自查等制度、入网食品生产经营者审查登记制度、食品安全自查等制度的或者未公开以上制度的,由食品监督管理部门给予处罚,处罚种类有罚款、警告、责令改正等。

实务中,食品交易协力厂商平台相对于生产销售食品违法行为人容易查找,经济实力强,消费者追责时,往往首先选择以协力厂商平台为对象。但在刑事责任上,对于食品交易协力厂商平台提供者的刑事责任应依法掌握,坚持从主、客观相结合的罪责原则综合判断。在重视保护消费者合法权益的同时,要依法定罪量刑,注意网络危害食品安全犯罪刑事责任与行政责任、民事责任的合理衔接。食品安全领域的违法犯罪侵害的法益不仅包括民众的身体健康,还包括危害公共安全,追责上要有所兼顾。民事责任主要是执行惩罚性赔偿制度,行政责任体现在《食品安全法》第123条规定,最高可处货值金额30倍以下罚款,情节严重的,吊销许可证,刑事责任体现在罚金上一般处销售金额的2倍以上数额。这些不同性质的法律责任处罚尽管法律性质不同,但都具有经济处罚特点,都表现为一定数额的金钱,就出现了衔接、协调的问题。笔者认为应注意之处在于:其一,行政处罚与刑罚

---

① 参见徐兴利、黄家伟:《保障网络食品安全有了新〈办法〉》,载《食品界》2016年第8期。

上的罚金虽然性质不同，但相同之处是都属于公法制裁措施，二者出现竞合时，金钱类处罚应当折抵。法律依据是《行政处罚法》第35条第2款之规定：违法行为构成犯罪，人民法院判处罚金时，行政机关已经给予当事人罚款的，应当折抵相应罚金。其二，民事赔偿与罚金及行政罚款可以并用，但要适度。因为惩罚性民事赔偿与行政处罚、刑罚这两种公法制裁性质不同，可以并用，理论上不矛盾。但惩罚性赔偿金的归属都是被害人，而行政罚款、罚金是上缴财政、国库，如不在整体上进行控制，容易产生处罚不合比例、远超行为人能力、重复评价等问题。

赔偿金是用于补偿受害人的，所以能与行政罚款、罚金并用。有些国家和地区却有所不同。惩罚性赔偿制度在世界上很多国家和地区采用，英美国家采用较早，惩罚性赔偿金多少要参考很多因素，其中是否有主观恶意起重要作用，赔偿本是私法属性，而在此处实施的惩罚性赔偿或多或少地具有公法特征。正因为如此，对惩罚性赔偿的公法、私法性质的认定引起众多学者兴趣。司法措施的性质体现在立法上。实务上，各国做法不同，有的国家对惩罚性赔偿金在数额的归属上作出明确规定，如美国佐治亚州规定，政府收取惩罚性赔偿金的75%，25%的赔偿金补偿原告，公、私法性质兼而有之，这种性质的惩罚性赔偿金与罚款、罚金完全不同。罚款、罚金完全是公法性质，全部归政府所有。

二、假盐、毒盐案件研究

重大危害食品安全犯罪案件多发生于公众的日常生活中，在必用或用量大的食品领域，违法犯罪人选择市场需求量大的油、盐、米、奶粉、酒等饮食对象，以最低的代价，牟取暴利。除了地沟油、毒奶粉、毒酒案件，假盐、毒盐案件也较为突出，有必要从刑法规制的角度加以研究。

（一）假盐、毒盐案件状况

有关假盐的案件报道至少可以追溯到1994年，各地公开报道的假盐刑事案件有数百起，至少涉及17省市。其中，2015年江苏警方破获的案件中有超过20,000吨假盐流入北京、天津、山东等地。为何各地制售假劣食盐的违法犯罪不断出现？因为市场上工业用盐每吨售价只要400元左右，劣质工业用盐的价格更低，相比之下，食用盐每吨市场售价超过4000元。此前贵州曝出"牲畜用盐卖给人用"案件，部分假劣食盐的利润可达20倍。①专家分析，市场上用于假冒食盐的主要是精制工业盐、畜牧盐，也有用于饲料添加剂和印染助剂的盐类。虽然工业盐由盐业公司统一管理经营，但购买渠道畅通。这类犯罪呈现团伙化、规模化趋势，制假团伙常采取"速战速决"的加工模式，在收取订单的当天进货，深夜加工包装，实时出货，并且20多天就转换一次制假窝点，产销"一条龙"。2015年涉及7省市的特大以工业盐冒充食盐案中，涉案团伙不仅通过传统的分销网络和互联网售卖假盐，而且勾结长途客运司机将假盐销往外地。在多起假盐案中，假盐整体包装条喷码、安全标志一应俱全。

要警惕食盐生产、经销商为增强价格竞争力，降低质量标准。业内人士认为，②要从源头上保障食盐的质量安全，还须实行更高标准、更加严格的食盐生产管理。目前食盐生产标准相对较低，为了适应社会对卫生、环保等方面的要求，要按照与其他食品相同甚至更高的卫生标准规范食盐生产。

---

① 参见《多地曝出假盐毒盐大案：成本400元，售价超4000》，载《北京晨报》2016年8月11日版。

② 参见《多地曝出假盐毒盐大案：成本400元，售价超4000》，载《北京晨报》2016年8月11日版。

在涉盐危害食品安全犯罪的案件中，有一种"毒盐"（"农药废渣盐"）危害大。以前查获的"假盐"通常是不法行为人避开各个环节的监管使用工业盐制作而成。但是有关部门查处的"农药废渣盐"，其原料是农药，是将农药残渣进行清洗、烘干然后生产成所谓的食盐。[①] 农药本身是毒害性物质，将这种毒害人体的东西以食盐形式让人食用，危害后果难以想象。

曾经发生的严重的亚硝酸盐事件有：（1）2005 年 9 月 7 日，北京朝阳区崔各庄乡发生 32 人由于食用含有亚硝酸盐的毛鸡蛋中毒事故，其中 1 名儿童经抢救无效死亡。该事件被查明是亚硝酸盐引起的中毒事件，北京市卫生局随后向市民发出公共卫生预警。（2）2007 年，长春集体亚硝酸盐中毒事件致 25 人住院。（3）2007 年4 月 28 日，长春市凯旋路果品公司招待所食堂发生集体食物中毒事件，在此用餐的 62 名顾客，食用米粥、馅饼等食物后，多人出现了恶心、呕吐、头晕等症状，经卫生监督部门调查，25 人被确定为亚硝酸盐中毒。中毒人员经过抢救后，除两名患者症状较重外，其他均无生命危险。（4）2008 年，深圳比亚迪公司 63 名员工食物中毒，2008 年 2 月 23 日，深圳比亚迪公司的部分员工到工厂门口的一间无牌证小食店吃早餐，出现疑似食品中毒症状。共涉及 63 名员工，其中 2 人经抢救无效死亡，19 人住院治疗，42 人进行医学观察。此事后被正式确认为亚硝酸盐中毒事件。（5）2009 年，湖南石门发生误食亚硝酸盐中毒事件，2009 年 5 月 6 日，湖南常德石门县雁池乡雁池坪村发生一起因误食亚硝酸盐引起的食品中毒事件，导致 16 人中毒，其中 1 名 1 岁多小女

---

① 参见李妍：《谁在食品伤口上撒盐》，载央视网，http://jingji.cntv.cn/20120201/106222.shtml。

孩在送往医院途中不幸死亡。事件原因是厨师烧烤板鸭时，误将亚硝酸盐当作食用盐使用，造成食物中毒者多达10人。(6)2010年，四川海螺沟中毒事件，2010年10月8日，1名游客在四川海螺沟景区酒店居住期间，食用早餐后出现中毒症状，后发现大批人中毒，员工、游客共100多人被送院治疗，其中广东游客谭女士经抢救无效证实死亡，后查实此次事件为亚硝酸盐中毒事件。(7)2010年，上海闵行亚硝酸盐中毒事件，2010年11月30日，上海闵行区某工厂发生群体性食物中毒事件，约100名工人在午餐时出现肠胃不适和呕吐、腹泻症状。事后，根据参与治疗的医生介绍，此次病人是因为急性亚硝酸盐中毒。(8)2011年，甘肃平凉牛奶中毒事件，2011年4月7日上午，甘肃平凉市崆峒区发生一起食物中毒事件，导致37人中毒住院，其中3名婴幼儿死亡，其余患者生命体征平稳。最后确认，此食物中毒事件是因为散装奶被人恶意投入高含量的亚硝酸盐而导致群体中毒。(9)2011年，北京炸鸡块致人死亡事件，2011年4月21日，行为人张某存在炸鸡中加多了亚硝酸盐，1名一岁半的女婴在吃了张某存炸的鸡块后身亡。[①]

(二)毒盐案刑事规制问题

盐的主要成分是氯化钠，假盐中常把氯化钠换成亚硝酸钠，用来增色、调味、杀菌。专家认为，亚硝酸钠是一种有毒的慢性致癌物质，人体摄入0.3~0.5克的亚硝酸钠，即可引起中毒，如果摄入3克假盐，就会导致呼吸循环衰竭而死亡。不法分子之所以假冒食用盐，是因为亚硝酸钠有咸味，并且十分廉价。为了牟取

---

① 参见《近年8起亚硝酸盐中毒事件》，载新浪财经网，https://finance.sina.cn/sa/2011-09-14/detail-ikftssan7953805.d.html。

非法利益，不法分子通过分装、加工、包装等手段，将工业盐冒充食用碘盐卖给公众。而一些无良餐馆或熟食店等经营主也会为了降低成本，而购买这些假盐制作食材。"农药废渣盐"危害大，市场鱼龙混杂。市场利润诱惑力大，农药废渣盐被不法分子利用，流向食盐市场，损害了广大消费者的健康。

农药有毒是毫无疑问的，向食品投农药，就是投毒，应按投放危险物质罪或杀人罪适用法律。农药废渣盐来自农药，同样含亚硝酸钠，有毒也是毫无疑问的，那么生产、销售农药废渣盐，是按投毒定性还是按生产、销售有毒有害食品适用法律呢？从前述多件中毒事件中可以看出，农药废渣盐致人中毒的速度、死亡重病的后果不亚于农药，是一种毒性很强的物品。同是农药废渣盐，可能其毒性也有差别，致害后果也不一样。笔者认为农药废渣是毒品，农药废渣盐不一定不是毒品，不能因为加了一个"盐"字，就认为其是食品。实务中，将毒盐案件均认定为生产、销售有毒、有害食品罪，是值得商榷的。一般情况下，行为人为了牟取非法利润，将毒盐当作食盐使用，认定为生产、销售有毒、有害食品罪并无不当。但是，如果行为人将毒盐故意当作毒品使用，故意毒害他人或报复社会，就应认定为故意杀人罪或投放危险物质罪。

（三）普通假盐的刑事规制问题

假盐的范围比毒盐范围广，通常指以非食用盐冒充食用盐，从广义讲假盐包括毒盐。相当多的假盐有毒，但并不是所有假盐都有毒。在刑法规制上，对毒盐，应以生产、销售有毒、有害食品罪定罪量刑，对毒盐之外的假盐，视情况应以生产、销售不合安全标准食品罪或生产、销售伪劣产品罪定罪量刑。

当今社会是一个科技高度发达的社会，与食品相关的药品、原料不计其数，判断某一物质有无毒、毒性大小，应有科学技术依据,不能随意扩大刑事规制的范围,且毒性大小是一个相对概念,应当建立国家标准。日本的食品安全标准制度相对完备,有三大特点:一是统一性,二是更新的及时性,三是与国际接轨性。如日本2006年5月31日实施的《食品中残留农业化学品肯定清单制度》是目前世界上较为严格的食品安全标准之一,对700多种农用化学品规定了明确的最大限量,而其他的没有规定最大使用限量的化学品必须低于0.01毫克/千克,豁免物质除外。

江苏省盐城市亭湖区2017年2月以犯生产、销售有毒、有害食品罪,判处制售假冒加碘食用盐的被告人张某有期徒刑3年6个月,并处罚金40万元。这一案件对涉盐案件刑法规制具有典型意义。

该案是2016年公安部挂牌督办案件。2016年1月3日,盐城市盐务管理局执法人员在对盐城经济技术开发区境内一家餐馆抽查食盐安全时,发现厨房里使用的散装食盐在滴上碘盐试剂后没有任何反应。但执法人员经过仔细辨别,发现该食盐外包装袋和正规食盐几乎没有区别。为了查清真伪,执法人员重新拆开一包食盐进行检验,结果试剂依然没有任何反应。同时,执法人员输入包装袋上的物流码后,也未查到相关信息。后来,把盐送到外包装生产企业,一查发现没有暗码。因此可以判断这些盐是假冒的碘盐。但是为了准确鉴定,执法人员将餐馆剩余的48袋盐封样,送至天津市国家盐产品质量监督检验中心进行检测,结果显示:碘项目不符合标准规定。由于案情重大,市盐务管理局立即将此线索提供给警方,并成立项目组共同侦办该案。经过近1个月的侦查,警方以涉嫌生产、销售不符合安全标准食品罪,于1月24日刑事拘留犯罪嫌疑人张某,同时一举查获40吨假盐。2月29日,张某被警方依法逮捕。经查,2015年6月,张某得知顾某在上海市制售假盐，便产生用工业盐冒充食盐在盐城市区销售牟利的念头。同年 8 月，张某通过顾某联系王某，定制“淮牌”400 克海藻碘食用盐包装袋。为了牟取不法利益，王某至青岛市某制版有限公司，以 2345 元的价格向李某（另案处理）定制“淮牌”400 克海藻碘食用盐包装袋印版，并将制好的印版运至山东省高密市某印刷有限公司，利用王某提供的印版生产出假冒“淮牌”400 克海藻碘食用盐包装袋 1.1 吨，计 27 万余件。后经两道中间环节，以 4.86 万元的价格销售给张某。除了假冒正规食用盐包装袋外，2015 年 9 ~ 11 月间，张某还以 5.4 万元的价格，从上海市嘉定区某包装机械有限公司订购包含提升上料机、颗粒包装机、喷码机等生产假盐的设备 1 套。同时，从昆山市某包装有限公司以 2.4 万元定制假冒“淮牌”400 克海藻碘食用盐外包装纸箱 5000 件，从王某处以 1.52 万元的价格订购工业盐 40 吨。之后，张某等人将上述生产设备、包装袋、封箱胶带、外包装纸箱、工业盐等运至其租住的盐城市亭湖区新兴镇新场村十一组 6 号加工点，雇佣人员将 40 吨工业盐分装成假冒“淮牌”400 克海藻碘食用盐。最后，张某伙同张某某（另案处理）销售至盐城市区各自负责的销售点，非法获利 19 万余元。

2016 年 9 月 28 日，盐城市亭湖区人民检察院指控被告人张某犯生产、销售有毒、有害食品罪。庭审中，被告人张某辩称：其销售的是通过合法途径生产出来的盐产品，只是对工业盐换了包装，不知道原盐是有毒有害物质，也未掺入任何有毒有害物质。对此，法院指出，国务院《食盐专营办法》中明确规定，严格禁止使用工业盐作为食用盐出售。被告人张某将非碘盐充当碘盐，以工业用盐等非食盐充当食盐进行非法经营，其行为同时构成非法经营罪和生产、销售伪劣产品罪，生产、销售不符合安全标准的食品罪，生产、销售有毒、有害食品罪，应依照处罚较重的规定追究刑事责任。2017年2月22日，盐城市亭湖区人民法院依法判处被告人张某犯生产、销售有毒、有害食品罪，判处有期徒刑3年6个月，并处罚金40万元；被告人王某犯非法制造、销售非法制造的注册商标标识罪，判处有期徒刑3年，并处罚金4万元；被告人何某犯非法制造、销售非法制造的注册商标标识罪，判处有期徒刑3年，并处罚金3万元；被告人王某犯非法制造、销售非法制造的注册商标标识罪，判处有期徒刑3年，并处罚金2万元；被告单位高密市某包装印刷有限公司犯非法制造、销售非法制造的注册商标标识罪，判处罚金2万元；被告人张某某犯非法制造、销售非法制造的注册商标标识罪，判处有期徒刑1年，并处罚金2万元。

盐城市亭湖区法院对张某的判决无疑是正确的，从刑法原理上看，张某的行为同时触犯非法经营罪，生产、销售伪劣产品罪，生产、销售不符合安全标准的食品罪，生产、销售有毒、有害食品罪等几个罪名，是法条竞合，应以其中一重罪定罪处罚。生产销售有毒、有害食品罪为其中最重的一罪，适用该罪是正确的，也完全符合《最高人民检察院关于办理非法经营食盐刑事案件具体应用法律若干问题的解释》(已失效)第4条的规定。不过笔者认为，张某大规模以工业盐冒充食盐销售，严重威胁了不特定多数人的生命健康，属于危害公共安全法益的行为，应直接以生产、销售有毒、有害食品罪定罪处罚，不应适用竞合犯的规则。对这类案件，行为人将工业盐等非食用盐充当食盐销售，或者使用工业盐等非食用盐加工食品、副产品，且行为人主观明知销售或使用的是工业盐等非食用盐的，经检验该盐产品含有有毒、有害成分，应依照《刑法》第144条的规定以生产、销售有毒有害食品罪定罪处罚；未检测出有毒、有害成分但不符合食盐标准（GB 5461—2000）或属于不合格碘盐的，应依照《刑法》第 143 条的规定以生产、销售不符合安全标准的食品罪定罪处罚。

本案的事实、证据清楚，江苏省盐业集团有限公司于 2016 年 3 月 23 日出具证明，内容为被查获的包装袋上使用的商标均为假冒。公安机关迅速查扣了已销售流向市场的假冒“淮牌”400 克海藻碘食用盐 15,971 袋。经国家盐产品质量监督检验中心及江苏省质量技术监督盐业产品质量检验站检测检验，被扣押的假冒“淮牌”400 克海藻碘食用盐为工业盐，亚硝酸盐含量为 0.2～0.6 毫克/千克。查扣的海藻碘食用盐 15,971 袋，认定为犯罪未遂，每袋盐的售价为 2.05 元，查扣的食盐售价为 32,740.55 元。40 吨假冒食盐绝大多数已被追回，极少量流入市场，未发现因其销售的盐引起食物中毒事故或其他严重后果。

《食品安全法》在一定程度上赋予了公安机关相关的执法职权，对违法生产经营食盐情节严重的，除吊销许可证外，可以由公安机关对其直接负责的主管人员和其他直接责任人员处 5 日以上 15 日以下的拘留。还应当注意的是，加强监管、提高违法成本、改革盐业垄断专营制度，从制度层面梳理存在的问题，应该是根本遏制涉盐违法犯罪的重要途径。2017 年 12 月 26 日，国务院颁布了修订后的《食盐专营办法》。《食盐专营办法》为进一步促进盐业体制改革提供了方案，完善了食盐供应安全的制度，规定省级盐业主管部门建立健全食盐储备制度，强化了食盐质量安全的管控措施，在规定盐业主管部门负责管理食盐专营工作的基础上，增加规定国务院食品药品监管部门和县级以上地方人民政府确定的部门负责食盐质量安全监督管理；增加对食盐企业及其董事、监事、高级管理人员的信用管理，建立健全信用信息记录和公示制度的规定，明确禁止销售不符合食品安全标准的食盐，完善了禁止作为食盐销售的产品类别，进一步完善了法律责任，加大对违法行为的处罚力度。

三、转基因危害食品安全犯罪研究

世界科技水平日新月异，转基因食品安全成为热点问题，但是当前的科学技术并不能证明转基因食品是否对人类有危害、有多大危害，转基因食品是否应纳入刑法规制，成为刑法学领域的一个理论问题。

（一）转基因食品治理现状与问题

目前，国家与社会层面对转基因食品的态度呈现出积极研发与谨慎推广并存的态度，同时，也伴随着对转基因食品的安全性的持续关注。

中国对转基因作物遵循从“非食用”到“间接食用”再到“食用”的步骤。目前，我国已批准商业化种植的仅有转基因棉花和番木瓜，而转基因主粮（如水稻、小麦）尚未开放商业化种植。[①] 2023 年年底至2024 年年初，农业农村部批准了26 家企业的转基因玉米、大豆种子的生产经营许可证，标志着转基因间接食用类作物（主要用于饲料和加工原料）产业化的推进。[②]

同时，中国对于转基因食品配备了严格的安全评估与管理体系，并有对应的法律法规与标识制度。中国转基因安全评估体系对比国际评估标准更为严格，涵盖实验研究、中间试验、环境释放、生产性试验和申请安全证书五个阶段，任何环节发现问题都

① 《农业部明确转基因路线：非食用再间接食用最后食用》，载中国轻工业信息网，https://www.clii.com.cn/KeJiHuanBao/201412/t20141212_3864407.html。

② 《转基因粮食获生产经营许可，离餐桌还有多远？》，载凤凰网，https://news.ifeng.com/c/8W4inQwz1eH。

会导致终止审批。例如，转基因水稻的安全评估历时11年。[①] 此外，进口转基因作物需通过生产国安全认证与中国农业农村部审核的双重审查。《农业转基因生物标识管理办法》要求对大豆、玉米等转基因产品实施强制标识，保障消费者知情权。[②]

虽然配备了严格的标准与管理体系，但转基因食品依然面临着严峻的非法种植问题与监管挑战，其问题涵盖非法种植扩散、种子黑市流通、人体试验失控三大领域，暴露出监管体系存在审批严格却执行薄弱的矛盾。转基因作物非法种植已非个案，并发生于种子研发、生产、流通等过程。尽管建立了覆盖研发全周期的五阶段安全监管体系，但现行以行政执法为主的治理模式仍然存在明显的局限性，安全证书颁发后至市场化的过渡期间缺乏有效的管理，因此存在难以遏制违法行为的情况，甚至引发转基因食品违规进入消费市场的情况，亟须通过法律升级以强化约束力。

（二）国外对转基因食品安全问题的态度及刑事立法概况

专家们普遍认为，用转基因种子所种植的农作物产量高，对于人类吃饭问题是一大福音，但也有专家认为，转基因食品对人类身体健康和生存环境可能存在潜伏的危害。在法律上，基于利弊得失的考虑，世界许多国家和地区进行立法规制，可大致分为两类：一类是以美国为代表的迈阿密集团，对转基因食品在立法上较有空间，宽松一些；另一类是欧盟集团，考虑危害占主导地位，认为转基因食品可能对人和环境存在潜在危险。美国准许转

---

① 《农业部：中国转基因安全评估较国际评估更为严格》，载中国法学网，http://iolaw.cssn.cn/flxw/201603/t20160330_4639710.shtml。

② 《韩长赋：我也吃转基因食品，但主粮推广尤其要慎重》，载中央人民政府网，https://www.gov.cn/xinwen/2014-03/06/content_2631444.htm。

基因食品在市场经营，但是要想进入市场流通必须符合法定条件，按规定申请经过美国食品药品监督管理局的许可，[①]美国专门制定了针对这一特定对象的《转基因食品管理草案》，转基因食品的生产经营者必须提供充分有效的证据，证明该类产品与传统产品一样安全，才可以被允许投入市场。欧盟采取“预防在先”的态度，在国际上持反对转基因食品的国家和地区中，欧盟占主导。其代表人士认为转基因产品有人们未认识到的潜在危险，因为研究还不能得出对人类不存在危险的证明，欧盟的谨慎态度决定了其不支持转基因产品进入市场。目前世界各国、地区在法律上均重视这一问题，形式上各有差异，但仍然以行政法或经济法为主导，不过，一些国家和地区主张有必要以刑法规制。

第一，大陆法系国家。芬兰在立法上颁布了《基因技术法案》及相关禁令，主要以刑事规制的形式针对转基因物质。刑事罪名是基因技术罪，对转基因物质的种植、生产、销售、使用、报告、处置等各环节的行为人，规定了注意义务，因为未尽义务造成他人身体生命健康的危害，不论故意、过失，都构成犯罪，处以罚金或监禁。法国为了规制涉转基因产品的行为，引入刑事规制，在刑法典中设定了非法实施人体实验罪，对没有法律规定依据，在当事人的身体上进行生物医学试验研究的行为进行刑罚制裁，处 3 年有期徒刑及罚金。此规定尽管未明确转基因食品研究内容，但是对转基因食品技术的非法人体试验不可否认地予以禁止。韩国刑事法规制也涉及转基因食品范围，实行强制性标识，在产品上不标识及标识不符合要求的，处 3 年有期徒刑或罚款。

---

① 参见冯殿美、储陈城：《论转基因食品的刑法规制》，载《山东大学学报（哲学社会科学版）》2013 年第 1 期。

第二，英美法系国家。在美国的现行刑事法律中，还未涉及转基因食品方面的规定，但是美国是判例法国家，法官的刑事法解释和判例具有法律效力，能对转基因产品进行刑事规制。

（三）对转基因食品安全问题的立法概况

1. 相关法规现状

我国内地与澳门地区目前关于转基因食品，还没有专门的刑事法条规定，还未上升至刑事领域。但内地有较多行政法规、部门规章，其主要内容有国家科委的《安全管理办法》（1993 年）、国务院《农业转基因生物安全管理条例》（2001 年）及配套的三个管理办法，这三个管理办法是 2002 年公布并施行的，都是涉及农业转基因生物方面的管理，三个办法涉及三个方面，即安全评价、标识管理、进口安全等。此外，还有涉及检验检疫进出境管理的规定。这些行政类法规内容较明确、详细。涉及对转基因产品管理的方方面面。如产品的安全证书发放的前提是有关部门对产品的环境与食用安全检测合格，有关转基因的产品在任何经营环节都必须有强制性标识。对列入目录的农业转基因生物，都必须有标识。对标识的对象、方法规定得很具体，如对象包括转基因动植物相关的种子、种苗、微生物，畜禽、农药、肥料、添加剂等。标识方法包括标明转基因项目、名称、加工原料、生物成分等。就产品成分而言，在每一个流转阶段，均应标明成分的变化。

2. 转基因危害食品安全犯罪刑法规制的不足之处

我国关于转基因技术管理的规范为行政法规和部门规章，是各部门从自身的管理角度出发作出的规范，较为分散。我国缺乏从安全的整体角度、全程各环节作出全面系统的规范。我国还没有转基因食品安全的刑事立法。虽然行政规范中有一些关于转基因食品安全的规定，但规定分散，且其对违规行为的约束力、威慑力，远不及刑事规范。从预防、惩治犯罪的角度，启动相关刑事立法程序势在必行。

我国有些省份对转基因食品加强了监管，如黑龙江省加强从农场到餐桌的转基因食品监管的全程化。作为中国第一产粮大省，黑龙江省在其地方食品安全条例中针对转基因作物和转基因食品的监管作出了明确规定，以有效规范省内转基因食品的生产经营秩序，保障消费者对转基因食品的知情权和选择权。《黑龙江省种子管理条例》要求“本省行政区域内依法禁止种植转基因玉米、水稻、大豆等粮食作物，禁止非法生产、经营和为种植者提供转基因粮食作物种子，禁止非法生产、加工、销售、进境转基因或者含有转基因成分的食用农产品”；“销售转基因食用农产品和食品，应当设专柜或者专区，并在显著位置进行明示”；“餐饮服务提供者使用转基因食品作为食品原料加工食品的，应当在经营场所显著位置进行明示”。[①]

3. 对完善立法的思考

目前，我国应推动对转基因产品安全问题的立法，将立法重点从管理上转移到安全上来，制定较为全面的转基因食品安全法，将现行的行政法中规定较为成熟的内容吸收进来，可以吸收、借鉴国外的刑事规制立法模式，对严重违反转基因食品安全评价、监控及标识制度、申报制度等行为规定为犯罪，以有效地维护转基因食品的相关秩序，保障食品安全。

笔者赞同完善对转基因食品的刑事立法，归入刑法规制范围，但以什么罪处罚危害行为，必须针对其危害的法益及要处罚

---

① 参见《2017年度食品安全法治十大事件候选素材》，载中国法学会法治研究所网，https://fzyjs.chinalaw.org.cn/portal/article/index/id/320.html。

的行为性质。目前主张与转基因食品有关的危害行为侵害的法益有几种：(1)严重污染环境的；(2)损害或者影响公众健康的；(3)严重破坏生态资源、影响生态平衡的。但是，不可否认的是，还没有充分证据证明转基因食品实际造成了什么危害，也不能证明一定会造成多大危害。例如，转基因水稻是否安全问题，2010年3月3日，全国政协委员、人称“杂交水稻之父”的专家袁隆平，面对媒体时公开表示，对转基因食品在实际操作及推广时应谨慎，对结果的评判不可一概而论，如对抗病虫的转基因品种的推广也应持慎重态度。他认为，人类可以通过科技努力，取得人们需要的营养丰富、产量高、质量好以及抗病虫强的品种，通过新技术造福人类。但也要采取措施防止污染，对产品的安全判断，不能简单地进行否定与肯定，深入研究是应该的。不能认为转基因食品都是不安全的，有的并没有毒性。袁隆平认为，玉米、甘蔗的光合效率要比水稻和小麦高30% ~50%，现在通过科技手段将玉米的碳基因转移到水稻里面，可以大幅提高水稻的光合效率。如此转基因品种，就不会有安全问题。应持科学、慎重的态度对待转基因技术，只能科学规范地利用，不可全盘否定。如在农作物育种的发展中研究采用基因技术，是方向及必然趋势，可以肯定，转基因技术是可以被人类用来造福社会的科技，绝对不可简单拒之。他同时也认为，客观上存在潜在风险以及基因扩散、增殖、污染，以及清除等不确定因素，如果转基因生物出了问题，谁也担不了责任，根本无法控制。①

转基因技术按科学的方法和程序操作，有利于人类，如有人

---

① 参见《袁隆平委员：对转基因食品不能一概而论》，载中国科学院网，https://www.cas.cn/zt/hyzt/2010lianghui/2010lhjjkj/201003/t20100305_2792541.html。

乱用,可能造成不可补救、不可逆转的危害。尽管这种危害没发生过,但是人类惧怕且在阻止其发生,各国都在努力加强监管。从保护法益的角度,现在的历史阶段,生产、销售不符合安全标准的食品罪或者生产、销售有毒、有害食品罪不适宜适用转基因方面的危害行为,因为现在《刑法》第 143 条规定的生产、销售不符合安全标准的食品罪是具体的危险犯,成立要件之一是“足以造成……事故或……疾病的”,很显然,没有人能肯定转基因食品相关行为具备这种“足以”一定存在。生产、销售有毒、有害食品罪是抽象危险犯,只要行为人实施法定行为就可以构成该罪,但是转基因食品的危险从来没有实际发生过,检验其是否“有毒、有害”存在科技上、时间上的困难。故适用生产、销售有毒、有害食品罪明显没有支撑。

我们看到的与转基因食品相关行为的危害是对监管秩序的危害,如非法种植、非法交易、非法人体试验等。这些行为侵害的法益是国家对转基因食品的管理秩序,是非法经营行为,所以纳入非法经营罪进行规制是符合刑法原理的。此外,走私转基因食品实际上也是破坏经济管理秩序的行为,可以增加走私转基因食品罪,遏制转基因食品的非法出入境;也可以将非法经营行为中的各类行为,如将非法研制、生产、种植、买卖、储存、试验等行为单独规定为犯罪行为,并可以规定转基因食品监管渎职罪。

第四节　法人犯罪之研究

法人是对具有一定资格并进行法定登记的组织的统称,有企业法人、社团法人、公司法人、机关法人等分类,世界多数国家和地区将这类主体犯罪称为法人犯罪。刑法将有法人资格或无法人资格的组织实施的犯罪称为法人犯罪或单位犯罪。危害食品安全犯罪的行为主体种类比较复杂,不但有传统的个体户、小摊贩,还有公司、企业,其中关于法人犯罪主体的规定值得进一步研究。

一、澳门地区法人犯罪主体之规制

澳门地区对法人犯食品安全类犯罪规定得较为具体。赵国强教授指出,澳门地区《刑法典》总则中并无法人犯罪的明确规定,法人犯罪的情况都是规定在特别刑法中的。在澳门地区的《食品安全法》颁布以前的刑法规范中,法人不是相关危害食品安全犯罪主体。① 澳门地区第 6/96/M 号法律《妨害公共卫生及经济之违法行为之法律制度》中也未出现法人犯罪的规定。澳门地区《食品安全法》首次规定法人在危害食品安全犯罪方面的犯罪,该法第 15 条对法人实施"生产经营有害食品罪"作了明确规定,并且在该法第 16 条规定了个人或法人因犯罪所承担的各种附加刑,这些附加刑种类较多,规定得较为具体,主要是对一些权利的剥夺,这些权利包括:禁止从事某些职业或业务,剥夺获公共实体发给津贴或优惠的权利,剥夺参加直接磋商或公开竞投的权利,封闭场所及永久封闭场所等。此外,公开有罪裁判也是对法人适用的附加刑,这种公开可摘录或全文公开,可以用中文、葡文,也可以用中文、葡文公告张贴的方式,时间不少于 15 日,且由有罪者负担费用。除此之外,根据澳门地区的《食品安全法》第 18 条"适用"的规定,法人作为危害食品安全犯罪的犯罪主体及

---

① 参见赵国强:《澳门刑法中法人犯罪之立法现状及其评析》,载《澳门研究》2007 年总第 41 期。

其附加刑的相关规定也适用于澳门地区《刑法典》第 269 条中所规定的与食品有关的犯罪。至此,在澳门地区全面确立了法人作为危害食品安全犯罪的主体制度,并扩大了危害食品安全犯罪的主体范围。

规定法人犯罪是大势所趋,公司企业法人实施危害食品安全犯罪已经客观存在,澳门地区《刑法典》应顺应时代要求,在定罪量刑上有恰当的规制。澳门地区《食品安全法》的规定就是一个较好的范例,其对法人主体作了适当规定。另外,其他国家刑事法规及国际公约都有所体现,即以明确规定个人归责为原则,法人犯罪归责为例外。

根据澳门地区《刑法典》第 10 条规定,“仅自然人方负刑事责任,但另有规定者除外”。从这一规定不难看出,澳门地区《刑法典》在规定刑事责任主体时,特别强调的是“自然人”,即有生命的人,是强调只有个人才可负刑事责任的原则。对法人犯罪避不表述,但不排除其他法律的另行规定。澳门地区《刑法典》第 11 条明确规定了“以他人名义行为”的个人归责原则。根据这一规定,作为代理人、据位人①以法人(包括合伙、社团等)的名义所

---

① 参见我国澳门地区《民法典》第 145 条至第 150 条规定。在我国澳门地区的民商法律体系中,常常采用“法人机关”和“据位人”这两个法律术语。其中,“法人机关”用于表示该等法人的代表或决策机关(如社团之会员大会、有限公司之股东会等)或执行机关(如社团之理事会、有限公司之董事会或行政管理机关等)本身,而“据位人”则用于表示该等“法人机关”的组成人员(如社团理事会的理事长、副理事长及理事,有限公司的董事会成员或行政管理机关成员等)。一方面,根据澳门地区《民法典》的相关规定,“据位人”有权列席及参与其所属的“法人机关”的会议,并投票;另一方面,“据位人”就其在位期间的违反法律或章程的行为,需对法人或第三人承担法律责任,但证明其没有过错者除外。最后,虽然澳门地区采用的是民商分立的立法模式,但基于整体法律秩序的考量,其《民法典》和《商法典》之间仍然具有一般法和特别法的关系,故其《民法典》中关于“法人机关”和“据位人”的权限、义务和责任方面的规定,亦补充适用于其《商法典》。

为犯罪行为，由行为人个人承担刑事责任。行为人为被代表人利益实施或以他人名义实施的事实，均对行为人个人被追究刑事责任没有影响。由此可见，澳门地区《刑法典》并不将个人犯罪与为法人利益犯罪、以个人名义与以法人名义区别开来，这是一种不合理的做法。

不过，澳门地区《刑法典》第 11 条规定的内容在客观上触及法人犯罪的问题，只是立法上仍将以法人名义的犯罪归于个人责任。这就说明刑法典在立法上认可存在法人犯罪，却以个人归责方式解决法人犯罪的罪责问题。所以，在澳门地区《刑法典》（总则和分则）中没有法人的具体罪名。特别刑法对法人犯罪作了较多规定，特别刑法没有贯彻刑法总则的基本精神，也可以视为总则所规定的一种“例外”。在现行的澳门地区刑事法规中，规定有法人犯罪的单行刑法和非刑事法律有《惩治妨害公共卫生及经济违法行为法》《预防及遏止清洗黑钱犯罪》《预防及遏止恐怖主义犯罪》等 7 部。尽管对法人犯罪的规定有一定差异，但是也反映出一些特点。在罪名方面，澳门地区《食品安全法》规定的法人罪名就有 8 个，即加入非食品原料或食品添加剂以外的化学物质的食品罪，不当使用食品添加剂的食品罪，使用废弃或超过保质期的食品作为原料的食品罪，经营含有致病性微生物、残留农药、残留兽药、重金属、放射性物质及其他危害人体健康物质的食品罪，经营含有病死、毒死或死因不明的动物的肉、部分及其制品的食品罪，经营含有依法须受检疫而未经检疫或检疫不合格的物质的食品罪，伪造、腐败或变质的食品罪，经营被除去某成分或某元素以致营养价值降低的食品罪。《惩治妨害公共卫生及经济违法行为法》中规定了 10 个罪名，即非法屠宰动物及交易罪，异常食品或食品添加剂罪，妨害食品真实性、质量或组成罪，持有可用于伪造食品或食品添加剂的物质或用具罪，不法价格罪，非法囤积罪，取得人囤积罪，毁灭及不法出口罪，违反征用罪，货物诈欺罪。刑法中规定的法人犯罪，其法人的范围比民商法上的“法人”要广泛，还包括其他相关的社团。

澳门地区特别刑法规定的法人犯罪，也符合公认的法人犯罪特点，即以法人的名义、为法人的利益而实施犯罪。法人危害食品安全犯罪的处罚原则，澳门地区刑法采纳的是双罚制，法人对缴纳罚金、损害赔偿及其他给付承担连带责任。澳门地区单行法中对自然人与法人犯罪还笼统地规定了附加刑，而且附加刑的内容比较广泛。

二、单位犯罪主体之规制

危害食品安全犯罪所规制的主体包括食品业从业者、对食品业负有监管职责的公务人员。就食品从业者而言，是指食品的“生产、销售”者，但规制的主体超出了“生产、销售”者的范围。事实上，整个食品生产、销售链条中的从业者都可以成为刑法规制的对象。根据《食品安全刑事案件司法解释》的规定，食品加工、运输、贮存或农产品的种植、养殖等环节人员实施刑法规定的相应行为的，都可以构成犯罪。食品生产、销售者是刑法规制的对象，食品运输、贮存等方面的从业者亦是刑法规制的对象。此外，“食品监管渎职罪”规制的对象是对食品生产、销售整个环节疏于监管、渎职懈怠的公务人员。所以，对食品安全负有监管职责的公务人员也是刑法规制的对象。此外，从事行业的人员也能成为危害食品安全犯罪的共犯，如广告经营者，就可能构成相应的危害食品安全犯罪。《食品安全刑事案件司法解释》第14条第4款规定，明知他人生产、销售不安全食品或有毒、有害食品，而提供广告等宣传的，以生产、销售不符合安全标准的食品罪或者生产、销售有毒、有害食品罪的共犯论处。

《刑法》对危害食品安全犯罪主体的规定，其重要特点是规定单位成为部分犯罪的主体，并实行双罚制。根据《刑法》第150条的规定，法人犯《刑法》第143条、第144条规定的罪，“对单位判处罚金，并对其直接负责的主管人员和其他直接责任人员，依该条的规定处罚”。这一规定是对单位构成部分危害食品安全犯罪的肯定，但现行《刑法》还没有规定单位能够成为食品安全渎职犯罪的主体。

在某些情况下，单位犯罪后，因被吊销营业执照或被解散等原因而不存在，如何追究刑事责任呢？根据2002年7月《最高人民检察院关于涉嫌犯罪单位被撤销、注销、吊销营业执照或者宣告破产的应如何进行追诉问题的批复》，涉嫌犯罪的单位有批复所述情况而不存在的，应当根据《刑法》关于单位犯罪的相关规定，对实施犯罪行为的该单位主管人员和其他直接责任人员追究刑事责任，对该单位不再追诉。此外，依据2001年1月《全国法院审理金融犯罪案件工作座谈会纪要》的规定，对被起诉的自然人可以依法按照单位犯罪中的直接负责的主管人员或者其他直接责任人员追究刑事责任。《刑法》对单位犯罪采用了双罚制，对单位判处罚金是单位承担刑事责任的主要方式，相关责任人员负刑事责任也是单位犯罪承担罪责的方式。单位犯罪的认识和意志因素，是由具体的自然人组成的单位决策机构按照一定的程序形成，有时是单位的主要负责人以单位的名义作出的决定。相关责任人被判处刑罚不是其作为自然人犯罪或个人与单位共同犯罪，而是自然人作为单位犯罪罪过责任的承担者，承担具有人身性质的刑事责任。

三、单位犯罪问题之研究

(一)食品监管渎职罪的主体应包括单位

《刑法》规定单位能成为第143条及第144条规定犯罪的主体,而没有规定单位能成为食品监管渎职罪的主体。这是为什么呢?涉及的主要问题是单位是否能成为过失犯罪的主体。一般认为单位犯罪是故意犯罪,渎职犯罪是过失犯罪,食品监管渎职罪也是过失犯罪,不存在单位犯罪。笔者认为,单位犯罪不应排除过失犯罪,食品安全监管渎职罪中应包含过失犯罪,在立法中应有规定。

首先,现行刑法条文规定的罪名存在单位过失犯罪。单位犯罪过失仍然不能脱离刑法条文对犯罪过失的规定,可以分为疏忽大意的过失和过于自信的过失。规定单位过失犯罪,对于保护社会公共安全和社会秩序同样具有重要作用。《刑法》条文中有多个具体罪名涉及单位过失犯罪。客观地看,《刑法》规定的130多个单位犯罪中,并没有明确规定单位犯罪的罪过形式,但其中绝大多数单位犯罪是故意犯罪,理论界因此有学者认为我国刑法中只存在单位故意犯罪。《刑法》第30条规定:"公司、企业、事业单位、机关、团体实施的危害社会的行为,法律规定为单位犯罪的,应当负刑事责任。"该规定并未明确表明单位犯罪的罪过形态,在刑法理论上,罪过是犯罪成立的必备要件,包括故意和过失两种罪过形式,所以单位犯罪的罪过也应当包括故意和过失,单位过失犯罪在法律逻辑上是成立的。《刑法》分则中规定的单位犯罪,就有多个罪名的罪过形式可以是过失。如出具证明文件重大失实罪(第229条第2款),妨害传染病防治罪(第330条),妨害国境卫生检疫罪(第332条),采集、供应血液、制作、供应血液制品事故罪(第334条第2款),妨害动植物防疫、检疫罪(第337

条），污染环境事故罪（第338条），非法处置固体废物罪（第339条），为他人提供书号出版淫秽书刊罪（第363条第2款）。这类犯罪是《刑法》分则明文规定单位能成立的犯罪，其中有的犯罪只能是过失犯罪，如妨害传染病防治罪（第330条）、为他人提供书号出版淫秽书刊罪（第363条）；有的犯罪的罪过形式是过失，但违反相关法规是故意，如妨害动植物防疫、检疫罪（第337条）。对这类单位犯罪均规定为双罚制，即对单位判处罚金，并对主管人员、直接责任人员判处刑罚。刑法分则还规定了一些犯罪，罪过形式由过失构成，规定由单位实施危害行为，但只规定直接责任人员或主管人员承担刑事责任，并不像常见的单位犯罪一样，使用“单位犯……罪的”之类的用词，也应理解为是刑法对单位过失犯罪的规定，只不过刑法采用了单罚制。如《刑法》第137条规定的工程重大安全事故罪，条文表述为：“建设单位、设计单位、施工单位、工程监理单位违反国家规定，降低工程质量标准，造成重大安全事故的，对直接责任人员，处五年以下有期徒刑或者拘役，并处罚金；后果特别严重的，处五年以上十年以下有期徒刑，并处罚金。”该条叙述的罪状是指诸多种单位违反规定，降低质量标准，造成重大安全事故，在罚则上采用单罚制，不对单位适用刑罚，只规定直接责任人员的法定刑。《刑法》分则中如此规定的犯罪还有重大劳动安全事故罪（第135条第1款）、大型群众性活动重大安全事故罪（第135条第2款）、教育设施重大安全事故罪（第138条）、消防责任事故罪（第139条）。不能因为罚则上的单罚制，就否认单位过失犯罪的存在。

由上可见，单位过失犯罪已较多出现在刑法的规定中，且多集中在危害公共安全犯罪和危害社会秩序犯罪中，这些单位过失犯罪的主体大多是企业法人和事业单位法人。

其次,单位成为食品监管渎职罪主体具有可行性、必要性。现行《刑法》规定的食品监管渎职罪的行为主体是负有食品监管职责的国家机关工作人员,不包括单位。该罪的滥用职权、玩忽职守行为通常表现为单位主体实施,并引起严重后果,笔者认为刑法宜规定单位成为该罪的主体并予以刑罚处罚。在刑法理论上,对是否存在单位过失犯罪,存在不同的观点。部分学者认为不可能存在单位过失犯罪。有的学者认为,在现阶段,关于单位犯罪的观点并未得到普遍认同,在此种情况下,将单位犯罪的罪过形态扩大到过失,是不明智的。[①] 理论上否定单位过失犯罪的主要理由在于,单位犯罪有为单位谋取非法利益的主观特征,而这种主观特征只能存在于故意犯罪之中。[②] 这一观点实际上较为片面:第一,多数单位犯罪的确是为了谋取单位利益,但这种谋取利益是犯罪目的或犯罪动机。在刑法理论上,犯罪目的或犯罪动机通常不是犯罪要件,因此,不能将犯罪目的或犯罪动机等同于犯罪故意,进而以此否定单位过失犯罪的存在。第二,与自然人犯罪一样,既然肯定了故意犯罪的存在,就没有理由否定过失犯罪的存在,单位能形成拟制的主观故意,就同样能形成拟制的主观过失。食品监管渎职罪中的滥用职权行为本身可以是故意行为,行为主体之所以滥用职权,有多种动机,可以是为了谋利,也可能是为了某些"政绩"。玩忽职守行为本身是一种过失行为,但行为主体出现玩忽职守行为也会是有一定原因的,有的单位只是为了追求其他方面的利益,或为了某些面子工程,甚至是

---

① 参见周光权:《新刑法单位犯罪立法评说》,载《法制与社会发展》1998年第2期。

② 参见彭清燕:《论单位过失犯罪》,载《河南省政法管理干部学院学报》2004年第2期。

为了集体懒惰、轻松，而置社会公共安全和社会秩序于不顾，未按单位相关职责要求尽到其应有的监管义务，玩忽职守并造成了严重的危害结果。就食品监管渎职罪而言，负有食品监管职责的单位一般是国家机关或受委托履行监管职责的事业单位，一些重大食品安全事件发生，一般与相关部门监管不到位有直接关系。规定单位能成为食品监管渎职罪的主体，有利于强化相关单位的责任感，保护公众的合法权益。

单位犯罪过失的内涵，仍应以刑法对过失的规定为依据，是指单位应当预见到自己的行为可能发生危害社会的结果，由于疏忽大意而没有预见，或者已经预见而轻信能够避免，致使危害结果发生的主观态度。过失态度的主体是单位，不是单位中的个人。《刑法》第 30 条规定的单位，是指公司、企业、事业单位、机关、团体，主管人员或直接责任人员承担单位犯罪的刑事责任，是因为其在单位中的责任身份及作用，但单位犯罪的主体是单位。单位犯罪的认识因素和意志因素的形成具有复杂性，是由单位的代表机关或决策机关的主观态度决定的，与单位犯罪中具体责任人员的心理态度可能一致，也可能不一致，不能完全同等看待。

在理论上，行为主体对过失行为负刑事责任的依据在于：行为人本来能够正确地认识一定的行为与危害社会的结果之间的客观联系，可以正确地选择自己的行为，避免危害社会结果的发生，但行为人在自己意志的支配下，对国家利益、社会利益和其他公民的利益采取了严重不负责任的态度，从而使自己的行为造成了严重的危害社会的结果。[①] 单位对过失行为负责任主要是因为单位没有积极地履行其应当履行的注意义务。这种义务是由

① 参见贾宇主编：《刑法学》，陕西人民出版社 2005 年版，第 105 页。

法律法规、行业规定或社会习惯产生的，特别是在现代社会中高风险行业增加的情形下，这种注意义务显得更为重要，一旦违反，就可能产生比自然人犯罪更为严重的危害结果。在食品监管渎职罪中，相关机关单位的监管义务是法律法规规定的，也是其法定职责决定的。在疏忽大意的单位犯罪过失的情形下，对单位认识因素中的应当预见判断标准应采用客观标准，即以社会的一般认识水平衡量单位对危害后果预见的可能性，因为单位认识和预见危害的能力比自然人要强，且单位的意志能力具有理性色彩的特征。[①] 以社会一般认识水平进行衡量，这也符合立法规定单位过失犯罪是提高单位对社会公共安全和社会秩序的注意义务之目的。在过于自信的过失情形下，单位已经预见到了自己的行为可能会发生危害社会的结果，自以为可以避免该危害结果的发生，未履行应尽义务，以致发生了危害社会的结果。实务上，多数单位过失犯罪是在过于自信形态下发生的。这种自信有一定的客观依据，但这些依据不是十分可靠，以致发生危害社会的结果。

在食品监管渎职犯罪中，考察单位过失存在与否的最终标准是单位的监管义务，主观过失体现在客观上是未履行或不当履行监管义务的行为。对食品安全负有监管职责的单位，有保障社会公众生命健康安全及正常市场秩序的义务，因其疏忽大意或过于自信而未尽法定监管职责，造成后果，这样就具备了承担刑事责任的主客观基础。

（二）准确理解并完善单位危害食品安全犯罪立法

随着经济、社会的飞速发展，单位（法人、非法人组织）实施

---

① 杜邈：《论单位过失犯罪的特殊性》，载《云南大学学报法学版》2007年第1期。

的危害社会的行为已严重扰乱和侵害正常的社会秩序尤其是经济秩序,呈现出频率高、范围广、危害大的显著特点。因此,打击单位犯罪已经成为司法实务中的一项重要工作。与此同时,关于单位犯罪问题的理论纷争也是由来已久,争论的内容涉及单位犯罪的方方面面。单位犯罪在内法律中开始出现于1987年制定的《海关法》,此后许多单项刑事法规都规定了单位犯罪。现行1997年《刑法》虽然也对单位犯罪作了规定,尽管所作规定仍然需要进一步完善,但其重要作用是在单位犯罪的存在上予以肯定。理论界对单位犯罪中的诸多问题仍然尚未达成共识。

《刑法》第143条、第144条规定的危害食品安全犯罪主体中的单位,包括《刑法》第30条规定的“公司、企业、事业单位、机关、团体”。“公司”是从事生产、经营活动的组织,是以营利为目的的组织,依《公司法》规定,公司分为有限责任公司和股份有限公司两类。“企业”,是指公司以外的,以营利为目的,从事生产、流通等活动的组织。“事业单位”,是从事社会公益活动的组织,必须是依法成立。“机关”,是国家机构,履行国家领导、管理、保卫职能。1999年《最高人民法院关于审理单位犯罪具体应用法律有关问题的解释》规定,对单位的范围进行了明确。

生产、销售不符合安全的食品或有毒、有害食品容易获取暴利,而以单位为主体所进行的此类违法犯罪往往规模大、范围广、技术性高、隐蔽性强。要区分单位犯罪与内部责任人员之间及单位与外部人员之间的关系。如北京阳光一佰生物技术开发有限公司、习某有等生产、销售有毒、有害食品案。被告人习某有于2001年注册成立了北京阳光一佰生物技术开发有限公司(以下简称阳光一佰公司),系公司的实际生产经营负责人。2010年以来，被告单位阳光一佰公司从被告人谭某民处以600元/千克的价格购进生产保健食品的原料，该原料系被告人谭某民从被告人尹某新处以2500元/千克的价格购进后进行加工，阳光一佰公司购进原料后加工制作成用于辅助降血糖的保健食品阳光一佰牌山芪参胶囊，以每盒100元左右的价格销售至扬州市广陵区金福海保健品店及全国多个地区。被告人杨某峰具体负责生产，被告人钟某檬、王某龙负责销售。2012年5～9月，销往上海、湖南、北京等地的山芪参胶囊分别被检测出含有盐酸丁二胍，食品药品监督管理部门将检测结果告知阳光一佰公司及习某有。被告人习某有在得知检测结果后随即告知被告人谭某民、尹某新，被告人习某有明知其所生产、销售的保健品中含有盐酸丁二胍后，仍然继续向被告人谭某民、尹某新购买原料，组织杨某峰、钟某檬、王某龙等人生产山芪参胶囊并销售。被告人谭某民、尹某新在得知检测结果后继续向被告人习某有销售该原料。盐酸丁二胍是丁二胍的盐酸盐。目前盐酸丁二胍未获得国务院药品监督管理部门批准生产或进口，不得作为药物在我国生产、销售和使用。扬州大学医学院葛晓群教授出具的专家意见和南京医科大学司法鉴定所的鉴定意见证明：盐酸丁二胍具有降低血糖的作用，很早就撤出我国市场，长期使用添加盐酸丁二胍的保健食品可能对机体产生不良影响，甚至危及生命。从2012年8月底至2013年1月案发，阳光一佰公司生产、销售金额达800万余元。其中，习某有、尹某新、谭某民参与生产、销售的含有盐酸丁二胍的山芪参胶囊金金额达800万余元；杨某峰参与生产的含有盐酸丁二胍的山芪参胶囊金额达800万余元；钟某檬、王某龙参与销售的含有盐酸丁二胍的山芪参胶囊金额达40万余元。[①]

在此案例中,几类行为主体在犯罪中处于不同的地位:第一,阳光一佰公司生产销售含有盐酸丁二胍的山芪参胶囊,数额大,销售范围广,该公司行为成立单位犯罪,即犯有生产、销售有毒、有害食品罪,被判处罚金人民币1500万元。第二,被告人习某有作为阳光一佰公司生产、销售山芪参胶囊的直接负责的主管人员,他是单位成立的创始人,在公司从事犯罪活动中的作用最大,作为单位犯罪的主管人员承担刑事责任,其本人与犯罪单位不是共犯之间的关系,被判决认定犯有生产、销售有毒、有害食品罪,判处有期徒刑15年,剥夺政治权利3年,并处罚金人民币900万元。第三,被告人杨某峰、钟某檬、王某龙作为阳光一佰公司生产、销售山芪参胶囊的直接责任人员,明知阳光一佰公司生产、销售的保健食品山芪参胶囊中含有国家禁止添加的盐酸丁二胍成分,仍然进行生产、销售,作为单位犯罪的直接责任人员承担刑事责任,该三人与犯罪单位也不是共犯之间的关系。按照三人在犯罪中的分工,被告人杨某峰犯生产有毒、有害食品罪,判处有期徒刑5年,并处罚金人民币10万元。被告人钟某檬犯销售有毒、有害食品罪,判处有期徒刑4年,并处罚金人民币8万元。被告人王某龙犯销售有毒、有害食品罪,判处有期徒刑3年6个月,并处罚金人民币6万元。第四,被告人尹某新、谭某民并非犯罪单位阳光一佰公司的员工,但该二人明知自己提供的含有国家禁止添加的盐酸丁二胍的原料被被告人习某有用于生产保健食品山芪

① 北京阳光一佰生物技术开发有限公司、习某友等生产、销售有毒、有害食品案,《最高人民法院关于发布第15批指导性案例的通知》449号(2016年),载最高人民法院网,http://gongbao.court.gov.cn/Details/e8ec1d77816f820ec96c71b88130f9.html?sw。

参胶囊并进行销售，仍然向习某有提供该种原料，因此与犯罪单位有共同的犯罪故意，构成共犯，两被告人均依法构成生产、销售有毒、有害食品罪，被告人尹某新被判处有期徒刑 12 年，剥夺政治权利 2 年，并处罚金人民币 100 万元；被告人谭某民被判处有期徒刑 11 年，剥夺政治权利 2 年，并处罚金人民币 100 万元。

《刑法》规定单位能成为生产、销售不符合安全的食品及有毒、有害食品犯罪的主体，反映了客观司法实践的要求，有利于惩处、预防一些企业为追逐非法利益，制售非法食品祸害公众的行为。但是立法条文较为简单，仍有值得完善之处：第一，立法规定对犯罪单位适用罚金刑，没有规定罚金的计算方式，也没有规定罚金刑的上限与下限。当然，其不足之处可以用发布司法解释的方法予以弥补，但罚金刑作为一个独立的刑罚种类，也是对犯罪单位适用的唯一刑种，无计算标准或上下限的法定标准，很难符合罪刑法定原则的要求。第二，没有对犯罪单位规定从事一定行业的禁止性、限制性措施，并使之与行政处罚措施相衔接，这与刑法的目的不相符。刑法规定处罚措施的目的包括一般预防与特殊预防，就特殊预防而言，对犯罪单位仅规定罚金显然不符合要求。自然人犯罪，一定限制人身自由的刑罚除了符合惩罚要求外，也剥夺了行为人继续犯罪的条件，符合刑罚目的要求。相应地，对犯罪单位规定一定的资格刑是实现刑法目的之必然要求。尽管一些行政法规中有对单位吊销营业执照、停业整顿之类的规定，但不是刑法规定的强制措施，性质及严厉程度有别，且适用条件及程序上缺乏有效衔接。

第五章　危害食品安全犯罪罪过及责任形式之研究

第一节　犯罪故意之研究

从《刑法》立法本意上看，第 143 条、第 144 条规定的生产、销售不符合安全标准食品或有毒、有害食品罪是故意犯罪，不是过失犯罪。因为，过失犯罪在刑法条文中会明确规定，《刑法》第 15 条第 2 款规定："过失犯罪，法律有规定的才负刑事责任。"如失致人死亡罪、过失致人重伤罪等都是明文规定，《刑法》对生产、销售不符合安全标准食品及有毒、有害食品罪没有规定过失情形，则应认为该两条刑事立法未规定过失犯罪。且两罪的法定最高刑为无期徒刑及死刑，从刑罚的严厉程度看，与过失犯罪的性质不相称，也排除了过失犯罪的可能性。理论界通说也认为两罪的主观方面是故意，如有学者认为生产、销售不符合安全标准的食品罪的“责任形式为故意”，[①]有学者认为生产、销售有毒、有害食品罪主观方面“只能是故意，过失不构成本罪。行为人实施本罪往往具有非法牟利的目的，但刑法没有规定非法牟利的目的为本罪的构成要件”[②]。笔者亦认为该两刑法条文规定的犯罪是故意犯罪，罪过形式不是过失，但刑法未规定相应过失犯罪是一大不足，下节再论及。

一、故意内涵之研究

犯罪故意的内涵，是指行为人主观上对行为与结果的认识因素和意志因素的基本内容。《刑法》第14条对故意犯罪作了明确规定，内容为：“明知自己的行为会发生危害社会的结果，并且希望或者放任这种结果发生，因而构成犯罪的，是故意犯罪。”要判断犯罪故意的内涵，不能离开刑法对犯罪故意的规定，且关键要明确构成犯罪的行为及危害结果是什么，如果将行为与结果之一张冠李戴，则必然会影响对犯罪故意的准确判断。

《刑法》第143条规定的犯罪行为，是指生产、销售不符合安全标准的食品，危害结果是指“足以造成严重食物中毒事故或者其他严重食源性疾病”的危险。因为该条规定犯罪的基本犯罪形态为危险犯，“行为人实施生产、销售不符合安全标准的食品的行为，只要‘足以造成严重食物中毒事故或者其他严重食源性疾病’的危险，而无须导致‘严重后果’的发生，即可构成生产、销售

---

① 张明楷：《刑法学》（第5版），法律出版社2016年版，第652页。

② 高铭暄、马克昌主编：《刑法学》，北京大学出版社、高等教育出版社2000年版，第423页。

不符合安全标准的食品罪的既遂”。[①] 如果行为人实施的行为导致严重后果，即对刑法保护的法益造成实害结果，根据《刑法》该条之规定，则构成生产、销售不符合安全标准的食品罪的结果加重犯。因此，该罪的犯罪故意可以表述为：行为人明知自己生产、销售不符合安全标准的食品的行为，会发生足以造成严重食物中毒事故或者其他严重食源性疾病的危险，并且希望或放任这种危险产生。行为人明知的内容包括：明知生产、销售的食品是不符合安全标准的；明知发生他人食物中毒或者严重食源性疾病的危险；明知自己的行为与危险发生之间引起与被引起的关系。行为人意志因素包括两种：一种是明知危险可能发生而放任，即间接故意的形式；另一种是明知危险必然发生，即直接故意的形式。

《刑法》第 144 条规定的生产、销售有毒、有害食品罪，其基本犯罪成立不以发生实害结果为条件，只要行为人实施了“在生产、销售的食品中掺入有毒、有害的非食品原料的，或者销售明知掺有有毒、有害的非食品原料的食品的”行为，即构成犯罪。该犯罪是行为犯，也是危险犯。依据该条文规定，发生致人身体健康严重危害或致人死亡的结果，在量刑上属于结果加重犯。与第 143 条相比，没有规定行为人的行为足以引起危险发生这一条件，因为，只要行为人实施了行为，危险就产生了。从犯罪分类上看，第 144 条规定的犯罪，应为抽象危险犯。该罪的犯罪故意的内涵与生产、销售不符合安全标准的食品罪有所不同。其故意的认识因素包括：明知是有毒、有害的非食品原料而掺入生产、销售食品中，或明知生产、销售的食品中掺入了有毒、有害的非食品原料；

① 李良富：《生产、销售不符合安全标准的食品罪主观罪过问题之研究》，载《广西大学学报(哲学社会科学版)》2013 年第 5 期。

明知有致人健康、生命损害,即法益损害的危险;明知自己的行为与引起危险的关系。意志因素包括:放任可能产生危险或认识到险必然产生仍然实施该行为。[①]

可见,《刑法》第143条与第144条规定的两罪在故意的内容上有所不同,但两罪有一个重要的共同点,就是行为人认识因素及意志因素指向的结果不是实害结果,而是结果发生的危险,也就是法益受损的危险。在理论上,如果在这一点认识上有偏差,就会对两罪的罪过认识得出不同的结论。主要偏差是将两罪的基本犯罪构成的结果危险,与刑法规定的加重量刑的结果混淆,从而产生不同观点:第一,认为此类犯罪主观上就是表现为过失。认为这种过失,主要是对可能造成严重食物中毒事故或者其他严重食源性疾患,因而致人死亡或者致人残疾的行为后果所持的是一种疏忽大意或者轻信能够避免的心理态度。[②] 这种观点不当地将加重量刑结果看成基本犯罪的结果,而且片面地认为行为人对这种加重结果均为过失的态度,这种观点鲜有人认可。第二,认为此类犯罪主观上既可由故意构成,也可由过失构成。现实生活中,食品生产者、销售者生产、销售危险食品,多是为了获取非法利润。就其主观认识而言,对违反食品管理法规是故意心理,明知故犯,但对于其行为而可能引起的严重后果,则是间接故意心理,少数情况下,行为人受客观条件限制,认识能力不足,对其行为造成的严重后果,则是一种过失心理。[③] 还有学者认为,经济犯罪的行为人一般出于贪财图利的目的和动机而犯罪,追求危

---

① 参见范雪珂:《危害食品安全犯罪故意之界定及过失之增设》,载《社会科学》2019年第9期。

② 参见赵玉亮等主编:《新罪行各论》(修订本),群众出版社1992年版,第4~5页。

③ 参见鲜铁可:《新刑法中的危险犯》,中国检察出版社1998年版,第239~241页。

害社会结果发生，主观上存在直接故意心理。在某些情况下，也可能不具备获取非法利益的特征，甚至不具备犯罪目的，此时由间接故意构成。行为人实施特定的经济行为而过失地严重损害市场经济健康运行的行为，又可由过失构成。① 此类观点将基本犯罪的结果危险与加重结果、行为损害的多种法益均相提并论，根据不同标准得出不同结论。

由于上述观点不当地将加重量刑结果或对相关法益的损害作为《刑法》第143条、第144条基本犯罪主观罪过中的结果，因而得出该两条犯罪可以由过失的罪过形式构成。而过失犯罪必须有刑法的明文规定，这就与刑事立法明显矛盾。在《刑法》第143条、第144条规定的犯罪中，行为人对于致人严重疾病、死亡、重伤等加重结果可能是过失态度，但不影响两种犯罪的基本罪过责任中，对于发生结果的危险是故意形式，不影响故意犯罪的成立。

多数观点认为，《刑法》第143条、第144条规定的犯罪的罪过形式只能是故意，过失不能构成该两项犯罪。有学者认为，生产、销售不符合安全标准的食品罪的主观方面只能是故意，过失生产、销售不符合安全标准的食品导致严重危害结果发生的，具有严重的犯罪性，应通过立法的完善予以规制，确定为相应的犯罪。② 有论者认为，生产、销售有毒、有害食品罪在"主观方面由故意构成，过失不构成本罪。尤其在认定生产、销售有毒、有害食品罪时，要注意查明行为人主观上必须是'明知'。如在云南会

① 参见王仲兴主编：《经济犯罪形态与对策研究》，广东人民出版社2006年版，第45~47页。

② 参见吴喆、任文松：《论食品安全的刑法保护——以食品安全犯罪本罪的立法完善为视角》，载《中国刑事法杂志》2011年第10期。

泽特大销售有毒假酒案件中,行为人陈某武、刘某珍、李某权分批量购进甲醇兑制的散装白酒,在村镇干部'此酒有毒,已毒死人了。要封存,不准再卖'的通知后,无视通知要求,继续出售,造成了严重后果。三行为人均以销售有毒食品罪受到了法律的严厉制裁"①。持故意观点的学者就本罪故意的形式亦存在分歧,有论者认为,本罪主观方面的故意既包括直接故意,也包括间接故意;还有学者主张,行为人的罪过形式只能由间接故意构成,行为人对生产、销售的不符合安全标准的食品以及由此可能产生的严重后果具有明确的认识,并不希望该后果发生,但也没有寻求积极有效措施予以应对,而是为了获取非法利益,对之采取听之任之的放任心理。② 有论者认为:"如果行为人生产、销售有毒、有害食品,目的就是追求致人伤亡的结果发生,则应认定为投放危险物质罪。"③

上述主张两罪罪过形式是故意的学者中,也多以致人伤亡等加重处罚结果为认识及意志指向的结果,为了不与刑法规定两罪是故意犯罪(未明文规定过失可以构成犯罪)相矛盾,认为行为人对加重结果是故意态度。但在逻辑上又产生了新的问题,即将行为人对加重量刑结果持过失态度的行为排除在两罪之外,即行为人构成基本犯罪但对加重结果持过失态度时,应不成立《刑法》第143条、第144条规定的两罪,这样就陷入了悖论。如果认为行为人对危害结果持希望态度,即直接故意时,就构成投放危

① 周道鸾、张军主编:《刑法罪名精释》,人民法院出版社1998年版,第167页。

② 参见肖中华主编:《生产、销售伪劣商品罪办案一本通》,中国长安出版社2007年版,第88页。

③ 高铭暄、马克昌主编:《刑法学》,北京大学出版社、高等教育出版社2000年版,第423页。

险物质罪的观点也是欠妥的，似乎《刑法》第 143 条、第 144 条规定的两罪与投放危险物质罪等罪的区别仅在于主观故意形式（直接故意与间接故意）的不同，而忽视其他重要成立条件的差异。

刑法分则规定的“明知”与犯罪罪过中故意的明知不能等同。《刑法》第 144 条规定：“在生产、销售的食品中掺入有毒、有害的非食品原料的，或者销售明知掺有有毒、有害的非食品原料的食品的，处五年以下有期徒刑，并处罚金……”这里，刑法条文为什么只对单一销售行为规定了对有毒、有害的非食品原料主观上的明知呢？笔者认为，该条文前半部分规定的行为，是行为人本人在生产销售的食品中掺入有毒、有害的非食品原料，对原料的有毒有害性理所当然是明知的，这样表述符合语法习惯，如果再规定明知，则显得多余。从生活常识看，行为人对于销售的食品，是否含有他人掺入的有毒、有害的非食品原料，不一定明知，因为是故意犯罪，明文规定明知这一条件，显得合理。因此，该条文后半部分对明知有规定，并不意味着前半部分规定的行为不需要明知，也不意味着《刑法》第 143 条规定的犯罪中，行为人对不安全食品不需要明知。《刑法》分则第 144 条规定的“明知”和《刑法》总则第 14 条规定的“明知”是有区别的。总则中的“明知”是对犯罪故意成立的总的要求，或者说是所有故意犯罪的成立要件，其内容是“明知自己的行为会发生危害社会的结果”。《刑法》分则条文规定的“明知”内容较为特定。现行《刑法》分则中约有 27 个条文含有“明知”的规定，包括《刑法》第 138 条（教育设施重大安全事故罪）等规定过失犯罪的条文。《刑法》分则中规定的“明知”是指行为人对某一具体事实或违反某一制度的明知，是行为人认识因素内容的一部分，但不是具体犯罪罪过的全部内容，不能代替具体犯罪中行为人对行为性质及危害结果的全部认识内容。事实上,《刑法》分则有明知规定的犯罪不一定是故意犯罪,也不是故意犯罪在分则中一定有明知的规定。[①]

如王某超等生产、销售有毒、有害食品案。经人民法院经公开审理查明,2008年10月,因受"三鹿事件"影响,熊猫乳品公司的销售客户福建晋江公司将1300余件熊猫牌特级和三级全脂甜炼乳退回熊猫乳品公司。被告人王某超、洪某德、陈某华为减少本公司的经济损失,在明知退回的熊猫牌全脂甜炼乳存在三聚氰胺超标的情况下,仍于2008年12月30日召开由三被告人和公司生产技术部负责人荣某琼、朱某奏、潘某娟参加的会议,决定将上述退回的熊猫牌全脂甜炼乳按比例添加回炉生产炼奶酱,并于2009年2月起批量生产。截至2009年4月23日案发,熊猫乳品公司采用上述方式生产的炼奶酱合计6520余罐,价值人民币36万余元,其中已销售3280余罐,价值20万余元。案发后,经上海出入境检验检疫局动植物与食品检验检疫技术中心、上海市质量监督检验技术研究院对福建晋江公司退回的熊猫牌全脂甜炼乳以及使用该甜炼乳回炉生产的炼奶酱进行抽样检测,所检产品中三聚氰胺含量超标,其中最高值为34.1毫克/千克(国家临时管理限量值为2.5毫克/千克),已销售的涉案炼奶酱召回率约94%。[②]

王某超、洪某德辩称,其事先并不明知退回的熊猫牌全脂甜炼乳中的三聚氰胺含量超标。被告人王某超、洪某德、陈某华的辩护人均提出公诉机关指控三名被告人犯生产、销售有毒、有害食品罪的证据不充分。陈某华的辩护人另提出本案的罪名应是

---

① 参见范雪珂:《危害食品安全犯罪故意之界定及过失之增设》,载《社会科学》2019年第9期。

② 参见最高人民法院刑事审判第一、二、三、四、五庭主办:《刑事审判参考(总第81集)》,法律出版社2012年版,1~12页。

生产、销售不符合卫生标准的食品罪(《刑法修正案(八)》颁布前的罪名)。

法院经审理认为,三名被告人明知三聚氰胺系有毒、有害的非食品原料,为减少公司的经济损失,仍将三聚氰胺含量超标甜炼乳掺入原料用于生产炼奶酱,且部分产品已经销售,其行为符合单位生产、销售有毒、有害食品犯罪的构成要件,被告人王某超、洪某德系单位犯罪中直接负责的主管人员,被告人陈某华系直接责任人员,依法均应追究刑事责任。判决如下:被告人王某超犯生产、销售有毒、有害食品罪,判处有期徒刑5年,并处罚金人民币40万元;被告人洪某德犯生产、销售有毒、有害食品罪,判处有期徒刑4年6个月,并处罚金人民币30万元;被告人陈某华犯生产、销售有毒、有害食品罪,判处有期徒刑3年,并处罚金人民币20万元。

本案的重要问题之一在于行为人拒不承认"明知"的情况下如何认定是否"明知"。司法实务中,行为人否认自己"明知"的情况较为复杂,原因较多。本案中,法院对行为人主观要素的认定,注重从以下五个方面进行综合评判:其一是买卖双方的成交价格,其二是货物来源渠道是否正当,其三是行为人对食品的认识程度,其四是行为人在有关部门禁止或发出安全预警的情况下是否继续生产、销售,其五是参考行为人的年龄、经历、职业等因素。本案上诉人及其辩护人辩称,"事先并不明知退回的熊猫乳品中三聚氰胺含量超标,指控证据不够充分"。从庭审查明的事实和证据看,2008年9月发生的"三鹿奶粉"案件中,熊猫乳品公司因生产的婴幼儿配方奶粉中的三聚氰胺含量严重超标而被全国通报,因此被停产整顿,并成立了一个由行为人王某超任组长、陈某华为副组长、洪某德为成员的清理领导小组,负责召回清理工作。身为公司高层管理人员的王某超、洪某德对当时福建晋江公司退回的熊猫牌全脂甜炼乳中的三聚氰胺含量是否超标以及如何处理主持专门会议,以集体商议和决策,并且行为人是在采取回炉鉴定、抽样调查之后再决定对外销售的,从行为人经历的具体事实经过看,王某超等人对三聚氰胺含量超标这一事实是明知的,其辩解不合理,且与查明的事实不符。①

二、间接故意之研究

从大量的生产、销售不符合安全食品及有毒、有害食品犯罪来看,行为人实施行为的主观追求是获得利润,对于自己的行为引起他人生命、健康的危险,不是其首要关注的因素。所以有学者认为,行为人明知非食品原料的性质,即是有毒、有害的物质,并进行生产和销售,对其行为可能会引起的食物中毒后果,是持有放任的态度,行为人主观罪过形式是间接故意。② 笔者也认为在两罪中,间接故意是最大量存在的罪过形式,但否认直接故意的存在也是不客观的,行为人谋利的主观意图是犯罪动机还是犯罪目的也值得商榷。

(一)间接故意之范围

笔者认为《刑法》第143条、第144条所规定的犯罪的故意形式既包括直接故意,也包括间接故意,间接故意的主观形式是两罪中常见的一种故意形式,但不是唯一形式。主要理由是:第一,从刑事立法看,刑法条文明确规定为故意犯罪,并没有规定为直接故意的任何用词,如以什么为目的之类的规定,将两罪的故意

---

① 参见最高人民法院刑事审判第一、二、三、四、五庭主办:《刑事审判参考(总第81集)》,法律出版社2012年版,第1~12页。

② 参见黄玉:《生产、销售有毒有害食品罪研究》,载《法制博览》(中旬刊)2012年第9期。

形式限定为直接故意欠缺立法上的依据;第二,两罪直接故意的形式客观存在。如行为人明知结果危险必然产生,而实施行为的情况就时常发生。如在用工业酒精兑成白酒销售的案件中,很多行为人甚至受到警告或正在发生他人死伤的情况下,仍实行生产、销售行为。笔者所述行为人在油条中加超量明矾的生产、销售案件中,行为人边受到警告边实施行为,甚至看着顾客在食店内吃油条边实施行为。诸如此类,均为结果必然发生或正在发生的情况下,行为人实施行为,如果还认为行为人是放任结果危险发生,显然不当。在刑法理论上,行为人明知行为引起结果发生的必然性,仍然实施行为,应当认为是直接故意。

主张《刑法》第 143 条、第 144 条所规定的两罪只能是间接故意的理由主要是:行为人生产、销售有毒、有害食品罪的目的是“非法牟利”。[①] 其目的并非致人中毒或造成疾患,如果行为人在食品中掺入有毒或者有害的物质是为了追求各种危害后果的发生,则已经不是本罪的范围,而可能构成其他更为严重的犯罪。[②] 生产、销售不符安全标准食品罪,行为人对足以造成的结果是明知的,但不一定追求该结果的发生,该结果不是行为人的根本目的,也不是其手段性结果,如果行为人主观上故意是以该危害结果为核心目的,或者希望造成手段性结果,则我们认为该罪应认定为“以其他方法危害公共安全罪”[③]。

上述主张两罪的主观故意只能是间接故意的不当之处表现如下。

---

① 参见高铭暄、马克昌主编:《刑法学》,北京大学出版社、高等教育出版社 2000 年版,第 423 页。

② 参见熊选国:《刑法学》,中国人民公安大学出版社 2003 年版,第 133 页。

③ 熊选国:《刑法学》,中国人民公安大学出版社 2003 年版,第 111 页。

其一,刑法条文并未规定两者的行为人主观上具有牟利的目的,更没有规定这一目的为成立要件,而以这一目的排斥直接故意的存在,缺乏立法上的依据。刑法上对于"以营利为目的""以牟利为目的"的犯罪,都有明确的规定,而此两罪未作规定。

其二,此两罪侵害的法益是多种法益,其中主要有两类,一类是不特定多数人的生命、健康(前文已论及,笔者认为是主要法益),另一类是社会市场管理秩序中的食品安全监管秩序,有论者称为"双重客体"。行为人对不同的法益持不同的主观态度,以牟利目的完全否定对其他法益直接故意态度的存在,是不合理的。①

其三,此两罪的行为人多数情况下是为了牟利,但并非所有行为人均为了牟利,如有的行为人仅为了完成工作量或工作业绩,在明知不赚钱甚至亏本的情况下大量生产、销售不符合安全标准的食品等,其主观追求可能是多样的。

其四,将牟利视为犯罪目的的观点实际上已经陷入逻辑上的混乱,既认为行为人有犯罪目的,但又认为是间接故意犯罪,而有犯罪目的的故意犯罪在理论上应认为是直接故意犯罪。笔者认为将牟利视为此两罪行为人犯罪的动机更为合适。理论上一般认为"犯罪动机是指推动犯罪人故意实施犯罪行为的内心起因。也可以表述为刺激、促使犯罪人故意实施犯罪行为的内心冲动力或思想活动"。② "用哲学和心理学的观点考察,目的与动机并不是彼此绝对对立、固定不变的心理活动形式,目的永远是目的,动机永远是动机。实际情况是,一种心理活动,对于某一现象来说,

---

① 参见杜菊、刘红:《食品安全刑事保护研究》,法律出版社2012年版,第78页。

② 江任天:《论间接故意与犯罪动机》,载《法学研究》1983年第2期。

是目的；对于另一现象来说，又可以是动机。”《刑法》第143条、第144条所规定的两罪中，多数情况下，行为人在牟利的动机推动下，实施生产、销售行为。与故意杀人等故意犯意一样，出于复仇、图财等动机实施剥夺他人生命的行为，他人的生命权利才是犯罪故意的内容，是主观希望或放任的对象，如果将复仇、图财等动机视为目的，就会造成认识上的混乱。在两罪中，行为人的犯罪故意认识及意志因素指向的是发生危害结果的危险，不是牟利，牟利应视为犯罪动机。

其五，认为行为人是直接故意就构成投放危险物质罪或以其他方法危害公共安全罪的观点欠妥。投放危险物质罪的行为的确可以表现为在食品中投放毒物，以期致不特定多数人生命、健康受损，与在生产、销售的食品中掺入有毒有害的非食品原料行为相似。但是认为生产、销售有毒有害食品行为人是直接故意时，或认为行为人希望危险结果发生时，就应认定为投放危险物质罪的观点是欠妥的。这是因为：第一，行为人掺入的“有毒、有害非食品原料”并非都能达到“危险物质”的危害程度，两者不可相提并论。投放危险物质的危害在刑法中与放火、爆炸、决水相并列，其中“毒害性物质，①即通常所说的毒药，指含有毒质、具有毒害作用、能够导致有机体死亡的有机物或无机物，如砒霜、氰化物、各种剧毒农药等”。而“有毒、有害非食品原料”大多数没有达到如此危害程度。第二，投放危险物质罪的犯罪故意形式包括直接故意和间接故意两种形式，为什么单就将直接故意形式下的生产销售有毒、有害食品行为归入投放危险物质罪呢？如果认为

① 王作富主编：《刑法分则实务研究（上）》（第4版），中国方正出版社2013年版，第54～55页。

是直接故意形式下犯罪更严重的原因，生产、销售有毒、有害食品罪的法定量并不轻，可以判处有期徒刑、无期徒刑直至死刑，完全可以做到罪刑相适应。至于以其他方法危害公共安全罪同样是与放火、爆炸、决水相并列且危害程度相当的犯罪，应尽量谨慎适用。

(二)间接故意之内涵

《刑法》第 143 条、第 144 条所规定的两罪可归类为危险犯，这为众多学者认同，而危险犯的间接故意有哪些内涵，是否包括危险犯中加重结果的罪过形式，均为值得研究的问题。

1. 对基本危险犯的认知

刑法理论中的权威观点认为，危险犯是指行为人实施的行为足以造成某种危害结果发生的危险状态，严重结果尚未发生，即构成既遂的犯罪。① 还有学者认为危险犯是将对法益的威胁或危险作为处罚依据的犯罪。② 理论上依据刑法规定的不同方式，将危险犯划分为具体危险犯与抽象危险犯。一般认为刑法条文中有“引起……危险”“足以发生…危险”用语规定的为具体危险犯，只规定行为，而没有此等用语规定的为抽象危险犯。具体危险是指对法益存在现实之危险，产生的这种危险，是基本犯罪成立的要件，也是威胁法益的一种行为结果。《刑法》第 143 条规定的生产、销售不符合安全标准的食品罪，是一种具体危险犯。行为人实施生产、销售不符合安全标准的食品行为，此种行为足以造成“严重食物中毒事故或者其他严重食源性疾病”时，才能

---

① 参见高铭暄主编：《中国刑法学》，中国人民大学出版社 1989 年版，第 133 页；参见马克昌：《结果加重犯比较研究》，载《武汉大学学报(社会科学版)》1993 年第 6 期。

② 参见张明楷：《刑法学》(第 5 版)，法律出版社 2016 年版，第 160 页。

成立犯罪。这种事故或疾病未发生，但有发生的危险，这种危险也就成为该罪行为人主观认知及意志因素的内容。《刑法》第144条规定的生产、销售有毒、有害食品罪，没有规定行为引起具体的危险，应归类为抽象危险犯，但这种行为对法益不会没有危险，否则不可能是犯罪，只是法律没有明文规定出来，所以被称为"抽象危险"，这种危险也是行为人主观认知及意志因素的内容。因此，《刑法》第143条、第144条所规定的两罪基本犯罪的主要罪过形式之一间接故意的内涵，包括行为人对生产、销售行为的违法性质及引起危险的明知，以及对行为引起的具体危险或抽象危险的放任态度。

在理论上，对具体危险犯行为人对危险有认识及意志态度，中外多数学者认同，但对抽象犯险犯中行为人对危险是否具有认知态度，则存在意见分歧。有学者认为，抽象危险不需要认识，如日本大谷实教授认为，在具体危险犯中，行为人对危险性必须有明确的认识，但在抽象危险犯中，并不一定要求行为人对危险性有认识。① 这种观点的主要理由应该是法律条文未明文规定危险，只要行为发生，就成立犯罪，所以行为人不必对危险有认知。笔者认为，抽象危险犯中行为人对危险也应有认知及意志态度，理由是：第一，在故意犯罪中，具体危险犯、抽象危险犯的行为人主观上都有犯罪故意，对行为及危害结果均有认识及意志态度，既然具体危险犯需要对危险有认识，那么也不应否认抽象危险犯对危险有认识；第二，一般看来，抽象危险犯的行为比具体危险犯的行为危害严重，这也是刑法条文不明文规定危险的原因之一，有些抽象危险行为的危险不明文规定本身就很清楚，明文规定反

---

① 参见[日]大谷实：《刑法总论》，黎宏译，法律出版社2003年版，第131～132页。

而显得累赘，如放火、爆炸、决水之类的行为没有明文规定危险的必要。生产、销售有毒、有害食品的危险也为公众知晓，其对人身伤害的危险用文字表述出来，显得多余，该行为也比一般生产、销售不符合安全食品的行为严重。可见，抽象危险犯与具体危险犯一样，危险是客观存在的，行为人对危险要有认识及意志因素。

以浙江温州赖中超卤味烤肉店加工销售有毒有害食品案为例。2015 年 7 月，浙江省温州市瓯海区食品药品监管部门接到群众举报，称对赖某超、蒋某全经营的卤味烤肉店销售的卤肉上瘾，怀疑添加了违禁物质。瓯海区食品药品监管部门联合公安机关对该店进行了突击检查，现场查获混有罂粟粉的调味料 20 克、罂粟壳 350 克。经查，赖某超为了拉拢回头客，自 2014 年 8 月，在加工卤肉时采用将完整罂粟壳放在汤料包里置于卤汤中，或将罂粟壳碾磨成粉末，混入其他香料，撒在卤肉上等方式，进行非法添加。根据赖某超的供述，执法人员查处了向其销售罂粟壳的仟家味调味品店，以及该店的上线位于福建省福州市的淑芳香料商行，共查获罂粟壳 19 千克。卤味烤肉店的经营者赖某超、蒋某全被瓯海区食品药品监管部门列入 2015 年第二期瓯海区食品安全黑名单，并向社会公示。依据《刑法》第 144 条和《食品安全刑事案件司法解释》第 9 条第 1 款的规定，上述人员的行为涉嫌构成生产、销售有毒、有害食品罪。仟家味调味品店和淑芳香料商行的经营者黄某文、傅某莉、葛某芳 3 人因直接贩卖毒品，已被司法机关以贩毒罪追究责任。①

在此案中，赖某超将罂粟壳放在卤汤中或卤肉上，实际上是

---

① 参见《食品药品监管总局发布筛选 2015 年食品安全十大典型案例》，载中央人民政府网，https://www.gov.cn/xinwen/2016-03/14/content_5053394.htm。

在食品中掺入毒品的行为，其动机是使卤味烤肉店在经营上获利，其行为对顾客健康的危害是不言自明的。赖某超对其生产销售有毒、有害食品行为的性质是有认识的，是明知的，对众多食客的健康造成的危险是有预见的，而放任这种危险发生。这就是一例抽象危险犯案例，这种危险行为形成的危险通常在其行为及行为对象中较为明显地表现出来。

2. 对加重结果的认知

最高人民检察院和最高人民法院 2013 年 4 月共同通过的《食品安全刑事案件司法解释》，对足以造成“严重食物中毒事故或者其他严重食源性疾病”的危险作出了具体解释，明确了行为人引起具体危险的行为达到犯罪的标准。同时，该解释对《刑法》第 143 条、第 144 条规定的量刑上的加重结果作了明确说明。该两罪存在两种结果，一种是作为基本犯罪的结果，这种结果是第 143 条规定的具体危险和第 144 条未明文规定的危险。另一种结果是第 143 条、第 144 条分别规定的加重量刑的结果，这些结果表述为“对人体健康造成严重危害或有其他严重情节”“后果特别严重”“致人死亡或者有其他特别严重情节”等。有较多学者称为结果加重犯。基本犯罪的结果与加重量刑结果均反映了行为人的危害行为对法益危害的大小。在同一犯罪中，发生基本犯罪结果，不一定发生加重结果，而发生了加重结果，基本犯罪结果就已经存在。在间接故意罪过的形式下，生产、销售不符合安全标准食品的行为人对自己行为的性质，以及足以发生“严重食物中毒事故或者其他严重食源性疾病”危险具有明确的认识，是其主观认识因素。行为人对认识到的具体危险采取听之任之的放任态度，是其意志因素。在发生《刑法》第 143 条规定的加重结果的情况下，行为人对加重结果是否也是间接故意态度呢？

同理,《刑法》第144条规定的犯罪行为人,对行为性质及抽象危险持间接故意罪过形式时,对发生法定加重结果的主观态度也值得研究。

刑法规定的加重量刑结果,也称结果加重犯,系指实施基本犯罪构成要件的行为,发生基本犯罪构成要件以外的更重结果,刑法明文规定加重刑罚的犯罪形态。这是一个通说定义。据此,结果加重犯是基本罪的行为引起了加重处罚结果的犯罪形态,这里对基本犯罪是何种类型没有要求,只要符合基本犯罪构成即可。就生产、销售不符合安全标准的食品罪而言,刑法规定的基本犯罪构成行为即是行为人违反食品安全法规,生产、销售不符合安全标准的食品,足以造成"严重食物中毒事故或者其他严重食源性疾病"的行为。本罪中行为所造成的"严重危害""后果特别严重"等后果也只是该罪基本犯罪构成行为以外的"严重后果",刑法并就此规定了相应的加重法定刑。在此情况下,该罪符合结果加重犯的构成要求,即为结果加重犯。生产、销售不符合安全标准的食品罪应具备的"足以造成严重食物中毒事故或者其他严重食源性疾病"的危险,这是本罪基本犯罪构成必备的危险结果;该基本犯罪行为导致的"严重后果"则是基本犯罪构成之外的加重结果,而非本罪基本犯罪构成要件的危害结果。同样,生产、销售有毒、有害食品罪中发生的加重结果,对构成基本犯罪没有影响,只是要依法加重量刑。由此可以认为,两罪基本犯罪的主观罪过由行为人对基本成立要件的认知态度决定的,对加重结果的罪过形式不影响基本犯罪的罪过形式。

理论上对此类问题存在不同观点,笔者认为:第一,在两罪中,行为人除了对基本犯罪的结果危险具有主观罪过外,对加重结果也存在罪过心理,如果行为人对加重结果毫无认知,或不能判其应当预见,即没有故意或过失,那么这一结果对行为人来讲,纯属意外事件,不应追责。第二,作为犯罪成立要件的是基本犯罪的罪过形式,不是基本犯罪之外的加重结果的罪过形式。结果加重部分是依附于基本犯罪的一种特殊形态,不是独立的犯罪形态,并非独立具体罪名,是基本犯罪罪名下一种因结果而加重量刑的法定情形。第三,行为人的基本犯罪行为与加重结果之间有因果关系,如果不是行为人的行为引起的结果,就不应追究其加重刑罚。第四,行为人主观上对加重结果的态度与其对基本犯罪的罪过内容有联系又不完全相同,联系表现在行为人对基本犯罪的认识及意志内容,一般包括行为人对加重结果的主观态度。换言之,行为人对加重结果的罪过内容不能完全与其对基本犯罪的罪过内容相矛盾。事实上,加重结果的发生不是行为人能完全预知和控制的,特别是在《刑法》第 143 条、第 144 条规定的两种故意犯罪中,行为人完成生产、销售行为后的事态发展有很大变数,受很多因素影响,不能要求行为人对后续发生的加重结果的主观态度与基本犯罪完全相同,刑法条文强调的是行为人的行为客观上“造成”了加重结果。

《刑法》第 143 条、第 144 条规定的两种故意犯罪中,行为人的故意形式是间接故意时(间接故意最常见),行为人对加重结果究竟是一种什么罪过形式呢?笔者认为,行为人对加重结果的罪过形式可能是间接故意,也有可能是过失,但不可能是直接故意。这是因为:第一,行为人对基本犯罪中发生的致害危险持放任态度时,应是对预见范围内可能变成实害的危险持放任态度,对加重结果不可能再转化成希望发生的直接故意形式;第二,基本犯罪的罪过形式是间接故意时,发生的加重结果大多数在间接故意预见及放任发生的危险范围内,所以行为人对发生的加重结果多数仍是持间接故意态度;第三,由于各种客观因素影响,或行为人预见能力的原因,可能发生这样一种情况,即行为人的行为引起的加重结果超出其基本犯罪中预见的范围,是其应当预见但因疏忽大意而未预见,或已经预见而轻信能避免的情形,这种情况下,行为人对加重结果为过失主观态度。这种情况与基本犯罪中的间接故意并不矛盾。行为人对加重结果的主观态度不同,不影响基本犯罪的构成及性质,只是影响加重结果形态的构成及量刑轻重。

第二节 犯罪过失之研究

在危害食品安全犯罪的三个罪名中,《刑法》第 143 条、第 144 条规定的两个罪名是故意犯罪,《刑法》第 408 条之一的规定食品监管失职罪是过失犯罪。笔者认为,过失也可以构成《刑法》第 143 条、第 144 条规定的两种犯罪,即构成过失生产、销售不符合安全标准的食品罪和过失生产、销售有毒、有害食品罪。增加危害食品安全犯罪中的过失犯罪,有必要性及可行性。

一、过失犯罪立法之必要性

在食品生产、销售等经营活动中,因行为人的过失行为造成严重社会危害性的情况客观存在。随着食品成分的日益复杂化,食品出现安全问题的风险较高,问题食品进入流通领域后其影响范围会变大。虽然食品安全过失行为在主观方面的过错程度明显区别于故意犯罪行为,但是从客观方面考察其对法益造成的危害,过失行为对不特定多数人、生命健康的客观危害也不小。在处理食品安全案件时,若不追究过失行为人的刑事责任,而以其他措施代替刑罚惩罚，相比行为所造成的后果，可能不相称，也不符合罪刑相适应原则。实务中，尽管现行刑法并没有设立过失生产、销售类犯罪，但是对一些严重危害安全的食品经营过失行为可以以相关犯罪论处，如定过失以危险方法危害公共安全罪。相比该罪的行为，食品安全过失行为具有对法益的等价危害，表明危害食品安全犯罪的过失行为本身有以刑法规制的必要，设立新罪名处罚此类行为更能做到罚当其罪。危害食品安全犯罪的行为涉及科技含量高、专业性强的领域，各种食品本身及其各种成分的属性和作用，通常不为一般人所了解，证明被告人主观具有故意时常有相当难度，增设食品安全过失类犯罪后，只要能够证明行为人具有过失，那么即以食品安全过失犯罪进行定罪处罚，有利于司法裁判，避免放纵犯罪。并且，设立食品安全过失犯罪符合“宽严相济”的刑事政策要求，我国刑法理论通说认为，刑事政策是[①]“为了遏制、预防、减少犯罪，以致消灭犯罪，根据我国的国情和一定时期的形势，而制定的与犯罪进行有效斗争的指导方针和对策”，刑法是特定历史阶段的产物，良好的刑事立法，必须满足社会特定时期的需要，这是刑事政策对刑事立法的必然要求。目前，危害食品安全犯罪以故意犯、作为犯居多，而过失心态下的危害食品安全犯罪行为，以及不作为方式和持有方式的危害食品安全犯罪行为，无法受到刑法规制。“宽严相济”刑事政策要求刑法规制具有严重社会危害性的行为，目前我国《刑法》保护体系还需加以完善。

高铭暄教授认为，法益侵害与刑事政策共同构成了刑事立法正当性的依据。在刑法理论上，一种行为的社会危害性越大，刑

---

① 参见马克昌：《宽严相济刑事政策研究》，清华大学出版社2012年版，第3页。

法介入的可能性就越大。刑罚作为最严厉的处罚手段只能适用于危害最严重的行为,只能是在没有其他合适方法的情况下最后采用的手段,这是现代法治国家对刑法的要求,也是刑法保障公民自由的要求。基于此要求,必须对风险进行严格鉴别,对公认的、具有严重危险的风险行为进行规制,而把具有争议的风险或为了社会的发展必须容忍的风险排除在刑法规制之外。①

食品安全类违法行为人是为了追逐巨额经济收益,如果他们未受处罚或所受处罚过轻,其违法无成本或成本低廉,可能会不断铤而走险。意大利刑法学家贝卡里亚有个名言:“对犯罪最有力的约束不是惩罚严厉,而是惩罚的必要性和必然性。”②通过刑事立法,约束过失危害食品安全犯罪行为,以提高相关从业人员的责任意识,杜绝其侥幸心理,从而减少过失引起食品安全事故的发生。例如,《食品安全法》第 50 条规定:“食品生产者采购食品原料、食品添加剂、食品相关产品,应当查验供货者的许可证和产品合格证明……”行为人如果没有履行上述义务就容易造成严重后果,通过与之相应的刑法规制,促使食品从业人员履行这些法定义务,防止事故发生。

规制危害食品安全事故的过失行为亦是社会公众的强烈要求。有关调查显示,在我国社会面临的诸多安全问题中,将食品安全问题居首位。现行《刑法》第 143 条、第 144 条规定危害食品安全犯罪为故意犯罪,有合理的一面,但是危害食品安全类犯罪已经是一种具有严重社会危害性的犯罪,将危害食品安全犯罪行

---

① 参见高铭暄:《风险社会中刑事立法正当性理论研究》,载《法学论坛》2011 年第 4 期。

② [意]贝卡里亚:《论犯罪与刑罚》,黄风译,中国大百科全书出版社 2002 年版,第 59 页。

为的主观罪过限定为故意难以适应现实需要。因过失造成的后果其客观危害性并不比故意小,有时造成的客观危害结果甚至更为严重,在此领域一味坚持以处罚故意犯为原则,会背离刑法保护法益的功能,也可能出现公诉机关举证乏力,或迫于民众对惩罚的需求与社会舆论的压力降低证明的标准,这些情况的出现,均有违实体正义或有损程序公正。

增设危害食品安全犯罪过失行为的刑事责任,降低危害食品安全犯罪率,是刑法发挥应有功能的表现,是回应公众要求国家保障食品安全愿望的体现。"刑法是社会的,必然要随着社会变迁而发生相应的嬗变,历史中的犯罪论表明,犯罪论的体系构建从来都不只是理想化的结果,而是时代的产物。刑法唯有满足并符合当时社会基本特征的要求,才能从社会中、从一般民众那里获得普遍遵守的力量。刑法也唯有时时关注民众的所思、所想、所愿才能不断修正自己的方向,从而始终与社会同步。"①我国内地刑事立法没有明文规定过失抽象危险犯,所以抽象危险犯在主观上与具体危险犯还是存在差异的,对于抽象危险犯而言,只存在故意犯的形态,其故意内容以明知并放任抽象危险为必要。

综上所述,鉴于危害食品安全犯罪过失行为具有较为严重的社会危害性以及"宽严相济"的刑事政策要求,有必要通过刑事立法规制危害食品安全犯罪的过失行为。

二、比较视域下境外立法的可借鉴性

境外危害食品安全犯罪刑事立法的一个突出特点就是承认

---

① 高铭暄:《风险社会中刑事立法正当性理论研究》,载《法学论坛》2011年第4期。

危害食品安全犯罪“过失犯罪”的存在，对危害食品安全犯罪过失行为进行刑法规制亦是普遍现象。将危害食品安全犯罪罪过限定为故意与时代潮流不合。如澳门地区《刑法典》第 259 条规定，使供应养料植物或者医疗物质腐败、变质，或者故意或者过失地输入、隐藏、向他人提供腐败、变质的物质用于消费，因而对他人生命、身体健康造成危险的，构成使供应养料之物质或医疗物质腐败罪。

德国《食品、烟草制品化妆品和其他日用品管理法》第 51 条规定，过失违反本法第 8 条、第 9 条、第 15 条之规定，无须既遂，只要有“足以危害健康的方式生产和加工食品，”的风险存在，足以能够让危害健康的物质流入流通环节的“风险可能”，就应当处以 1 年以下监禁或者罚金。《巴西刑法典》《意大利刑法典》等也有相关规定。《意大利刑法典》第 452 条规定，对过失生产、销售掺假、腐败、有毒或不符合食品协会颁布的健康标准的食品给予处罚。

美国在涉及食品、乳制品、药品、酒类等经济管理和社会管理方面则显得更为精细严苛，在量刑时不考虑行为人主观上是否存在“故意、明知、轻率或过失”等心理状态，目的就是要通过严厉的刑法保障公众利益。美国《联邦食品、药品及化妆品法》第 333 条规定了严格责任制度以约束食品安全过失行为，该条 A 款第 1 项规定，任何人违反第 331 条之规定，应当处以 1 年以下监禁，并处或者单处 1000 美元以下罚金；第 2 项规定，如果行为人再犯或者违反第 331 条之规定时，主观具有欺骗或者误导的意图，应当处以 3 年以下监禁并处或者单处 10,000 美元以下罚金。

刑法理论通说认为，过失犯罪的成立以行为人对注意义务的违反为前提。对食品安全过失犯罪中行为人注意义务的认定，日本法院在“森永奶粉中毒案”中创设的超新过失理论具有一定的借鉴价值。该理论扩大了过失的处罚范围,引导食品从业人员提高注意义务,对公众安全负责,也有利于打击危害食品安全犯罪,保护公众健康生活。

日本“森永奶粉中毒案”是一个很有影响的历史性食品中毒案件。日本森永乳业公司德岛工厂一直从当地一家药商购买安全的乳质稳定剂第二磷酸苏打。1955 年 4 ~ 7 月该药商用含有大量砷的“松野制剂”冒充第二磷酸苏打交付于给森永乳业德岛工厂。该工厂收受后误认为是正常的第二磷酸苏打制剂,没有怀疑其是冒用同一名称的其他制品,未经检查即将松野制剂掺入奶粉中,导致 1 万多名儿童中毒、100 多名儿童死亡的严重后果。在该案一审中,法院认为被告人此前使用的乳质稳定剂一直安全可靠,形成了对药店的合理信赖,因此依据信赖原则否认了注意义务的成立。二审法院撤销原判决发回重审。重审时,法院主张:“预见可能性并非必须是预见到具体因果关系的可能性,尽管内容不能具体确定,但是,只要抱有达到了不能无视某种程度的危险绝对不存在的畏惧感,就足够了。”在被告人对乳质稳定剂具有一种抽象的“危惧感”的情况下,无法形成对药店的合理信赖,因此存在注意义务,进而成立过失犯罪,这就是超新过失理论的“危惧感说”。可以看出,日本法院创设超新过失理论的最初目的是排除新过失理论体系下信赖原则的适用,从而为定罪扫清障碍。但该案重审判决的最大问题在于,为了对被告人的注意义务进行论证,创造了必需的但虚无缥缈的“危惧感”,达到了排除信赖原则适用的目的,但注意义务来源过于抽象化。这一点招致了一些日本学者的批判,如大谷实教授就认为:“由于将预见可能性过于抽象化,使刑事过失的成立范围没有限制,有扩大过失犯罪的处罚之虞,因此不妥。"在日本的司法实务中,除了此案以外,也不见有其他判决采用超新过失理论的观点。有学者认为:"食品业与科技的发展密切相关,危险随时存在,并不是所有事故的出现都是故意所为,不能局限于故意范围,过失也是重要的犯罪形式,坚持故意观点,会给事故行为人逃脱责任以口实,对于社会安全的维护是不利的。"①

笔者认为,司法实务在裁判相关食品安全过失犯罪案件时,可以在传统过失犯罪理论体系下论证被告人的注意义务。被告人的注意义务首先来自相关食品安全标准的规定,在不存在相关食品安全标准的情况下,被告人的注意义务来自行业的通行做法,被告人违反相关安全标准或者没有采取行业通行的做法,就充分证明其违反了注意义务。在"森永奶粉中毒案"中,二审高松高等法院撤销原判决,发回德岛地方法院重审的理由中,清楚地说明:"工业用第二磷酸苏打制造者并无对其制品予以如药局处方或试药相同之规格或质量之保证,所以收受使用之时,仍不能认为无以非第二磷酸苏打冒用第二磷酸苏打出售的可能性。"即便在相关检测标准中没有明文规定此项义务,被告人作为奶粉的生产者,对其采购的原料进行安全检测,也应当属于行业的通行做法,而被告人明显没有履行此项义务。被告人理应清楚,对食品原料未进行安全检测,饮用该奶粉的公众的生命健康就有可能受到损害。

行为人注意义务的内容和义务的来源很多情况下是根据行业习惯确定的。如为防止食品变质或者受污染,生产经营者必须

① 毛乃纯:《论食品安全犯罪中的过失问题——以公害犯罪理论为根基》,载《中国人民公安大学学报(社会科学版)》2010年第4期。

有齐备的卫生、贮藏设备，这是最基本的注意义务。食品出现安全隐患时，在出厂阶段生产者有抽样检测的义务。在生产、销售中，生产者、销售者有防止食品中落入灰尘或者混入细菌的义务。日本发生的“米糠油事件”，由于在生产米糠油时，操作失误，致使米糠油中混入了在脱臭工艺中使用的热载体多氯联苯。日本森永乳业德岛工厂为了提高牛奶的溶解度，向原奶中添加了工业用的磷酸氢二钠，其中含有大量的砷，由于工厂未进行必要的检测，从而引发了震惊世界的“森永奶粉中毒事件”。凡此种种，因怠于履行该义务而导致事故发生的，应当被追究过失责任。

三、设立过失犯罪的可行性

增设食品安全过失犯罪，首先应当明确规制哪些具体的过失行为。行为人对过失行为之所以要负刑事责任，是因为其应当尽注意义务，预见到其行为的危害性，但其未尽义务，没有预见到可能发生的危害结果；或已经预见行为可能引起结果发生，轻信可以避免，但最终没能避免。食品安全法等规定了一些义务，相关食品安全标准也是行为人应当注意的义务。设立食品安全过失犯罪的规制范围应当是：在存在相关食品安全标准规定的情况下，行为人过失违反检测标准规定而成立食品安全过失犯罪；在欠缺相关食品安全标准的情况下，行为人因过失违反行业的通行做法而构成该罪。英美法系对企业管理人员行为严格规制的做法值得借鉴。从对过失犯罪规制对象上看，从事食品生产、销售的个体经营者、企业（单位）及企业管理人员均应纳入规制范围，即该类犯罪既包括自然人过失犯罪，也包括单位过失犯罪。

在具体的立法操作上，可以考虑将《刑法》第 143 条及第 144 条规定的内容列入危害公共安全罪一章中，重新排序。在每条下增设食品安全过失犯罪，即过失生产、销售不符合安全标准食品罪及过失生产、销售有毒、有害食品罪。但应注意两点：第一，要与危害公共安全罪一章规定的过失犯罪保持协调，过失犯罪的法定刑与其他犯罪要相当；第二，拟不突破刑法理论及立法中过失犯是结果犯的传统，可以规定“造成人体健康严重危害、致人死亡或其他严重后果”的才负刑事责任。笔者不赞同设立过失具体危险犯，更不赞同设立过失抽象危险犯。主张行为人主观上有刑法规定的过失态度、有过失行为、产生危害后果、行为与实害后果之间的因果关系，行为人才负刑事责任。过失生产、销售有毒、有害食品行为的社会危害性一般要大于过失生产、销售不符合安全标准的食品行为，因而设立的刑罚要重一些。

对过失危险犯是否成立，理论界有较大争议，肯定说与否定说各执一词。笔者认为，过失危险犯的概念是可以成立的，因为在行为人故意行为能引起危险的情形下，其过失行为也能引起危险，对过失行为引起危险是否追究刑责，则是立法者价值考虑的选择，因此，理论上过失危险犯有存在的空间。在对刑事立法的理论解读方面，对是否存在过失危险犯，存在不同认识。以《刑法》第330条规定的妨害传染病防治罪为例，该条规定“违反传染病防治法的规定，有下列情形之一，引起甲类传染病传播……或者传播严重危险的……”。尽管刑法条文未明确规定该条规定的犯罪是过失犯罪，有学者认为，妨害传染病防治罪在主观方面表现为过失，具体表现为行为人对引起甲类传染病传播或者传播严重危险这一结果的疏忽大意或过于自信，但行为人对违反传染病防治法规定的行为可能是故意。① 此条规定的就是一种具体

① 参见王作富主编：《刑法分则实务研究（下）》（第3版），中国方正出版社2013年版，第1343页。

危险犯。有同种情形的还有《刑法》第332条妨害国境卫生检疫罪、第337条规定的妨害动植物防疫、检疫罪,学者们认为这两种犯罪也应由过失构成,也应认为是对过失危险犯的规定。[①] 可见,过失危险犯有立法上的体现。当然刑法中还没有明文规定过失抽象危险犯,对抽象危险犯只规定了故意犯罪的形式。

刑法中规定过失犯罪,对食品安全的刑事执法会有直接的影响。如邱某某生产销售有毒有害食品案。2014年10月开始,被告人邱某某在昭平县昭平综合市场3幢7号门面经营"小美"面包店。2015年6月25日,昭平县食品药品监督管理局对该店生产、销售的面包、馒头进行抽检。同年7月2日,昭平县食品药品监督管理局的工作人员将面包、馒头含铝的鉴定意见明确告知了邱某某,并对其送达了《国家卫生计生委等5部门调整含铝食品添加剂使用规定的公告》(2014年第8号)。2015年7月3日,邱某某在明知告知事由后继续使用含铝的食品添加剂"泡打粉"生产包子,违反了当时的国家卫计委等五部门公告中"膨化食品生产中不得使用含铝食品添加剂,小麦粉及其制品生产中不得使用硫酸铝钾"的规定,危害了消费者的身体健康。广西贺州市昭平县人民法院认为,被告人邱某某在生产、销售的食品中掺入有毒、有害的非食品原料,其行为已触犯《刑法》第144条的规定,构成生产、销售有毒、有害食品罪。公诉机关指控被告人犯生产销售有毒、有害食品罪成立[②]。依照《刑法》第144条及《危害食品安

---

① 参见高铭暄、马克昌主编:《刑法学》,北京大学出版社、高等教育出版社2000年版,第644~650页。

② 参见邱某某生产、销售有毒、有害食品案,2015年12月4日最高人民法院公布14起打击危害食品、药品安全违法犯罪典型案例,载北大法律信息网,https://www.pkulaw.com/pal/a3ecfd5d734f711da947dc2cc819c606be824e43f2bda06dbdfb.html。

全刑事案件司法解释》之规定，被告人邱某某犯生产、销售有毒、有害食品罪，判处有期徒刑8个月，并处罚金人民币5000元。“泡打粉”是生产面包的必用食品添加剂，而且使用广泛。《国家卫生计生委等五部门调整含铝食品添加剂使用规定的公告》规定，自2014年7月1日起，“膨化食品生产中不得使用含铝食品添加剂，小麦粉及其制品生产中不得使用硫酸铝钾”。“泡打粉”就是含铝的食品添加剂。国家禁止使用“泡打粉”生产包子，如果再继续使用，就是犯罪行为，必须予以严厉打击。

是否规定过失犯罪，对本案的处理在实践中有直接影响。邱某某行为的性质可以分为三个阶段，因其主观罪过也可以分为三个阶段。第一阶段是《国家卫生计生委等5部门调整含铝食品添加剂使用规定的公告》规定，于2014年7月1日生效前的行为，由于国家没有明文禁止，其行为没有罪过，也不违法。第二阶段，2014年7月1日公告生效后，至2015年7月3日，昭平县食品药品监督管理局工作人员将面包、馒头含铝的鉴定意见及公告送达给邱某某时，邱某某主观上至少存在过失，如果刑法规定了过失生产、销售有毒、有害食品罪，就可以据此追究邱某某的刑事责任。邱某某还在实施国家明令禁止的行为，即使其本人称不知情，但食品从业人员应当知情。第三阶段，2015年7月3日，昭平县食品药品监督管理局工作人员将面包、馒头含铝的鉴定意见及公告送达给邱某某后，邱某某明知故犯，属于故意犯罪。①

① 参见邱某某生产、销售有毒、有害食品案，2015年12月4日最高人民法院公布14起打击危害食品、药品安全违法犯罪典型案例，载北大法律信息网，https://www.pkulaw.com/pal/a3ecfd5d734f711da947dc2cc819c606be824e43f2bda06dbdfb.html。

第三节　食品监管渎职罪罪过之研究

《刑法》第408条之一规定的"食品监管渎职罪"，是对滥用职权与玩忽职守两种行为的合并规定。设置统一的法定刑，使用一个罪名，那么食品监管渎职罪的行为人在主观罪过上是故意还是过失呢？

一、罪过之认识分歧

对滥用职权与玩忽职守两类行为单独分析，各有不同主张。滥用职权罪的罪过形式主要有三种主张，即故意（直接故意和间接故意）、过失（两种过失形式）、混合过错（既有故意，又有过失）三种形式。对于玩忽职守罪的罪过形式也有较多不同的主张，归纳起来，主要有两种：一种该罪的主观罪过形式是过失（两种故意形式）；另一种主张除故意外，还应包括过失。从实际情况看，多数人赞同玩忽职守的罪过形式既包括故意也包括过失，主要理由是：刑事立法从来没有对玩忽职守罪行为规定为故意或过失，客观发生的行为的主观态度兼而有之，现在发生的变化是，《刑法》规定了滥用职权行为与玩忽职守为同一法条中的行为形式，但是，没有任何理由据此认为立法意图是将滥用职权罪设定为故意犯罪，将玩忽职守罪设定为过失犯罪。至于行为的罪过形式的决定因素，应该是行为主体实行行为时对行为及危害结果的认识及意志内容。将滥用职权与玩忽职守规定在一起，主要是因为两种行为比较类似，都是违反职务职责的行为，且主体都是从事公务的人员，客观上都造成了一定后果。玩忽职守行为在渎职犯罪中形式多样。若人为地将故意形式排除在罪过之外，理论上不合理,实践中也是有害的。还有学者认为,玩忽职守行为实际上是从事公共行政事务的人员违反行政职责的行为。而行政法上的失职行为也分为故意、过失两种形式,造成严重后果的情况下就是玩忽职守罪,也应有故意与过失两种类型。还有人认为玩忽职守一词的字面含义,就包括故意与过失两种形态。

有相当多的学者主张玩忽职守罪的主观罪过形式为过失,概括起来其主张是:其一,玩忽职守一词是长期使用、约定俗成的对过失行为的称谓,就是指行为人对工作不负责任,马虎大意,造成损害后果,在刑法上归类为过失行为。其二,立法上正因为玩忽职守罪是过失犯罪,没有将一些故意违反职责、滥用职权行为涵盖进去,容易打击不到位,所以 1997 年《刑法》修改中考虑到这一情况,才增加了滥用职权行为,与之并列,以严厉打击此类犯罪。其三,若认为玩忽职守行为主观上包含故意、过失两种罪过形式,即混合过错,在实务中与滥用职权难以区分,操作困难,引起更多的分歧。对玩忽职守罪过形式主张单一过失,则在实践中易于掌握。

二、罪过形式之研究

(一)认定罪过的标准

笔者认为以什么标准认定罪过问题是关键所在。在认定犯罪行为主观罪过形式的标准问题上,有两种标准:第一种是以行为为标准,主张以行为人对其本身危害行为的性质、内容以及作用等方面的意志与认识情况作为标准;第二种是以结果为标准,认为在判断某一行为人的主观罪过时,应以行为人对其行为所引起的后果的认识为判断的标准。相比较而言,第二种观点更为合理。因为:其一,刑法明文规定的故意、过失概念都是针对行为人对危害结果的态度,即对危害结果的认知及意志态度,任何研究不能离开刑法明文规定的概念。其二,刑法对某些行为进行规制,不是随心所欲的,其理由是这些行为会给社会带来危害。行为所引起的结果又是社会危害性最根本的体现,离开危害结果研究主观罪过,就导致离开本质研究现象,难以得出正确结论。其三,故意、过失的内容离不开结果,在主观恶性大小离不开结果。在直接故意犯罪情况下,行为人追求的危害结果,就是其主观上犯罪目的的重要内容,在间接故意和过失犯罪的情况下,危害结果是否发生通常作为能否成立犯罪的要件。行为人对危害结果的态度,还反映出行为人主观恶性大小,是定罪量刑的重要依据。

(二)滥用职权行为的罪过应为过失

笔者认为滥用职权罪的行为人对于其违反职责,或违反有关管理制度来说,可能是故意的,很多主张故意说的学者,是站在行为人对行为及其违法性的认识角度讲的,从这个层面上看,不无道理。但是对于危害食品安全犯罪后果来讲,行为人主观上则是过失的。理由是:其一,刑法对过失犯罪的规定,均为有危害结果的情况下才负刑事责任。对故意犯罪的规定,通常将结果作为加重处刑因素。《刑法》第 408 条对食品监管渎职的基本犯罪规定,要求发生危害结果,即导致发生“重大食品安全事故”或者“造成其他严重后果的”。很明显,刑法是按过失类犯罪的模式进行规定的。其二,1979 年《刑法》没有规定滥用职权,将其作为玩忽职守罪的一种行为处理,1997 年《刑法》在玩忽职守罪的基础上增加了对滥用职权的规定,主要是突出此种行为的特点,但仍与玩忽职守行为规定在一起,说明其主观罪过也为过失,如果是故意犯罪,就宜另行单独规定。其三,该罪的主观罪过形式体现在司法解释的含义中。如最高人民检察院、最高人民法院《关于办理渎职刑事案件适用法律若干问题的解释(一)》中,对渎职侵权行为的立案标准、量刑标准表明,在行为后果方面的人身伤亡、经济损失数额的规定方面,玩忽职守案与滥用职权案差别不大,几乎是同一标准。其四,如果行为人对侵害不特定多数人的生命、健康是故意态度,即主观罪过为间接故意或直接故意,对所发生的食品安全结果持希望或放任的态度,则表明此时行为主体的行为不再是简单的职务上的渎职犯罪,而是直接构成危害食品安全犯罪类犯罪,其行为的危害程度不比《刑法》第 143 条、第 144 条规定的犯罪低,应规定与之相当的刑罚种类及量刑幅度。如果是为了徇私,则可能与他人构成《刑法》第 143 条、第 144 条规定的共同犯罪。

(三)玩忽职守行为的主观罪过应为过失

笔者也主张食品安全渎职罪中的玩忽职守"责任形式为过失,在许多场合,行为人主观上是一种监督过失,主要表现为应当监督直接责任者却没有实施监督行为导致了结果发生;或者应当确立完备的安全体制、管理体制,却没有确立这种体制,导致了结果发生。"[①]尽管食品安全渎职罪中的滥用职权与玩忽职守对于主要危害结果的责任形式均为过失,但两者对于违背职责的认识是有差别的,滥用职权对职责的违背通常为故意,玩忽职守对职责的违背为过失。这也是这两种行为独立成罪时,即玩忽职守罪、滥用职权罪在主观罪过上有过失与故意之分的原因。单独成罪时,侵害的主要法益或结果为国家机关及人员的公正性、可信赖性,两种行为中,行为人对这一结果的态度有过失与故意之分。

---

① 张明楷:《刑法学》(第 5 版),法律出版社 2016 年版,第 1096 页。

（四）徇私舞弊应属于从重情节

《刑法》第408条之一在规定食品安全渎职罪后，另加一款，“徇私舞弊犯前款罪的，从重处罚”。这里，徇私舞弊作为食品渎职犯罪的从重处罚要件。有人认为这是食品安全渎职罪的构成要件，这样规定不利于执法机关查办案件，是极不合理的，因为很难证明一个行为人是否为了徇私或是否已经徇私，舞弊行为也都是一种欺骗、隐蔽事实的行为，要查明往往相当困难。纠缠于是否徇私舞弊，就会造成渎职犯罪造成危害的人得不到应有的惩罚，真正的罪犯逃脱制裁，更不能有效地保护社会的食品安全，所以有学者主张取消这一规定。这是一种错误的理解，从重条件不能等同于构成要件，行为人在构成食品安全渎职罪的基础上，如果作案动机是为了徇私，且有舞弊行为，就要从重处罚，立法原意是徇私舞弊是否存在，只影响量刑，不影响定罪。徇私是一种犯罪动机，舞弊属于客观行为。徇私舞弊存在食品安全两种渎职行为中时，就要从重处罚。

徇私通常理解为徇个人私利，那么，是否包括徇单位、团体之私呢？笔者认为，徇私应包括徇有利益关系的单位、团体之私。从文义解释的角度来看，公与私是相对的概念，个人相对于单位是私，单位相对于国家、全社会来讲，也是私，私是就个体与整体、部分与全部的利益相对而言。所以徇私，可以是徇团体、局部利益之私，并不当然是个人之私。这时的私是相对于公务人员的工作职责而言，公务人员在履行食品监管职责时本身代表的利益应当是公，与工作实现的利益相反或相矛盾的利益为私。实践中，徇私有表现为徇个人之私，也有表现为徇单位、团体之私，而且徇单位、团体之私的最终目的是徇个人之私。因此，如果将徇私作限制性理解，认为是徇个人之私，就缩小了刑法适用对象的范围，就可能会罚不当罪。因此，从“私”应有的范围及客观实践看，《刑法》第408条之一所规定的“徇私”应包括徇个人之私、徇单位及团体之私。

食品监管渎职罪所侵害的主要法益之一，是国家机关的正常监管活动及公众对公务的公正信赖。因此，公务人员渎职的动机，无论是为了个人还是单位、团体的私利，实施渎职行为所侵害的法益是没有差别的。客观地分析，为单位局部利益犯罪所涉及的数额往往巨大，给社会造成的损害更大，将徇私理解为徇个人之私，在刑法适用中有不足之处，可能对涉食品类犯罪打击力度不够。此外，食品监管渎职行为的认定本就困难，渎职、失职行为与公务人员因能力、水平、素质问题而出现的差错较难区分。如果查明公务人员确有徇单位、团体之私的事实，对于认定其渎职、失职行为的性质有重要的参考价值，也能与因行为人水平、能力等造成的不良后果相区别。因此，将徇单位之私排除在“徇私”含义之外是不合理的。

第四节　风险刑法下责任形式之研究

一、风险刑法对责任形式的影响

风险刑法理论认为传统的罪责刑法观无法适应风险时代人们对安全秩序的追求。① 当今世界的各种社会风险蕴含着灾难性的后果，这些后果发生后是不具有恢复性的，传统刑法理论是

① 参见刘伟：《风险社会语境下我国危害食品安全犯罪刑事立法的转型》，载《中国刑事法杂志》2011年第11期。

在危险结果发生以后探讨规制方法，对社会、对公民而言是被动的、消极的。传统刑法理论重视犯罪的本质特征是对法益的损害，但损害后果发生前的危险具有难以预知的特性，面对风险社会提出的新课题，刑法必须适应新要求，应将研究的重心从行为人造成的结果向行为人行为所带来的危险转移，犯罪适用刑罚，主要不是为了惩罚，而是为了防止违法犯罪行为给法益带来破坏的危险，实现公众对安定秩序的追求。面对各种风险，特别是犯罪行为的风险，刑法必须努力实现对风险的有效遏制，排除潜在风险。刑法要适应风险社会的客观要求，就必须在罪责观上适应风险形势，作适当调整。

刑法理论不可避免地会受风险社会理论的影响，刑法中的罪过责任原则也会被安全刑法理论所冲击，特别是传统刑罚目的原理在发生变化，消极的预防论被积极的预防论所取代。为了缓解风险社会时期人们对安全的心理担忧，给社会公众以安全感，立法机关开始较多采用刑事干涉的办法，刑法规制有提前的趋势。这具体有如下表现：一是刑法规制对象的范围扩大，将对社会、公众生命财产有严重危险的行为作为规制对象；二是随着新技术的广泛应用，涉及环境、医学、计算机等方面社会个体的法益，逐步成为刑法规制的对象；三是在刑法规制中，抽象危险犯及预备犯独立成罪的立法例增多，刑罚适用的重点从行为导致的结果，向行为导致的危险状态转移。

与风险理论相适应，有人主张少数对法益有严重危险性的行为，包括抽象危险行为或其预备行为，可以实行严格责任，即不要求证明行为人有主观罪过，这便于惩处这类高度危险性犯罪。如对于生产、销售有毒有害食品的犯罪，重在行为是否存在的认定，至于行为人对结果的罪过态度可不予考虑。风险理论在强调刑法对侵害的反应时,更注重保障社会安全措施的有效性。风险刑法理论的核心是强调风险的紧迫性、危险性,甚至不可预知性,举措上强调增加对抽象危险犯的刑法规制范围,扩大对预备犯的规制,甚至将预备犯独立成罪。这一理论之所以得到相当多学者的支持,是因为其观点顺应了新时期社会某些领域的风险状况,有合理价值。

对食品安全类犯罪法律规制的演进,也体现了风险刑法理论的潜在影响。这具体表现在三个方面:第一,在对法益的保护上,发生了立法理念上的变化,逐步重视对“安全”的保护。在立法上以重视食品的“安全”取代对食品“卫生”的关注,将食品卫生作为食品安全的内容进行规制,不是简单的文字变化,而是从重视食品生产、经营中发生的食品卫生问题,提高到重视该领域的安全问题。立法宗旨升格为“为保障食品安全,保障公众身体健康和生命安全”。为了与《食品安全法》相衔接、惩治危害食品安全犯罪,国家以修正案的形式,将《刑法》第 143 条的“不符合卫生标准”修改为“不符合安全标准”,使食品安全方面的刑事规制理念与行政法规的理念相统一,即统一到维护食品安全认识层面。第二,规定了危害食品安全犯罪类中的危险犯,包括具体危险犯、抽象危险犯,即《刑法》第 143 条、第 144 条所规定的犯罪。在刑法规定为数不多的危险犯中,食品安全类犯罪占了其中两个罪名,这体现了国家对食品安全的重视,也说明食品安全是风险刑法影响较大的领域。第三,扩大了刑事法律调整范围,如增设食品安全渎职罪,还加重了法定刑。当然,这些应对食品安全风险在立法上的变化,实质上是客观上对食品安全恶性犯罪的危害性变化的反映。一段时间以来,山西假酒案、三鹿奶粉案、双汇瘦肉精案等重大的食品安全案件,使社会公众认识到:食品安全问题不只是食品卫生、质量或市场管理等问题，而是重在侵害或威胁广大社会成员生命、健康的安全问题。受风险刑法理论及客观上危害食品安全犯罪状况的影响，认为该类犯罪应纳入危害公共安全类犯罪的论者日益增多。

二、罪过责任原则

尽管刑法对食品安全类犯罪立法上，表现出受风险刑法理论的影响，但是，刑法还是遵循罪过责任原则，无论是危险犯还是预备犯成立的基本条件之一，是行为人有主观上的罪过。笔者也认为，不能以犯罪风险的严重性、紧迫性为理由，否定犯罪成立的罪过责任基础，否则就有走向客观归罪的危险。

罪过责任原则是刑法理论中重要的基本原则之一，行为人实行行为时，主观上有故意或过失，即存在罪过，这是认定其行为是否成立犯罪的必要条件。刑法对违法行为进行谴责，以刑罚方法表示否定评价的主观基础是行为人存在罪过。不是所有客观上对法益造成损害的行为都要受刑法规制，只是针对其中行为人主观上存在故意与过失的行为，刑法的发动才有正当性。由于立法技术的考虑，刑法分则对罪过形式一般没有明文规定，实务及理论界对刑法规定生产、销售危险食品两罪的主观罪过形式有不同认识，有故意、间接故意说、故意过失等主张。① 刑法规定的故意是特定的内涵，是行为人对自己的行为及会发生危害社会结果的明知，是对这种结果的希望或放任。对明知具体内容的理解不能离开刑法规定的概念。如《刑法》第 144 条规定的犯罪自然要求行为人认识到其生产、销售的食品存在有毒、有害的安全隐患。较之于一般人，食品安全的生产、销售者更为熟悉其所生产、销售

① 参见张明楷:《刑法学》(第 5 版),法律出版社 2016 年版,第 556 页。

的食品的来源、制作方法，对食品可能发生的结果有一定的认知。但是人的认知水平各异，以什么标准作为判断方法，有不同观点。一般认为，应以一定时期普通人的一般认识水平为基础，而不应以有特殊技能、专门知识人的认识水平为依据，再结合行为人的个人具体情况进行判断。从社会一般人的角度及社会常识来看，行为人所生产、销售的食品存在安全隐患，对刑法保护的法益构成威胁，就可以认定行为人具备明知要件。客观上，行为人对法益可能引起的损害难以有明确具体的认知，一般只有概括的认知，不应该要求行为人对可能引起的损害有确切的预见。行为人对法益可能受损程度的认识，对刑事责任的确定也很重要。行为人究竟是认识到其生产、销售有毒、有害食品或不安全食品造成危险的必然性，还是造成危险的可能性，是区分直接故意还是间接故意的标准。危害食品安全犯罪是故意犯罪，直接故意和间接故意的罪过形式均可构成犯罪。但两种罪过形式下，行为人犯罪的主观恶性大小不同，从而影响刑事责任的轻重，明知危险结果必然发生的主观恶性显然大于明知危险结果可能发生。对于明知程度的判断，要结合行为人的个人知识水平、从业经历、客观条件、在案件中的地位及一般人的认识能力合理地推定，定罪量刑坚持主客观相统一的原则。

三、境外刑法规制的严格责任

随着风险刑法理论影响的扩大，境外刑事立法对严格责任的适用越来越多见，在危害食品安全犯罪中适用严格责任制度是境外危害食品安全犯罪立法的突出特点。这一制度最早出现在英美刑法中，美国对食品安全类犯罪，不考虑行为人的主观罪过形式，只要行为人存在经营危害食品安全犯罪的行为就要负刑事责任，以行为犯的模式适用刑法。有学者认为严格责任是英美国家危害食品安全犯罪普遍遵循的责任原则。① 在刑法规制上，故意或过失的规定是作为量刑时的加重情节。如美国《联邦食品药品化妆品法》第三章集中对禁止的行为进行规定，对危害食品安全犯罪的成立，只规定了行为的客观形式，没有规定故意或过失形态。这些行为方式包括，“引入或者运输作为州际贸易的、被人为改变或者使用错误商标的食品”，“接收作为州际贸易的、被人为改变或者使用错误商标的食品”，以及在经营食品过程中毁损、涂删改食品的标签或者假冒商标的行为等。根据该法的规定，违反该法，行为人有上述列举的行为的，适用刑罚时，可以判处 1 年以下有期徒刑，或者 1000 美元以下的罚金，或者两罚并施；若行为人有列举的犯罪行为被判处后，再有违反行为的，或者带有欺诈或误导的目的故意有违反所列举行为的，判处 3 年以下有期徒刑，或者 10,000 美元以下的罚金，或者两罚并施。这里的故意适用从重处罚情节，其严重程度相当于第二次实施违法犯罪行为。

从美国对食品安全的刑法规制分析，严格责任是其应对食品类犯罪的重要原则，重点强调行为人对法定禁止行为的违反，适用刑法也在于评价行为人是否有违反法律规定的行为。不过，也有例外情况，在立法上规定了行为人特定的主观因素可以作为抗辩理由。如按照美国《联邦食品药品化妆品法》的规定，行为实施者有基于对某事实的合理相信，就不必承担刑事责任，这种合理相信种类是法定的：第一，行为人接收和运输、贸易食品，是在国内州与州之间发生的，能合理相信是安全食品，行为人可以作为无罪的抗辩理由，但是如果行为人拒绝向司法人员提供食品来源的

① 参见左袖阳：《中美食品安全刑事立法特征比较分析》，载《中国刑事法杂志》2012 年第 1 期。

相关人员姓名和住址，这种抗辩理由就不存立；第二，行为人对外宣传其经营的食品没有经人为改造，没有假冒商标，该行为人能保证或承诺为其提供食品的人是美国境内的、有姓名和住址的人。

英美刑法规制中的严格责任，是理论界在研究中进行的总结，严格责任主要适用于对一些公共法益、公共秩序破坏的犯罪。如“公共福利犯罪”和“道德犯罪”。美国的刑事规制是对特定犯罪的要件表述，没有规定明知或犯意之类的规定，司法判例同样未加进去这方面的表述，呈现出严格责任的规则。美国在食品安全方面的刑事立法，详细规定了与食品有关的所有环节，如食品的生产、销售、运输、进出口、接收、持有、记录、公示等。行为种类多，领域范围广，刑罚惩治的程度比我国重，美国有些作为犯罪处理的行为，在我国属于行政法规制的对象。英国在食品类犯罪中的严格责任体现在《1990 年食品安全法》中，该法前 20 条中规定了严格责任犯罪。例如，根据英国现行刑事法律，某种动物肉类，经法规明文规定禁止为人食用物，无论行为人存在过失或其他要求免责的情节，只要在客观上存在销售行为，行为人就要负刑责，法官就可以对他定罪量刑。[①] 只有一种情况可以作为辩护理由：若行为人证明自己所为是为了避免他人犯罪，并尽了最大诚意为正义所做努力，这是从法律不强人所难的原理出发的。

大陆法系国家刑法也存在严格责任的规定，如日本在涉危害食品安全犯罪刑事规制中有严格责任的规定。食品安全类犯罪被视为侵害公共法益的公害犯罪，规定《在公害法》中。检控官可以推定某食品企业是事故的制造者，只依据推定性证据即可，若垄断食品技术的被检控方提不出适当的反驳或反证，罪责就

---

① 黄昆仑、许文涛主编：《食品安全案例解析》，科学出版社 2013 年版，第 44 页。

成立。

大陆法系国家中法国、德国、意大利的刑事法律，也有严格责任制度的规定，与英美法系相似，但未出现在食品安全领域。如法国“违警过失”“环境污染责任”被学者们认为是严格责任，还有人认为法国“企业主要负责人的刑事责任”问题也属于这类。在这两种情况下，只要有行为、有事实，就推定行为人有罪过，认定有罪。意大利刑法中“超故意犯罪”的归责被认为是一种严格责任，即对于行为人超出轻罪的部分归责，认定行为人出于过错而为之的犯罪行为，不需要举证证明这部分的过错。德国、意大利刑法中规定了出版物责任编辑的严格责任，如果出版物的内容违法造成后果时，推定行为人具有犯罪的故意，可以处罚，但允许当事人提出“无过失”的反证抗辩。

四、完善刑法规制应排除严格责任

严格责任制度下，行为人构成犯罪与否，不考虑其主观罪过，这就与刑法基本理论中“主客观相一致”的原则相违背，而主客观相统一原则不只是刑法原则，它是社会政治、历史发展经验教训的总结，涉及人权保障与打击犯罪的关系，涉及社会的文明程度，不能因片面强调某一方面而轻率突破。《刑法》遵循“罪刑法定原则”，严格责任缺乏存在基础。严格责任制度是一种功利主义的表现，片面追求司法效率而违背刑法对公正的价值追求，与刑法精神不符，也与注重社会实质公平正义的法治理念不相符。在诉讼程序上，严格责任制采取“举证责任倒置”的机制，与刑事诉讼法规则不兼容。

严格责任在理论上还被称为“无过错责任”或者“无过失责任”，在此制度的适用下，法官在对行为人的行为适用刑法、定罪量刑时，无须考虑行为人的主观认识、意志态度，对于行为人主观上罪过的形式，故意、过失犯罪的主观心态内容也不必举证说明。只要能认定行为人实施了法律禁止的行为，并且这种行为对社会公共利益或公共福利造成危害或严重威胁，也即造成了严重的损害结果或者严重损害结果的危险，就可以认定为犯罪，适用刑罚。一些国家设定严格责任的价值追求是为了努力惩治一些侵犯公共利益的犯罪，这些犯罪要么给社会公共利益造成严重损害，要么有重大的潜在危险性。鉴于这类犯罪的行为人自身的特点，隐蔽性及抗拒性，法官要想举证证明行为人主观上存在罪过及罪过形式极为不便。但是这类犯罪危害公众，危险性大，要严厉打击，不应放纵，成为社会共识；否则会导致社会公共秩序的混乱，损害公共安全与公益，甚至是无法弥补的损害。在理论上，以是否给被告人抗辩权为根据，将严格责任划分为“绝对严格责任”和“相对严格责任”两类，前者是不允许被告人以主观上没有罪过等理由进行辩护，即没有抗辩权；后者允许被告人举证证明自己不具有过错，以不得已而为之的法定事由进行辩护，前述英美国家刑法所规定的就是相对严格责任。

危害食品安全犯罪涉及生产、销售两个主要环节，行为人主观上有犯罪故意才成立犯罪，立法与司法解释在这一点上历来是一致的，如最高人民法院、最高人民检察院《关于办理生产、销售伪劣商品案件应用法律若干问题的解释》，将知道或者应当知道他人实施生产、销售伪劣商品犯罪，而为其提供运输、仓储、保管、邮寄等便利条件的，以生产、销售伪劣商品犯罪的共犯论处。这种规定在一定程度上严密了刑法规定的范围，但是在食品的进出口、接收、相关生产环节的记录、缺陷食品的公示等环节，没有规定相应的犯罪。按照这一规定，生产者、销售者不知情、不构成本罪时，由于正犯的缺位，知情且提供上述帮助行为的人不能认定为片面帮助犯，只能以间接正犯处理。如果正犯主观上存在过失，可以以相关过失犯罪追究刑事责任，不过这时正犯的刑罚可比运输、仓储、保管等帮助行为人的刑罚要轻，但食品有毒有害或是不符合食品安全标准并非由这些帮助行为所致。

刑法始终贯彻罪过责任原则，有人认为，刑事规制中有些犯罪要件的规定所采用的是严格责任，例如“嫖宿幼女罪”(现已取消)、“持有型(如持有毒品、枪支弹药)犯罪”，是严格责任在刑事立法上的表现。还有人认为，严格责任已被司法实务接受，在理论及实践上已有良好的基础。笔者认为这是一种错误的认识，刑法始终贯彻主客观相统一原则，原“嫖宿幼女罪”的成立，要求行为人明知是幼女而嫖宿，对幼女身心健康的危害是有认识的；“持有(毒品)犯罪”要求行为人明知持有的是毒品等法定管制物品才能成立犯罪，行为人对行为对象在主观上明知，因而对行为可能对法益的侵害也是有预见的。

为了适应惩治危害食品安全犯罪这类有重大风险犯罪的需要，可进一步完善现有刑法规制，而不需采用严格责任制度，立法上建议适用风险刑法的要求完善刑法规制，如：第一，在生产、销售行为中增加过失犯罪类型；第二，扩大规制犯罪行为范围，可以将运输、仓储、保管、邮寄等行为归入犯罪范围，如食品的进出口显然也属于可能造成严重食物中毒或者其他严重食源性疾病的环节，针对进出口不符合食品安全标准的食品的行为，也可以以刑事立法加以规制，还可重视对召回、公示、生产等环节保持记录等行为的刑事规制，规定不履行义务的不作为犯罪；第三，增加持有型犯罪，即增加持有不符合安全标准食品罪或持有有毒、有害食品罪；等等。当然，这些完善措施均以坚持罪过责任为前提。

第六章　危害食品安全犯罪竞合之研究

“犯罪竞合也就是指数罪。在刑法理论中，通常可将数罪理论分为罪数论和并罚论两个部分。罪数论旨在解决一罪和数罪的认定标准以及对数罪是否需要并罚的问题，它属于犯罪论的范畴。”[①]无论从理论还是从司法实务的角度看，涉及危害食品安全犯罪的罪数问题均较为复杂，也一直是刑法理论及实务关注的焦点问题。食品安全类犯罪是刑法修改过程中逐步从其他罪分离出来的犯罪类型，其行为形式多样，侵害或威胁的法益层次繁多，与多种犯罪相关联，与多个刑法条文、多个罪名发生竞合关系。注重对危害食品安全犯罪类

---

① 赵国强：《澳门刑法概说（犯罪通论）》，社会科学文献出版社2012年版，第301页。

犯罪竞合的研究，实际上是对个罪定性及罪数的研究，既是完善理论的需要，也是为司法实务工作提供分析、解决问题的方法。犯罪性质、罪数是直接影响刑罚裁量的根本因素，是确定以何种罪名定罪量刑、是否适用数罪并罚的前提。对犯罪竞合进行合理的分析、判断，有助于司法实务工作者准确定罪，正确地适用刑法，避免处刑上畸轻畸重的后果，充分、适当地发挥刑罚的威慑力，实现打击犯罪和保障人权的刑法功能。

第一节　法条竞合犯之研究

在犯罪竞合中，危害食品安全犯罪的法条竞合问题比较突出。“所谓法条竞合犯，就是指一个行为同时触犯了数个法条，但数个法条之间因存在着某种特别的关系，故只能适用其中一个法条，按单纯一罪处理的情况。从法条竞合犯的概念不难发现，构成法条竞合犯必须具备两个基本特征：一是外观特征，即构成法条竞合犯外观上只能有一个犯罪行为，且该犯罪行为表面上又同时符合了数个法条规定的构成要件。二是内在特征，即构成法条竞合的数个法条之间，必须存在着某种特殊的立法上的关系；正是这种特殊的立法上的关系，才使法条竞合犯从立法的角度考察，构成立法上的一罪，并只能按单纯的一罪处理。”①危害食品安全犯罪法条竞合所涉及法条之间的关系可以分为两类，即包容关系的与交叉关系，其竞合也因此分为两类。

① 赵国强：《澳门刑法概说（犯罪通论）》，社会科学文献出版社2012年版，第307页。

一、包容关系的法条竞合

法条竞合中的包容关系,也被称为种属关系,在这种关系中,一种犯罪完全包容在另一种犯罪中,或者该种犯罪本来是另一犯罪的一部分,只因法条的特别规定,才独立为不同的罪名,二者因此表现出特殊与一般的关系。危害食品安全犯罪之间,以及与其他关联犯罪之间的包容关系比较明显。前文对危害食品安全犯罪单个犯罪及个罪之间的关系进行了分析,这里主要对法条包容关系进行研究,如生产、销售伪劣产品罪,生产、销售不合安全标准的食品罪,生产、销售有毒、有害食品罪三者之间的包容关系,以及普通渎职犯罪与食品安全渎职罪的关系。

(一)生产销售食品类犯罪包容关系的法条竞合

生产、销售伪劣产品罪,生产、销售不合安全标准的食品罪及生产、销售有毒、有害食品罪,都是刑法分则条文规定的罪名,与食品安全相关的刑事案件大多与其中的罪名相关,必须明晰三者的关系。笔者认为,三者之间存在包容关系(或种属关系),其包容关系形成的主要原因,是三罪的行为对象之间存在包容关系。不可否认,有毒、有害的食品属于不符合安全标准(《刑法修正案(八)》之前称为不符合卫生标准)的食品,而不符合安全标准的食品又属于伪劣产品,三者依次可认为是特殊对象与一般对象的关系。而且,因为三罪行为对象的特殊层次,三罪的社会危害性大小也有层级之分,有毒、有害食品造成的危害一般大于普通不符合安全标准食品的危害,不符合安全标准的食品的危害又大于普通伪劣产品造成的危害。反映在立法上,刑法因此规定了轻重不同的法定刑,从三种罪第一档法定刑来看,分别为"五年以下有期徒刑,并处罚金";"三年以下有期徒刑或者拘役,并处罚金";"二年以下有期徒刑或者拘役,并处罚金"。从最高法定刑来看,三种犯罪依次为死刑、无期徒刑。由此可见，刑法条文对法定刑的规定很明显考虑了三者的差别。

《刑法》第140条规定的生产、销售伪劣产品罪，行为人客观上实施的是在产品中掺假、掺杂、以假充真、以次充好、以不合格产品冒充合格产品的行为，这种行为的严重程度是以销售金额为标准的，即销售金额在5万元以上。该罪侵犯的法益是国家对产品质量的管理制度。该罪中的产品是指普通产品，指刑法有特殊规定的产品以外的产品。所谓特殊规定产品，是指药品、食品、医用器材、涉及人身和财产安全的电器等产品及农药、兽药、化肥、种子、化妆品等产品等。国家对产品质量的管理制度，是指国家通过法律、行政法规等规范产品生产的标准，产品出厂或销售过程中的质量监督检查内容，经营者的产品质量责任和义务、损害赔偿、法律责任等制度。生产、销售伪劣产品罪侵犯了国家对产品质量的上述管理制度，生产、销售不符合产品质量标准的伪劣产品扰乱了产品质量监督管理秩序，侵犯了广大消费者的合法权益。

该罪客观行为具有违法性，表现为生产者、销售者违反国家关于产品质量管制的法律、法规，生产、销售伪劣产品的行为。前述法律、法规一般包括：《产品质量法》《标准化法》《计量法》《工业产品质量责任条例》（已失效）以及有关省、自治区、直辖市制定的关于产品质量的地方性法规、规章等。关于伪劣产品的界定标准，在上述产品质量法规中均有规定。本罪在客观方面的行为表现可具体分为以下四类：（1）掺杂、掺假。这是指行为人在产品的生产、销售过程中掺入杂物或假的物品。（2）以假充真。这是指行为人以伪造产品冒充真产品，表现为伪造或者冒用产品质量认证书及其认证标志进行生产或者销售这类产品的行为。（3）以次充好。这是指以次品、差的产品冒充正品、优质产品的行为。(4)以不合格产品冒充合格产品。这是指以不符合产品质量标准(包括国家标准、行业标准、地方标准在内)的产品假冒符合产品质量标准的产品的行为。根据法律规定的精神,上述四类行为属于选择行为,即行为人具有上述四类行为之一的就构成生产、销售伪劣产品罪。行为人如果同时具有上述两类行为或两类以上行为的,也应视为一个生产、销售伪劣产品罪,不实行数罪并罚。生产、销售伪劣产品的金额达到5万元以上是构成生产、销售伪劣产品罪的客观要求。犯罪主体是个人和单位,表现为产品的生产者和销售者两类人,其主观形式为故意,一般具有非法牟利的目的。行为人的主观故意表现为行为形式是:在生产环节,制造伪劣产品,有意为之;在销售环节,往产品中掺杂、掺假或是售卖伪劣产品,明知故犯。

生产、销售伪劣产品罪与生产、销售不符合安全标准的食品或有毒、有害食品罪的区别,主要是犯罪对象上的不同。伪劣产品是指生产、销售的是普通物品,生产、销售食品相关犯罪是刑法规定的特定物品。根据《刑法》第149条的规定,生产、销售伪劣产品罪与生产、销售不符安全标准食品罪等第141~148条规定的犯罪之间存在法条竞合关系,即第140条属于普通法,第141~148条属于特别法。在法条竞合的情况下,特别法应当优于普通法适用,这是处理特别法与普通法关系的基本原则,也是《刑法》第149条第1款规定之基本精神。同时,第140条规定的犯罪并不完全排除第141~148条规定的生产销售对象,如果行为人的行为不构成各该条犯罪,销售金额在5万元以上的,依第140条定罪处罚。但第149条第2款同时又规定,生产、销售本节第141~148条所列产品,构成各该条规定的犯罪,同时又构成本节第140条规定的犯罪的,依照处刑较重的规定定罪处罚。这一规定体现了择重而处的精神，应属特别法优于普通法适用原则的例外规定。

以林某群、何某平等销售有害食品案①（刑事审判参考案例第94号）为例。江西省赣州市中级人民法院经公开审理查明，1998年12月，被告人林某群、林某坤连续几次将其从我国香港地区进口的工业用猪油（每吨买价1400港元，其中部分被有机锡污染）冒充食用猪油，以每吨7600元人民币批发给江西省定南县的食油经销商被告人何某平。何某平加价后再批发给被告人黄某香、吴某池、罗某华、黄某海等人销售。同年12月16日之后，定南县龙塘、月子、老城等乡镇和龙南县的文龙镇等地不断出现当地居民食用猪油后中毒现象。林某群等人的行为造成1002人中毒，其中，3人死亡，57人重度中毒，并给相关受害人造成重大经济损失。

江西省赣州市人民检察院以被告人林某群、林某坤犯以危险方法危害公共安全罪，被告人何某平、黄某香、黄某海、吴某池、罗某华犯销售不符合卫生标准的食品罪，向赣州市中级人民法院提起公诉。

赣州市中级人民法院认为，被告人林某群多年从事猪油产品经营活动，明知工业用猪油是一种工业原料而非食用猪油，被人食用后会危害人体健康，却为了牟取暴利，将大量工业用猪油冒充食用猪油批发给何某平等人销售，致1002人中毒，其中，3人死亡，57人重度中毒，其行为触犯了《刑法》第144条之规定，构成销售有害食品罪。被告人林某坤明知林某群销售的是不能食

---

① 中华人民共和国最高人民法院刑事审判第一、二、三、四、五庭：《林烈群、何华平等销售有害食品案［第94号］——以工业用猪油冒充食用猪油予以销售致人死亡的行为如何定性》，载《中国刑事审判指导案例（破坏社会主义市场经济秩序罪）》，法律出版社2009年版。

用的猪油，并明知被告人何某平等人到林某群处购买猪油是为了再销售给人食用，而仍然帮助林某群批发销售，其行为触犯了《刑法》第144条之规定，构成销售有害食品罪。两被告人在主观上有共同的故意，在客观上互相配合，是共同犯罪。其中，林某群积极组织实施，起了主要作用，系主犯，情节特别恶劣，后果极其严重，应依法严惩。法院考虑到林某群主观上不明知其经营的猪油已被包装桶上的有机锡污染，其行为的违法性质是以工业猪油冒充食用猪油出售，案发后能够投案，并有一定的悔罪表现，对其可酌情从轻处罚。林某坤在共同犯罪中起了次要和辅助作用，是从犯，可对其减轻处罚。被告人何某平、黄某香、吴某池、罗某华、黄某海销售没有食品卫生检验合格证的猪油，造成严重后果，其行为均已触犯《刑法》第143条之规定，构成销售不符合卫生标准的食品罪。何某平直接从林某群处购销猪油，对本案的发生及后果应承担主要刑事责任。黄某香、吴某池、罗某华、黄某海从何某平处购进猪油，并主要用于零售，其主观罪过及危害结果均明显轻于何某平，对该4名被告人可减轻处罚。被告人的犯罪行为所造成受害人的经济损失，按刑事附带民事诉讼程序，各被告人均应承担相应的民事责任。各被告人承担的赔偿金额应根据其在本案中的责任、作用及赔偿能力等情况予以判处。赣州市中级人民法院依照《刑法》有关规定，于2001年1月19日作出判决：(1)被告人林某群犯销售有害食品罪，判处死刑，缓期2年执行，剥夺政治权利终身，并处罚金50万元。(2)被告人林某坤犯销售有害食品罪，判处有期徒刑3年，缓刑4年，并处罚金6万元。(3)被告人何某平犯销售不符合卫生标准的食品罪，判处有期徒刑15年，剥夺政治权利5年，并处罚金5万元。(4)被告人黄某香犯销售不符合卫生标准的食品罪，判处有期徒刑2年6个月，并处罚金3000元。(5)被告人吴某池犯销售不符合卫生标准的食品罪,判处有期徒刑2年6个月,并处罚金3000元。(6)被告人罗某华犯销售不符合卫生标准的食品罪,判处有期徒刑2年,并处罚金8000元。(7)被告人黄某海犯销售不符合卫生标准的食品罪,判处有期徒刑2年,并处罚金1万元。宣判后,各被告人均未上诉,检察机关亦未抗诉。赣州市中级人民法院依法将此案报请江西省高级人民法院核准。

本案涉及的问题是定性问题:第一,本案属于危害公共安全犯罪还是危害食品安全犯罪;第二,生产、销售有毒、有害食品罪与生产、销售不符合卫生标准食品罪的区别。

对定性问题存在三种不同意见。第一种意见认为,被告人林某群、林某坤明知工业用猪油被人食用后有害身体健康,却将之当作食用猪油销售,其行为构成以危险方法危害公共安全罪,而非构成销售有害食品罪。理由是,两被告人明知工业用猪油被当作食用猪油销售给消费者,食用后必定危害广大消费者的身体健康,仍采取放任的态度,结果导致大量消费者中毒的严重后果。此外,销售有害食品罪的犯罪对象必须是食品,同时,主观上必须明知掺有有害的非食品原料,但是,两被告人销售的工业用猪油不是食品,在主观上对工业用猪油中被混入有机锡也不明知。何某平、黄某香、吴某池、罗某华、黄某海经营该批猪油时,不按《食品卫生法》的规定索取检验合格证,所经营的所谓"食用猪油"无品名、产地、厂名、生产日期和保质期等,属于不符合卫生标准的食品,且造成食用者死伤严重的危害后果,其行为均构成销售不符合卫生标准食品罪。

第二种意见认为,被告人林某群、林某坤明知工业用猪油被人食用后有害身体健康,却将之当作食用猪油销售,其行为构成销售有害食品罪，而不构成以危险方法危害公共安全罪。理由是，两被告人的动机是非法牟取暴利，其行为侵犯的客体主要是社会主义市场经济秩序。同时，两被告人主观上无危害公共安全的故意，客观上销售工业用猪油给人食用也难以危害公共安全。另外，此案造成特别严重危害后果的原因是销售的工业用猪油被盛装的油桶上的有机锡所污染，不能被两被告人所预见。何某平等其他被告人则构成销售不符合卫生标准的食品罪。

第三种意见认为，本案各被告人均应定销售不符合卫生标准食品罪。理由是：其一，《刑法》第 144 条规定的销售有害食品罪客观方面的要件是在生产、销售的食品中掺入有害的非食品原料，或者销售明知掺有有害的非食品原料的食品，而林某群、林某坤销售的工业用猪油中并未掺入有害的非食品原料；其二，工业用猪油被当作食用猪油食用，对人体有害，其原因主要是工业用猪油不符合食用的卫生标准；其三，食用者出现中毒死伤的严重危害后果，其直接原因不是食用工业用猪油，而是盛装工业用猪油的油桶被有机锡所污染，致使工业用猪油也被污染，造成食用人有机锡中毒。此原因不在两被告人的预见之中。

笔者认为，法院的裁判是正确的。首先，被告人林某群、林某坤的行为应以销售有害食品罪定罪处刑。生产、销售有毒、有害食品会给消费者的人身健康和生命安全造成严重危害，危害市场经济的健康发展和有效运行。在《刑法》分则第三章第一节“生产销售伪劣商品罪”中设置了多个与食品有关的罪名并规定了相应的法定刑，生产、销售伪劣产品罪，生产、销售不符合卫生标准的食品罪和生产、销售有毒、有害食品罪，这三种罪如上所述具有种属关系。生产、销售有毒、有害食品罪，是指在生产、销售的食品中掺入有毒、有害的非食品原料或者销售明知是掺有有毒、有害的非食品原料的食品的行为。本罪不仅危害广大消费者的生命、健康安全，还侵犯国家对食品卫生的管理制度。依照《中华人民共和国食品卫生法》（现修改为《食品安全法》）的规定，严禁生产、经营11类食品。从严禁的11类食品来看，立法者在设置"生产、销售不符合卫生标准的食品罪"和"生产、销售有毒、有害食品罪"两个罪名时，不是简单地将"有毒、有害的食品"视为"不符合卫生标准的食品"，而是考虑到"有毒、有害的食品"会比"不符合卫生标准的食品"给消费者造成更为严重的人身健康和生命安全的危害，因此有必要规定更高的法定刑（前者的最高法定刑为"七年以上有期徒刑或者无期徒刑"，后者的最高法定刑为"十年以上有期徒刑、无期徒刑或者死刑"）。

本案的事实说明，林某群销售的工业用猪油本身不属于食品的范畴。依照《食品卫生法》（已失效）的有关规定，严格禁止生产、经营下列食品："……（8）用非食品原料加工的，加入非食品用化学物质的或者将非食品当作食品的"。林某群为了牟取非法暴利，将工业用猪油（非食品）冒充食用猪油（食品）予以销售，显然属于《食品卫生法》中"将非食品当作食品"的行为。林某群作为以经营粮油为主的"深圳市龙岗区沙湾深安贸易部"的法人代表，多次从我国香港地区大量进口工业用猪油，无疑明知如下事实：工业用猪油的组成成分，不同于食用猪油，若工业用猪油被食用，肯定会对人体健康造成危害；销售工业用猪油应告知消费者的注意事项也不同于销售食用猪油；存储工业用猪油的容器以及产品说明的具体内容也不同于食用猪油；等等。工业用猪油与食用猪油在生产、包装、储存、销售、使用等方面都是存在差别的。尽管林某群不知最后进口的一批工业用猪油部分被残余在包装桶中的有机锡所污染，但是，其对长期经营的工业用猪油在生产、包装、存储、销售等环节可能掺入有害人体健康的物质是明知的。林某群和林某坤在主观上的此种“明知”，参照1992年12月11日“两高”发布的《关于办理盗窃案件具体应用法律的若干问题的解释》(已失效)第8条的规定，即“认定窝赃、销赃罪的‘明知’，不能仅凭被告人的口供，应当根据案件的客观事实予以分析。只要证明被告人知道或者应当知道是犯罪所得的赃物而予以窝藏或者代为销售的，就可以认定”。既然林某群和林某坤明知工业用猪油不是食用猪油，若被食用将有害人体健康，仍冒充食用猪油予以销售，同时明知工业用猪油可能会掺入有害的非食品原料，可以认定，其行为系明知销售的非食用猪油掺有有害食品原料，为牟取非法利益而放任严重危害后果的发生，已经构成销售有害食品罪。

其次，林某群、林某坤的行为不应按以危险方法危害公共安全罪处理。以危险方法危害公共安全罪，是指使用除放火、决水、爆炸、投毒以外的方法，造成不特定多数人的伤亡或者公私财产损失，危害公共安全的行为。林某群和林某坤为了牟取暴利，以低价购进工业用猪油，转手倒卖，以数倍的价格按使用猪油出售，置广大消费者的生命、健康利益于不顾，对工业用猪油被食用后将会产生有害结果完全是明知的。因此，不论是对工业用猪油本身造成的有害结果还是对由于包装桶原因造成的有害结果，林某群和林某坤均应负完全责任。林某群和林某坤销售被有机锡污染的有毒猪油并造成了特别严重的危害后果，因为两被告人是将工业用猪油当作食用猪油销售，主观上是为了追求非法利益，而不是以此种有害物投放社会危害特定或者不特定的多数人的生命健康安全，因此，林某群和林某坤不构成被指控的以危险方法危害公共安全罪。综上，在处理此类生产、销售有毒、有害食品造成严重危害后果的案件时，应着重分析行为人的主观动机并以此确定罪名。若行为人销售有毒、有害食品是为了牟利，但同时又放任严重危害后果的发生的，则应定生产、销售有毒、有害食品罪；若行为人出于各种动机，如造成当地治安混乱，人心恐慌，主观目的就是追求严重危害后果的发生的，则应定以危险方法危害公共安全罪。林某群将工业用猪油冒充食用猪油予以销售，致使上千人中毒和 3 人死亡，显然属于“致人死亡或者对人体健康造成特别严重危害的”情形。依照 1997 年《刑法》第 144 条“……致人死亡或者对人体健康造成特别严重危害的，依照本法第一百四十一条（笔者注：生产、销售假药罪）的规定处罚”的规定，林某群的行为应适用《刑法》第 141 条的第三档法定刑“十年以上有期徒刑、无期徒刑或者死刑，并处销售金额百分之五十以上二倍以下罚金或者没收财产”。因此，法院判决判处林某群“死刑，缓期二年执行，剥夺政治权利终身，罚金五十万元”是准确的。

在此需指出的是，生产、销售有毒、有害食品罪不要求特定的结果发生，因此，只要行为人实施了在生产、销售的食品中掺入有毒、有害的非食品原料的行为或者销售明知掺有有毒、有害的食品原料的食品的行为，就构成犯罪既遂。另外，生产、销售有毒、有害食品罪是选择性罪名，既包含行为方式（生产、销售）的选择，也包括犯罪对象（有毒、有害食品）的选择。在司法实践中不能简单地将此种犯罪一律定为生产、销售有毒、有害食品罪，而要根据案件的具体情况分别确定罪名，如生产有毒食品罪，销售有毒食品罪，生产、销售有毒食品罪，生产有害食品罪，销售有害食品罪，生产、销售有害食品罪，等等。

最后，生产、销售有毒、有害食品罪与生产、销售不符合卫生标准的食品罪的区别。依照《刑法》第 143 条的规定，生产、销售不符合卫生标准的食品罪,是指生产者、销售者明知生产、销售的食品不符合卫生标准而进行生产、销售,足以造成严重食物中毒或者严重食源性疾患的行为。该罪与生产、销售有毒、有害食品罪在犯罪客体要件、犯罪主体要件、犯罪主观要件方面都存在相同之处,但是两者在以下方面也有着明显的区别:(1)犯罪对象方面。前者是“不符合卫生标准的食品”(详见前述,但不能再包括“含有有毒、有害的非食品原料的食品”)。其中,“食品”,是指通过人体消化系统,可以被人体消化、吸收,能满足人体生理需求和营养需要的一切物品,既包括一般食物,也包括食物添加剂、调味品、色素、保鲜剂,还包括油脂和饮料等。后者是“有毒、有害的非食品原料”和“含有有毒、有害的非食品原料的食品”。有毒、有害的非食品原料,是指对人体具有生理危害性的,食用后会引起不良反应,损害肌体健康而不能食用的原料。例如,用工业酒精兑制白酒、用不能饮用的污水兑制酱油、用石灰水掺进牛奶中等。若掺入的是食品原料,只是因为污染、腐败变质或者过量而具有了危害性,则不能构成本罪。至于非食品原料是否有毒、有害,要经过有关机构鉴定确定。(2)犯罪结果方面。前者是具体危险犯,即需有“足以造成严重食物中毒事故或者其他严重食源性疾患”的危险结果作为构成犯罪的条件。其中,“严重食物中毒”,是指细菌性、化学性、真菌性和有毒动植物等引起的严重暴发性中毒;“严重食源性疾患”,是指以食物为感染源而导致的严重疾病,如痢疾、肝炎等。后者是抽象危险犯,不要求特定犯罪结果危险发生。(3)犯罪主观内容方面。前者在主观上对生产、销售不符合卫生标准的食品的行为持直接故意态度,但是对该行为将造成的严重后果,则既可能持放任的态度,也可能是过失的心理。后者在主观上只是对掺入、生产、销售行为有直接故意,至于对行为结果的主观态度则没有限制。

在本案中,被告人何某平等人不明知所销售的是工业用猪油,但明知是无生产日期、无生产厂家、无卫生检验合格证等不符合卫生标准的食品,仍当作食用猪油予以销售,并且其行为造成了严重危害后果。显然,何某平等被告人的行为违反了《食品卫生法》(已失效)规定的严禁生产、经营的食品:其一,未经兽医卫生检验或者检验不合格的肉类及其制品;其二,容器包装污秽不洁、严重破损或者运输工具不洁造成污染的;其三,超过保质期限的。因此,法院判决判处何华平等人犯销售不符合卫生标准的食品罪,是正确的。

案中行为人冒充食用猪油的物品是工业用猪油,属于以假充真,也触犯了生产、销售伪劣产品罪,只不过工业猪油冒充食品后,属于伪劣产品中更特殊的对象,即有毒、有害物品,就应适用更为特殊规定的法条。

(二)食品监管渎职类犯罪包容关系的法条竞合

食品监管渎职罪是从滥用职权罪、玩忽职守罪中分离出来的,专门打击食品领域渎职行为的特殊罪名。两者之间是特殊和一般的关系,也是一种种属关系,前者为后者所包容。形成这种包容关系的原因是两者的渎职行为范围是种属关系,前者行为只涉及食品领域,后者行为涉及所有领域。食品监管渎职罪是特殊罪名,滥用职权罪和玩忽职守罪是一般罪名,应当遵循特别法优先于一般法适用的原则。也就是说,食品监管人员滥用职权或者玩忽职守,导致发生重大食品安全事故或者造成其他严重后果的应当优先适用食品监管渎职罪。倘若食品监管人员滥用职权或者玩忽职守所造成的危害结果没有达到食品安全的“事故”标准,也就是说没有达到食品监管渎职罪的立案标准,则考虑普通滥用职权罪和玩忽职守罪的适用。

从法定刑来看,食品安全渎职罪的法定刑,重于一般罪滥用职权罪或玩忽职守罪的法定刑。食品安全监管渎职罪设有三个处罚等级:一是“发生重大食品安全事故或者造成其他严重后果的,处五年以下有期徒刑或者拘役”,这个量刑档次要比《刑法》第 397 条规定的滥用职权罪或者玩忽职守罪的第一个量刑档次的“处三年以下有期徒刑或者拘役”的规定更为严格,体现了立法者对食品安全监管渎职罪的从严态度;二是“造成特别严重后果的,处五年以上十年以下有期徒刑”,《刑法》第 397 条规定的滥用职权罪或者玩忽职守罪的这一量刑档次的前提条件是“情节特别严重”,法定刑为“处三年以上七年以下有期徒刑”,可见食品监管渎职罪这一量刑档的前提条件表述与滥用职权罪、玩忽职守罪的表述不同,但提高了法定刑的档次、法定刑从严;三是“徇私舞弊犯前款罪的,从重处罚”,《刑法》第 397 条规定的滥用职权罪和玩忽职守罪有徇私舞弊情节的,直接规定法定刑,即“处五年以下有期徒刑或者拘役;情节特别严重的,处五年以上十年以下有期徒刑”,从这一点来看,食品监管渎职罪有徇私舞弊情节的,从重处罚,即在法定刑内选择适用较重刑罚以体现从重精神。

(三)包容关系法条竞合的法条适用规则

法条竞合有两种适用原则,即特别法优于一般法及重法优于轻法的原则。刑法理论界对于包容性法条竞合存在两种观点,一种观点是两个原则可以并用,另一种观点是特别法优先并排斥适用一般法,重法优于轻法没有适用余地。

笔者认为,对于包容关系的法条竞合,应适用特别法优于一般法的原则,不宜采用重法优于轻法原则。因为危害食品安全犯罪相对于普通产品的生产、经营来看,本来就是刑法对特殊领域规定的犯罪,如果按照重法优于轻法的原则解决法条竞合问题,则刑法对危害食品安全犯罪的特殊规定就形同虚设。刑法将特殊问题与一般问题区别开来,通常也考虑到了特殊的各种行为危害性的大小。如果片面强调严打危害食品安全犯罪,则影响宽严相济刑事政策在危害食品安全犯罪领域的贯彻。在前述有包容(或种属)关系的三种犯罪中,适用特别法优于一般法原则符合立法精神。被包容的条文之所以被包容,因为其有特殊性,才作为特别条文规定,并有针对性地规定法定刑,理所当然地适用特别法条。如果因为采用重法优于轻法原则而适用了一般法,那么刑法规定的特别法条就失去了应有的意义。应该看到,比较前述具有包容关系的三罪的法定刑,适用重法优于轻法的结果与适用特别法优于一般法的结果大致相当。特别条文规定犯罪的法定刑偏重。但是,如果强调重法优于轻法是有害的。面对食品安全案件,第一步是应按照刑法关于危害食品安全犯罪成立的要件明确是什么罪名,是特殊犯罪还是一般犯罪,如生产、销售的是有毒、有害食品还是不符安全标准的食品,抑或伪劣产品,按照犯罪成立要件严格认定,是准确定罪量刑的前提。如果先入为主,为了达到量刑从重的目的,寻找该适用的罪名,就本末倒置了,也违背了客观公正司法的原则。

从罪刑法定原则出发,刑法将被包容的行为单独定罪,作为特殊规定,就应依法遵循,是什么罪就定什么罪,不能因为包容行为处罚较重而按包容行为定罪,因此改变被包容行为的性质。《刑法》第 140 条、第 143 条、第 144 条规定的罪名三者存在包含关系的法条竞合中,“产品”包括任何归属于产品概念的东西,有合格的或不合格的,包括有毒、有害的食品也包括伪劣产品,伪劣产品包括任何不合格的产品和不安全食品，其犯罪严重程度在刑法规制上以经营额为标准。有毒、有害食品应当属于伪劣产品，因此《刑法》第140条和《刑法》第144条两个法条之间具有包容关系，《刑法》第140条的内容包含了《刑法》第144条规定的内容，构成法条竞合。两者相对而言，第140条是一般法，第144条是特别法。《刑法》第143条中的食品安全标准，是国家有关部门制定的，包括污染物质的限量规定，食品添加剂的使用等8项标准来衡量食品的质量。根据相关规定，符合规定要求的属于合格食品，不符合规定要求的属于不符合安全标准的食品。无毒、无害是食品安全中最基本的要求，还要符合其他食品安全的标准。由此不符合安全标准的食品范围包括有毒、有害食品。《刑法》第143条生产、销售不符合安全标准的食品罪和《刑法》第144条生产、销售有毒、有害食品罪是存在包含关系的竞合。生产、销售有毒、有害食品罪的构成要件必然包含在生产销售不符合安全标准食品罪的构成要件之中。但是，在这些存在包容关系的法条竞合中，被包容的行为单独规定罪名时就不再构成其他罪，如行为人的行为构成生产、销售有毒、有害食品罪时，不再认为同时构成生产、销售伪劣产品罪，更不能以后罪处罚。这是罪刑法定原则的要求。

主张以重法优于轻法为原则的理由是刑法条文多处规定了从重罪处罚。如《刑法》第149条第2款规定生产销售《刑法》第141～148条产品，构成各该条规定犯罪，同时又构成第140条生产销售伪劣产品罪的，依照处罚较重的规定定罪处罚。笔者认为这一规定有不合理之处，如前所述，成立《刑法》第143条或第144条规定的犯罪，就不再是第140条规定的生产销售伪劣产品罪，不应改变定罪量刑。

如果以重罪优于轻罪为原则，就会导致行为人的行为构成特别规定的罪，却适用一般规定的犯罪定罪量刑，以求所谓从重打击。如孙某丰、代某明销售伪劣产品案。2008 年 9～10 月，行为人代某明（原河北省鹿源乳业公司的法定代表人）将受“三鹿奶粉事件”影响而被客户退货的奶粉藏匿。藏匿至 2010 年 5 月，代某明为掩盖奶粉超过保质期的事实，采取更换包装的方法，用新包装物将 38 吨奶粉重新包装后，销售给前来要求购买的无业人员孙某丰，成交价为 42.56 万元。孙某丰明知该批奶粉的性质，仍以成交价 62.51 万元转售。后经相关部门鉴定，该 38 吨奶粉中三聚氰胺的含量严重超标。河北省张北县、张家口市两级法院判决认为，行为人孙某丰、代某明均明知超过保质期的奶粉属禁止经营的伪劣产品，为牟取非法利益而转售，其行为触犯《刑法》第 140 条规定，均已构成销售伪劣产品罪。以销售金额为主要量刑情节，判处行为人代某明有期徒刑 7 年，并处罚金 85.12 万元；判处行为人孙某丰有期徒刑 10 年，并处罚金 125.02 万元。

对本案的定性，有两种不同的观点。一种观点认为，此案行为人的行为在犯罪性质上看，既符合《刑法》第 140 条规定的销售伪劣产品罪，也符合《刑法》第 144 条规定的销售有毒、有害食品罪，构成法条竞合，应按照“重法优于轻法的原则”处理。其根据是《刑法》第 149 条第 2 款关于法条竞合问题的规定，存在法条竞合时，以从一重罪处断。该条第 2 款的明确规定，是针对生产、销售特殊伪劣产品行为同时触犯了《刑法》第 140 条罪名和其他法条罪名时，如何正确适用法律的规定，明确采取了从一重罪处罚的原则。本案应根据行为人危害结果的轻重和社会危害性的大小判断罪名，行为人销售金额巨大，奶粉中还有法律明确禁止使用的三聚氰胺，其社会危害性大，因而法院判决正确。另一种观点认为，行为人的行为在构成要件上符合销售有毒、有害食品罪的成立条件，也构成销售伪劣产品罪，属于法条竞合，应当按照特别法优于一般法的处罚原则适用法条，应该以销售有毒、有害食品定罪处罚。

笔者赞同第二种观点。代、孙两被告人销售的是有毒、有害食品，其行为均构成销售有毒、有害食品罪，该罪尽管是销售伪劣产品罪的特殊形式，被销售伪劣产品罪所包容，但其独立出来单独成罪，不能再随意改变定性。两被告人销售的金额巨大，可视为《刑法》第144条规定的“其他严重情节”仍然可以做到罚当其罪，不需要改变定罪性质。因此，《刑法》第149条规定的从重处罚是值得商榷的。

上述三罪形成包容性法条竞合的主要因素是行为对象的包容性，行为对象的性质有时决定了罪名的性质，因此对案件行为对象的鉴别非常重要。如湖北省枣阳市王某、丘某芝网络销售有毒、有害保健食品案。2014年7月，枣阳市食品药品监管局接到市民反映，从网上购买的一种减肥胶囊，食用后出现不良症状，该产品名称为“瀚美堂左旋肉碱维生素Bt减肥胶囊（挺靓牌减肥胶囊）”。经审核、检验，该产品系王某、丘永某芝等人仿冒的保健食品，该产品含有禁用物质西布曲明和酚酞成分。该案查扣涉案保健食品11,237余盒，货值86万余元，此案以销售有毒、有害食品罪追究刑事责任。本案的对象是保健品，但当事人在其中加入了有毒、有害的成分，并予以销售，就不仅是一般不合格的伪劣产品，根据有关规定，其行为性质是生产销售有毒、有害食品罪。

但是，对保健品的定性不能一概而论，其性质要经过专门鉴定才能确定，有的保健品实际上是药品。以湖北省云梦县发生的生产经营茶多酚胶囊冒充药品案为例。2014 年 3 月 16 日，根据消费者提供的线索，云梦县食品药品监管部门对名称为“佰龄康”茶多酚胶囊产品进行现场检查，发现其属于仿冒的假保健食品，仿冒产品使用的包装未标明任何批准文号，自称具有降血压、降血糖、能治疗心脑血管疾病和糖尿病等医学成效，经权威鉴定机构认定为假药。经查证，武汉源晨生物科技有限公司受行为人曹某阳的委托，并由曹某阳出资，以武汉东西湖地区为据点，生产销售茶多酚胶囊，以茶多酚、红曲米等作为制作原料。此案查获犯罪嫌疑人 2 名，涉案的制假窝点 1 个、售假窝点 42 个，生产销售总额为 173 万元。2015 年 5 月 8 日，该县县法院根据查明的事实，判决认定行为人曹某阳犯生产、销售假药罪，判处刑罚有期徒刑 6 个月缓期 2 年执行，并处罚金 5 万元。本案所涉保健品经鉴定是药品，不是食品，行为人的行为性质是经营假药，所以应以生产、销售假药罪追究刑事责任。

二、交叉关系的法条竞合

交叉性的法条竞合关系，就是指数个刑事法条规定的犯罪构成要件在内容上发生交叉，形成部分重合的关系。重合的部分，涉及两个或两个以上罪名。与具有包容关系的法条竞合不同，形成交叉关系的原因有行为对象交叉、行为方式范围交叉、侵害的法益交叉等。与危害食品安全犯罪有交叉性法条竞合的犯罪主要有投放危险物质罪、以危险方法危害公共安全罪、非法经营罪，重大责任事故罪等。这些罪与危害食品安全犯罪不是一般与特殊的关系，因而不适用特别法优于一般法原则。由于罪与罪之间的交叉部分行为均符合所涉条文规定的犯罪，可以适用重法优于轻法原则。

(一)投放危险物质罪

投放危险物质罪是从投毒罪演变而来,投放危险物质罪的外延比原投毒罪要宽一些,指的是故意投放放射性、腐蚀性、毒害性、传染病病原体等物质,危害公共安全的行为。投放危险物质罪所侵犯的法益是国家对上述几类危险物质的法律管理秩序及不特定多数人的人身安全、公私财产安全。犯罪对象即法定的上述几类特定物质。“毒害性”物质,系指人食用后,能对人的肌体发生一定作用(化学或物理化学作用),并损害人的肌体、使人的正常功能产生障碍、产生疾病,以致使人死亡的物质。包含有毒质甚至腐蚀性的有机物或者无机物,如砒霜、氰化钾、敌敌畏、西梅脱、1059 剧毒农药、硝酸、硫酸等。该罪的投放毒害性物质的行为,与危害食品安全犯罪中的生产、销售有毒、有害食品行为有一定关联。该罪在主观方面表现为故意,既可以出于直接故意,也可以出于间接故意。所谓故意,也就是行为人明知自己投放的危险物质行为危害公共安全,有可能造成不特定的重大人身死伤或财产的大量损失,并对这种结果的发生持希望或者放任态度。行为人投毒的动机可以是图财、报复等,动机种类不同并不影响定罪。侵害的法益是公共安全,即不特定多数人的重大人身伤亡或公私财产的重大损失。因此,该罪与使用投毒方法实施的故意杀人罪、故意毁坏财物罪,在动机、目的、侵害的法益上有根本区别。危险物质的危险性是指危及人的生命、健康或牲畜、禽类、水产养殖物的正常安全。该罪是危险犯,成立犯罪并不需发生重大人身伤亡、财产损失的实际结果,只要行为人的行为足以危害公共安全,即存在重大危险即可。

生产、销售有毒、有害食品罪与投放危险物质罪犯罪的交叉之处在于:侵害的法益都危及多数人的生命健康权益,均投放或掺入有毒物质，主观上都可以有犯罪故意，均为危险犯。但它们的区别也是明显的，主要包括三个方面：(1)侵害的法益不尽相同。投放危险物质罪侵害的法益为公共安全；生产、销售有毒、有害食品罪危及的法益除不特定多数人的生命、健康权利外，还包括食品安全的监督管理秩序等。(2)犯罪行为及对象有所不同。投放危险物质除了可以在食品中投放危险物质外，也可以在其他场合投放危险物质，行为对象是危险物质，没有种类上的限制；生产、销售有毒、有害食品罪表现为在生产、经营的食品中掺入有毒、有害的非食品原料，而且行为对象只能是有毒、有害的非食品原料，也只能在生产、销售等环节。(3)主观方面有差别：生产、销售有毒、有害食品罪的行为人是为了获取非法利润，虽然行为人对掺入有毒、有害的非食品原料是明知的，但一般不追求危害结果的发生；投放危险物质罪的目的是使不特定多数人死亡或伤害，追求危害结果的发生。有学者认为生产、销售有毒、有害食品罪是“抽象的危险犯”，①投放危险物质罪“是具体的危险犯”。

不过，以上区别都不是绝对的，两种犯罪之所以出现交叉关系，主要是因为：(1)行为人在食品中掺入的有毒、有害非食品原料的毒害性可能达到“危险物质”的程度；(2)两罪的行为人对危害公共安全的危险都可存在故意态度；(3)投放危险物质罪的投放行为可能发生在食品生产、销售领域；(4)两罪侵害的法益都包括公共安全。两罪之所以不是包容(种属)关系，除上文所述诸多不同之处不具有包容性外，最重要的是两罪行为及对象(行为范围与投放的对象)不具包容性，只有交叉关系。就对象而言，并非所有危险物质均是有毒、有害非食品原料，也并非所有有毒、

① 参见张明楷：《刑法学》(第5版)，法律出版社2016年版，第653页。

有害非食品原料是危险物质。

刑法还规定了过失投放危险物质罪，过失投毒也能构成犯罪，并规定了量刑幅度，行为表现形式为因过失引起中毒事故，造成重大人身伤亡或财产损失的后果。如在销售水果的过程中，将喷有农药的水果在市场上出卖，致多人中毒；误将有毒物质当作食盐使用，致使大量人员伤亡；误将敌敌畏当作食油炒菜，导致多人中毒死亡的后果；等等，就构成过失投放危险物质罪。如果过失行为没有引起中毒的结果，或者引起的结果不危及公共安全，则不成立过失投放危险物质罪。例如，某行为人误将毒药作为感冒药给邻居服用而发生死亡结果，根据事实情况，可认定为过失致人死亡罪。只有发生危害公共安全的结果，才能构成本罪。未发生不特定对象的中毒后果，或者中毒后果未达到危及公共安全的程度，则不构成本罪。正如前文所述，应当增加过失生产、销售有毒、有害食品罪，其法定刑可以参照过失投放危险物质罪确定。

如果行为人实施具体行为的时间段选择在非生产、销售环节，则可以直接排除生产、销售有毒、有害食品罪的适用，无须再进行其他要件的判断。行为发生在食品的生产、销售阶段应当如何认定，则不可一概而论。因为无论是在生产阶段向食品中掺入有毒、有害的非食品原料，还是在销售环节掺入，或者是在其他流通环节掺入，此时区分的关键在于行为人的主观罪过形式。如果有证据可以证实行为人实施投放行为是为了获取利益，且行为人本就从事食品生产、销售行业，有较为固定的生产、销售场所等，其行为应认定为生产、销售有毒、有害食品的行为；如果行为人实施行为并不是为了获取经济利益，而是单纯为了制造可能威胁到不特定多数人的食品安全事故，以达到其报复社会等目的，则应认定为投放危险物质罪；如果行为人在客观上实施了投放行为，投放的非食品原料达到“危险物质”的危害程度，其主观故意不明，则其行为触犯两个罪名，应从一重罪处罚。

如甘肃省亚硝酸盐案件，2011年4月7日，牛奶中毒事件发生在甘肃省平凉市崆峒区，有39人中毒被送医院救治，其中多数为14岁以下儿童。最终3名婴幼儿（均不到2岁）不治死亡，最小的不到两个月，此案为亚硝酸盐特大投毒案件。[①] 4月12日，当地政府披露了案件的初查情况：吴某、马某玲夫妇因行业竞争对同行马某选产生怨恨，预谋伺机报复。4月1日前后，吴某在他人处购买了亚硝酸盐。4月5日14时许，其妻马某玲趁马某选夫妇不备，在马某选家的牛奶内投放少量亚硝酸盐，其客户食用后产生轻微中毒症状，未产生严重后果。4月6日10时许，马某玲又趁马某选夫妇不备再次向马某选家的牛奶罐中投放亚硝酸盐。起初，公众以为此次牛奶中毒事件是又一起关乎食品安全的公共事件，但当地政府公布的调查进展显示，这是一起涉嫌刑事犯罪的投毒案件。吴某和马某玲因触犯《刑法》第115条，涉嫌投放危险物质罪，已被依法刑事追究。亚硝酸盐是一种针对特定食品的添加剂，加入后，可使一些肉制品的颜色变得更好看，但是，经专家说明，亚硝酸盐食入0.3～0.5克就会引起中毒，中毒表现为头痛、头晕、嘴唇发紫、身体抽搐。日常生活中的腌制品、发酵的食物、咸鱼、腊肉、熏肉、酸菜等中均会存在一定量的亚硝酸盐，但牛奶中是禁止添加亚硝酸盐的。误食过量的后果通常是造成心肌受到创伤，心脏呼吸衰竭，形成心肌炎。长期食用亚硝酸盐经常引起各种癌症，如食管癌、胃癌、肝癌和大肠癌等。

---

① 参见《甘肃平凉牛奶中毒事件，确认为特大投毒案》，载中央人民政府网，https://www.gov.cn/jrzg/2011-04/10/content_1841169.htm。

在这起案件中，亚硝酸盐无疑是非食品原料，投入牛奶中属于向食品中掺入有毒、有害物质，而且发生在生产、销售环节，形式上构成生产、销售有毒、有害食品罪，但是本案的实质投毒者非生产经营者本人，而是别有用心的吴某夫妇，其目的是排挤竞争对手、发泄不满，主观上追求发生食品安全事故，因而其行为性质应认定为投毒，定投放危险物质罪。

(二)以危险方法危害公共安全罪

以危险方法危害公共安全罪是一个概括性罪名，是故意以放火、决水、爆炸以及投放危险物质以外的并与之相当的危险方法，足以危害公共安全的行为。该罪侵犯的法益是公共安全，主观表现为故意。之所以规定这样一个概括性罪名，是因为犯罪是一种复杂的社会现象，同一类型的犯罪，同是以危险方法危害公共安全的犯罪，其具体的犯罪方式也多种多样。在社会政治、经济、文化的不断发展中，犯罪者会变换新的犯罪方法，出现新的犯罪形式。法律不可能把所有该类犯罪的危险方法一一列举出来。刑法在明确列举放火、决水、爆炸以及投放危险物质 4 种常见的危险方法的同时，对其他不常见的危险方法作一概括性的规定，这样不致放纵犯罪。

以危险方法危害公共安全罪与生产、销售有毒、有害食品罪在犯罪行为方式上存在交叉关系。笔者认为两者的关系不是一般与特殊的关系，不能根据特别法优于普通法的原则适用刑法，而应以重罪优于轻法的原则适用刑法。两罪相同之处是均对不特定多数人的生命、健康、财产造成损害危险，在法益损害方面均危及公共安全，在主观罪过方面均为故意。两罪在刑法条文上的交叉竞合关系表现在：当行为人生产、销售有毒、有害食品的危害达到放火、决水、爆炸以及投放危险物质的危害程度时，也同时触犯以危险方法危害公共安全罪名,但并不是所有危险方法都表现为生产、销售有毒、有害食品这一行为形式,危险方法还有其他多种形式;也并不是所有生产、销售有毒、有害食品罪的行为方式都属于以危险方法危害公共安全的行为,因为有些行为未达到相当程度。《刑法》第144条规定犯罪物质必须是在食品中掺入有毒、有害的非食品原料,且行为发生在生产、销售食品的环节中。以其他危险方法危害公共安全罪则无此限制,具体包括除放火、决水、爆炸以及投放危险物质以外并与之相当的危害公共安全的行为。例如,“三鹿奶粉”案件的主犯明知三聚氰胺是化工产品,不能食用,一旦食用必然会危害人体健康和生命安全,仍以三聚氰胺和麦芽糊精为原料,研制出三聚氰胺的混合物(“蛋白粉”)。此行为的本质是直接生产、销售有毒、有害的非食品原料,不属于《食品安全法》所规定的食品或食品原料,且没有在食品中掺入、投放的过程,因而不能认定为生产、销售有毒、有害食品罪。该行为实际上符合以危险方法危害公共安全罪。

因此,两罪的主要区别在于具体行为方式及对象的差异,表现在两个方面:一是添加的物质是食品或食品原料,还是有毒、有害的非食品原料;二是是否在生产、销售过程中存在掺入、添加行为。两罪的主观罪过内容也有所不同,生产、销售有毒、有害食品罪的故意内容一般不包括对后果的积极追求、希望态度,多为放任态度;以危险方法危害公共安全罪的主观故意中包括对危害结果抱希望、追求的态度。所以,如果行为人在生产、销售的食品中掺入有毒、有害的非食品原料,且这种原料的危险性达到相当程度,目的在于对不特定多数人的生命健康造成危害,就涉嫌构成投放危险物质罪或故意以危险方法危害公共安全罪。不过,从立法精神出发,以危险方法危害公共安全罪的范围不宜不适当地扩大，该罪应当慎用，成立其他具体犯罪时尽可能定具体犯罪。因为刑法规定的行为是相当于放火、决水、爆炸、投放危险物质等行为的危害程度，否则就违背了刑法的本意。如果行为的对象是毒害性危险物质，则应以投放危险物质罪定罪处罚。

刑法规定了过失以危险方法危害公共安全罪，且该罪是行为犯，具体危险犯。《刑法》第 144 条规定的食品类犯罪是行为犯，抽象危险犯，也应规定过失犯罪。

（三）非法经营罪

危害食品安全犯罪行为中，部分表现为违反工商管理法规，破坏市场秩序的非法经营活动，因而触犯非法经营罪的罪名。根据《刑法》第 225 条的规定，非法经营罪是指未经许可经营法律、行政法规规定的专营、专卖物品或其他限制买卖的物品，买卖进出口许可证、进出口原产地证明以及其他法律、行政法规规定的经营许可证或者批准文件，未经国家有关主管部门批准非法经营证券、期货、保险业务的，或者非法从事资金支付结算业务，以及从事其他严重扰乱市场秩序的行为。非法经营罪的刑事违法性与其行政违法性是一致的，构成非法经营罪，非法经营者必然违反有关的工商法规，没有行政违法性就不存在刑事违法性，考察某一经营行为是否违反国家规定，对国家政策要作准确理解。行为人主观上是出于故意，是明知非法而为之。在犯罪情节上要求情节严重的才构成犯罪，认定情节是否严重，以非法经营额或所得额为起点，并且要结合行为人是否实施了非法经营行为，是否给国家造成重大损失或者引起其他严重后果，是否经行政处罚后仍不悔改等方面进行综合判断。

在食品生产、经营领域，食品生产、经营者应当取得食品生产、经营许可证才能开展生产经营活动，经管理机关许可，才能生产食品添加剂、食品相关产品，行为人依法取得食品生产、流通或者服务许可证，才能从事食品相关活动，违反这些规定，情节严重，构成犯罪的，则按非法经营罪论处。行政法规是食品经营活动的直接依据，如《食品安全法》第35条规定，食品生产经营实行许可制度，适用的范围包括食品生产、餐饮服务、食品销售。例外是销售食用农产品不用许可。第39条对食品添加剂作了专门规定，对食品添加剂生产、经营实行许可制度，规定了从事食品添加剂生产，应当具备的条件，即应当具有与品种相适应的场所、生产设备或设施、专业技术人员或管理制度。《食品安全法》还规定了生产、流通、出售许可之间的关系，食品生产者取得许可后，可以在其生产场所销售其生产的食品，餐饮服务提供者在取得许可后可以在其餐饮服务场所出售制作加工的食品，农民不需要取得食品流通的许可，可以销售其自产的食用农产品。加工小作坊和食品摊贩的食品经营活动应符合相关要求，保障无毒、无害。《食品安全法》的规定是判断生产、经营食品行为违法与否的重要依据。

非法经营罪与危害食品安全犯罪的主要不同点在于：（1）两者的行为方式和范围不同，前者的行为表现为违反国家禁止性、限制性经营管理规定，非法经营涉及的范围不限，后者只限食品领域；（2）两罪侵害的法益重点不同，前者重在对市场秩序的损害，后者重在对不特定人的生命、健康的损害。两罪交叉重合之处，表现在：（1）部分非法经营的犯罪对象为不符合安全标准的食品或有毒、有害食品，部分生产销售类危害食品安全犯罪严重违反工商管理规定，违反生产经营许可的规定，触犯非法经营罪名；（2）两罪侵害的法益重点不同，但均可危害公众健康，有共同之处。在出现交叉型竞合的情形下，应择一重罪定罪处罚。

如被告人陈某顺等非法经营“病死猪”肉案。2010年11月起，被告人陈某梅收购病死猪后，将死猪肉销售给被告人陈某顺，成交额30万余元，陈某梅违法所得12万元。陈某梅的操作方法是以每月2000元工资雇佣被告人张某，由张某把病死猪运到陈某顺的猪场，被告人林某霞负责屠宰。陈某顺购得病死猪肉后转售，成交额达50万余元，陈某顺违法所得20万元。其方法是以每人2000～2500元工资雇被告人李某、陈某辉工作。购买者中，被告人周某、吴某夫妻两人从陈某顺处购买病死猪肉制成香肠销售，成交额7万余元，违法所得为1.5万余元；被告人周某成购买3万余元的病死猪肉转售；被告人孙某然购买病死猪排骨转售，成交额7000余元，违法所得1000元。2011年7月25日，案件侦破，从陈某顺处查获未售出的病死猪肉2030千克。经权威机构鉴定，该案病死猪肉中含有猪繁殖及呼吸综合征病毒和猪圆环病毒2型，“挥发性盐基氮”超标。①

法院裁判认为，本案中被告保陈某顺、陈某梅、林某霞、李某、陈某辉、张某、周某成、孙某然等生产、销售的是国家禁止经营的病死猪肉，尽管分工不同，各人参加的数额大小不同，均有犯罪故意，各被告人的行为均已构成生产、销售伪劣产品罪，生产、销售不符合安全标准的食品罪，非法经营罪，应择一重罪处断。判决被告人陈某顺犯生产、销售伪劣产品罪（判处有期徒刑12年，并处罚金人民币100万元）；被告人陈某梅犯非法经营罪（判处有期徒刑10年，并处罚金人民币30万元）；被告人林某霞犯非法经营罪（判处有期徒刑9年，并处罚金人民币26万元）；其他被告人

① 参见陈某顺等生产、销售伪劣产品，非法经营，生产、销售，载《最高人民法院公报》2013年第10期。

分别以三罪中的一罪判处有期徒刑,并处罚金。

本案中,被告人陈某顺、陈某梅等人生产销售带有严重病毒的病死猪肉,违反了工商管理制度,行为对象是伪劣产品,也是不安全食品。本案被告人的行为触犯生产、销售伪劣产品罪,生产、销售不符合安全标准的食品罪,非法经营罪三个罪名。笔者认为,由于生产销售伪劣商品罪与生产、销售不符合安全标准的食品罪是包容性法条竞合关系,适用特别法优于一般法原则,两罪相比较,应选择适用生产、销售不符合安全标准的食品罪。所以本案应在生产、销售不符合安全标准的食品罪与非法经营罪之间,根据各行为人具体犯罪情节,以重罪优于轻罪原则,从一重罪处罚。

(四)重大责任事故罪

根据《刑法》第134条第1款的规定,重大责任事故罪,是指在生产、作业中违反有关安全管理的规定,因而发生重大伤亡事故或者造成其他严重后果的行为。重大责任事故罪是常见多发的一种犯罪行为,不仅危及人民群众的生命安全,也造成了国家和群众财产的重大损失,严重地阻碍了企事业单位的正常经营和发展,直接危害社会的稳定。

重大责任事故罪属于业务过失类犯罪,是业务上过失致人死伤或发生其他严重后果的犯罪(指从事业务的人员,违反业务上的注意义务,造成他人死伤等后果的行为)。该罪的主体,要求是从事容易引起死伤结果的业务人员,即该罪中的"业务"要求有侵害他人生命、身体的可能性,这也是区别于其他"业务"(如侵占类)身份的标志。重大责任事故罪所侵犯的法益是生产安全,是公共安全的重要组成部分。危害生产安全,同样表现为能够使不特定的多数人的生命,健康或者公私财产遭受重大的损害,其特点是这些损害发生在生产、作业过程中。有人认为,重大责任事故罪应当是一种身份犯,但此处的身份并不仅限于合法取得之身份,其关键在于行为人是否在从事生产、作业活动,并违反有关安全规定造成损害后果。

（五）食品监管失职罪

食品监管失职罪,是指负有食品安全监督管理职责的国家机关工作人员,滥用职权或者玩忽职守,导致发生重大食品安全事故或者造成其他严重后果的行为。重大责任事故罪与食品安全监管渎职罪的相同之处在于:两罪行为人主观上均为过失,行为均发生在生产经营之中,均发生重大事故的损害后果,行为人均有违反职责的事实。但两罪的区别也十分明显:第一,重大责任事故罪可以发生在安全生产的众多领域,但食品安全渎职罪只发生于食品生产经营领域;第二,从行为主体看,食品安全监管渎职罪的行为主体是负有食品监管职责的国家工作人员,重大责任事故罪的行为主体是与安全作业有关的业务人员,违背了业务上的义务;第三,从侵害的法益看,重大责任事故罪侵害的是公共安全,不限领域,食品安全渎职罪也危害公共安全,但限于因食品问题发生的致公众生命、健康及财产权益受损,限于食品安全领域。

从上述比较可以看出,两种犯罪是一种交叉关系,重合的部分在于:两罪的主体都可以是食品生产企业的主管部门的工作人员;客观上都可以是违反安全管理规定的行为,甚至包括滥用职权、玩忽职守的行为;侵害的法益均可以是因食品事故造成他人生命、健康重大危害。但在交叉部分之外,两罪又有区别。如重大责任事故罪的主体范围大于食品安全监管渎职罪,不限于主管部门人员,食品安全渎职罪的行为范围不限于生产环节,还包括销售等经营环节。所以不能认为两罪是一种特殊与一般的关系,两罪也不是种属关系或包容关系，只能认为是交叉法条竞合关系。发生竞合关系时，应适用从一重处断的原则。

（六）其他渎职犯罪

在刑法分则中，食品监管渎职罪与商检徇私舞弊罪、商检失职罪、动植物检疫徇私舞弊罪、动植物检疫失职罪、传染病防治失职罪等分别为不同罪名，在犯罪成立要素上存在一定差异，但都归属于国家工作人员渎职类犯罪，在侵害的法益、主体要件及行为特征上有较多相同或相近之处。而且，商检部门、动植物检疫部门、从事传染病防治的政府卫生行政部门也是食品监管体制中的监管部门，其在业务范围内具有食品监管职权和负有食品监管职责。食品监管部门的范围包括这些部门，但不限于这些部门，还有工商、食监等部门，在这些部门检验检疫及防治的实物对象中，食品只是其中一部分。因此，两类犯罪之间存在交叉关系，不是包容关系。商检部门、动植物检疫部门、从事传染病防治的政府卫生行政部门的人员在工作中，对相关食品履行职责时，滥用职权或者玩忽职守，导致发生重大食品安全事故或者其他严重后果，其行为同时触犯食品监管渎职罪与商检徇私舞弊罪、商检失职罪、动植物检疫徇私舞弊罪、动植物检疫失职罪、传染病防治失职罪等，就应按从一重罪的原则适用刑法条文。

第二节　想象竞合犯之研究

“想象竞合犯就是指一行为触犯了数罪名的数罪情况。在数罪分类上，由一个行为构成的数罪因只有一个行为，故理论上将此类数罪称为形式上的数罪。构成想象竞合犯的数罪中，以数罪名是否属相同罪名为标准,可将想象竞合犯分为异种数罪的想象竞合犯和同种数罪的想象竞合犯:一行为触犯了不同罪名的想象竞合犯叫异种数罪的想象竞合犯。"[①]对异种数罪想象竞合犯的处断,刑法理论界的通说认为应当按照"从一重处断"的原则处理,不实行数罪并罚。《日本刑法》第54条对想象竞合犯明确规定:"一个行为同时触犯两个以上罪的……按其最重的刑罚处罚。"刑法中没有明文规定想象竞合犯,但理论上及实务中均接受这一概念。一般认为,想象竞合犯[②]"只能是一个行为触犯数个罪名,如果是数个行为触犯数个罪名,则是实际的数罪;如果作为手段的行为或结果的行为分别触犯不同的罪名,则构成牵连犯,均非想象竞合犯"。在危害食品安全犯罪中,一个行为触犯多个罪名的情形较多,如前文所述法条竞合的情况多属此类,且《刑法》条文有明确规定,如何区别想象竞合犯与法条竞合呢?由于一个行为触犯同种数罪,如行为人一枪打死多人,按一罪定罪处罚,后果作为量刑情节考虑,对此在实务中不存异议,所以研究的意义不大。这里重点研究异种数罪想象竞合犯问题。

异种数罪想象竞合犯与法条竞合有相似之处,两者都可以是一个行为,都触犯两个或两个以上罪名及法条,在定罪量刑上都按一罪论断,所以在理论及实务上经常混淆。此外,对于一些犯罪所侵害的法益存在认识上的分歧,也为两者的区分增加了难度。在理论上,通常从以下四个方面进行区分。第一,"法条竞合

---

① 赵国强:《澳门刑法概说(犯罪通论)》,社会科学文献出版社2012年版,第313~314页。

② 高铭暄、马克昌主编:《刑法学》,北京大学出版社、高等教育出版社2000年版,第203页。

的一个行为，只是出于一个罪过，并且是产生一个结果；想象竞合犯的一个行为往往是数个罪过，数个结果”。[①] 第二，“一般认为，法条竞合时，不管现实案情如何，两个条文具有竞合关系，或者说是否具有竞合关系，并不取决于案件事实，而是取决于法条之间是否存在包容与交叉关系；想象竞合则取决于案件事实，亦即，现实行为触犯了两个不同的法条，不同的法条之间不一定具有包容与交叉关系”。[②] 第三，“对包容性的法条竞合犯来说，数法条之间所存在的一般法条和特别法条的包容关系，通常比较容易识别，理论上也不会与一行为触犯不同罪名的异种数罪的想象竞合犯混淆。……要正确区分法条竞合犯的交叉竞合关系和想象竞合犯的交叉竞合关系，关键在于把握单一行为所侵害的法益是否具有同一性，因为交叉关系的法条竞合犯，其本质在于立法者通过制定不同的法律规范来保护同种法益。因此，在数法条发生交叉竞合的情况下，只要单一行为侵害的法益不发生变化，也就是单一行为侵害的法益具有同一性，由此形成的数法条之间的交叉竞合关系就是法条竞合犯的交叉竞合关系；反之，如果单一行为侵害的法益发生了变化，也就是单一行为侵害了不同的法益，那么，由此形成的数法条之间的交叉竞合关系就是想象竞合犯的交叉竞合关系”[③]。第四，“法条竞合，在竞合的数法规中，仅仅一法规可以适用其行为，其法律适用问题，依照特别法优于普通法等原则来解决；想象竞合的数法规均可以适用其行为，其法律适用

---

① 高铭暄、马克昌主编：《刑法学》，北京大学出版社、高等教育出版社 2000 年版，第 205 页。

② 张明楷：《刑法学》（第 5 版），法律出版社 2016 年版，第 435 页。

③ 赵国强：《澳门刑法概说（犯罪通论）》，社会科学文献出版社 2012 年版，第 315 页。

问题,依照从一重处断的原则来解决[①]”。

笔者认为以上几种观点中,第四种观点从法益的角度区分异种数罪想象竞合犯与法条竞合较为合理。第一观点从罪过与结果的个数进行区分,无法从实质上将两者区别开来。因为法条竞合中,也会有多个结果。如田某伟、谭某琼生产、销售不符合安全标准的食品案[②](最高人民法院第 1025 号指导案例,以下简称 1025 号案例)。贵州省遵义市红花岗区人民法院依法审理查明,被告人田某伟系摆设流动烧烤摊的小贩,他经常在被告人谭某琼开设的调味品店内购买调味品。2014 年 9 月,田某伟在谭某琼店内购买调味品时,谭某琼向其推荐了亚硝酸钠,称此调料可以增色,并建议田某伟在烧烤中使用此调料,田某伟遂从谭某琼处购买了一包亚硝酸钠。2014 年 10 月 4 日,田某伟在腌制烧烤备用的鸡腿时将购得的亚硝酸钠取出部分用水稀释后加入腌制的鸡腿中,并于次日将腌制过的鸡腿进行烧烤后出售。被害人马某涵等 8 人食用后,先后出现中毒症状并被送往医院救治。马某涵经遵义医学院附属医院抢救无效,于 2014 年 10 月 31 日死亡。经法医学鉴定,马某涵系亚硝酸盐中毒致多器官损害死亡。经贵州省疾病预防控制中心检验,田某伟自行腌制并烤制的鸡腿中,亚硝酸盐含量达 85.2 毫克/千克。经相关医院确诊,马某涵等 8 名食用人均为亚硝酸盐中毒。案发后,田某伟、谭某琼的亲属赔偿了马某涵亲属的经济损失,马某涵的亲属对谭某琼表示谅解,

---

① 高铭暄、马克昌主编:《刑法学》,北京大学出版社、高等教育出版社 2000 年版,第 205 页。

② 中华人民共和国最高人民法院刑事审判第一、二、三、四、五庭:《田井伟、谭亚琼生产、销售不符合安全标准的食品案》,载《刑事审判参考(总第 111 集)》,法律出版社 2018 年版。

并请求法院对其从轻处罚。本案在审理过程中，对被告人田某伟的行为如何定性处罚，存在两种意见。一种意见以公诉机关的起诉意见为代表，认为卫生部、国家食品药品监督管理局在2012年5月28日下发了2012年第10号公告，明令禁止餐饮服务单位采购、贮存、使用食品添加剂亚硝酸盐（亚硝酸钠、亚硝酸钾），故田某伟在生产、销售的食品中添加亚硝酸钠的行为应构成生产、销售有毒、有害食品罪。另一种意见即判决意见认为，田某伟违反国家食品安全管理法律法规，违反食品安全标准，超限量滥用食品添加剂亚硝酸钠的行为构成生产、销售不符合安全标准的食品罪。法院经审理认为，被告人田某伟违反国家食品安全管理法规，违反食品安全标准，超限量滥用食品添加剂亚硝酸钠，造成一人死亡、多人中毒的严重后果，其行为构成生产、销售不符合安全标准的食品罪；被告人谭某琼明知田某伟生产、销售不符合安全标准的食品而向其推荐和提供食品添加剂亚硝酸钠，与田某伟构成生产、销售不符合安全标准的食品罪的共犯。在共同犯罪中，田某伟购买亚硝酸钠后超限量添加到腌制的鸡腿中，经烧烤后向市民出售，致被害人马某涵食用后经医治无效死亡及多人食用后中毒的特别严重后果，系本案主犯；谭某琼向田某伟推荐并销售明令在餐饮行业禁止使用的食品添加剂亚硝酸钠，在共同犯罪中起辅助作用，系本案从犯。田某伟到案后如实供述犯罪事实，并自愿认罪，案发后其亲属已向被害人亲属支付了赔偿款，量刑时依法对其从轻处罚。谭某琼案发后能主动到案，并如实供述犯罪事实，系自首，结合其系本案从犯，其亲属已对被害人亲属进行了赔偿，被害人亲属已对其表示谅解的事实，对其适用缓刑没有再犯罪的危险，对其所居住的社区也没有重大不良影响，量刑时依法对其减轻处罚并适用缓刑。判决：被告人田某伟犯生产、销售不符合安全标准的食品罪，判处有期徒刑8年，并处罚金1万元；被告人谭某琼犯生产、销售不符合安全标准的食品罪，判处有期徒刑3年，缓刑3年，并处罚金5000元；禁止被告人谭某琼在缓刑考验期间从事食品添加剂的经营活动。

在此案例中，被告人田某伟在出售的烧烤鸡腿中超量加入亚硝酸钠，被告人谭某琼明知他人违规烧烤鸡腿而出售亚硝酸钠，两人都只有一个行为，产生的结果从侵害的法益上看，有致人死亡，侵害他人生命权的结果，有侵害他人健康权致人伤害的结果，有破坏市场秩序的结果，有危及不特定公众安全的结果。两人的行为涉及的法条规定的罪名有生产销售伪劣产品罪、生产销售不符合安全标准食品罪及生产销售有毒、有害食品罪，三罪之间是包容关系的法条竞合。可见，法条竞合的犯罪，并不一定是一个罪过一个结果。诸如生产销售不符合安全标准食品罪、生产销售有毒、有害食品罪，在侵犯的法益是多种法益（复杂客体）的情况下，以结果及罪过的个数作为区分标准是不合理的。第一种观点的本意是想说明法条竞合的犯罪侵害的结果是有关系的（包容或交叉），表述成了一个结果，想象竞合的数罪侵害的法益是无包容或交叉关系的，表述成为两个以上多个结果。第二种观点具有相当的合理性，但词义模糊，仍未将两者完全区别开来。认为法条竞合并不取决于案件事实，而是取决于法条之间是否存在包容与交叉关系。对这一观点笔者赞同，因为想象竞合不存在包容与交叉关系，这是关键区别所在。但第二种观点表述为想象竞合的法条之间“不一定”具有包容与交叉关系，这里的“不一定”只能理解为部分有或部分没有，还是没有明确两者的区别。第三种观点从法益的角度阐明两者的区别，法条竞合的法条之间包容或交叉，尽管表现为行为方式、行为对象或某一构成要件上的包容或交叉，但本质上表现为具体犯罪侵害法益的相互包容或交叉。想象竞合犯的异种数罪间就没有这种法益上的包容或交叉关系。前述1025号案例中，被害人马某涵之死，是被告人田某伟出售加有亚硝酸钠烧烤鸡的行为造成的，被告人田某伟对发生他人死伤结果应该持放任态度，但被告人田某伟实施的生产销售不符合安全标准食品罪侵害的法益包容了侵害他人生命权这一法益，所以不是想象竞合犯，而是法条竞合。但是，如一人欲致张某死亡，开枪后不仅打死张某，同时重伤张某身边的李某，故意杀人罪与故意伤害罪侵害的法益不具有包容关系或交叉关系，就是想象竞合犯。在危害食品安全犯罪中，行为人在食用农产品的种植、养殖过程中，大量使用有毒、有害物质，又严重造成环境污染的，其行为就触犯《刑法》第144条生产销售有毒、有害食品罪和第338条破坏环境罪，这两罪侵害的法益之间就没有包容或交叉关系，就是想象竞合犯。第四种观点得到了较多人的认同，但以处断方法作为区分标准，有本末倒置之嫌，理应在研究法条竞合与想象竞合本身的区别后，再研究该如何处断。第四种观点的合理之处在于，肯定想象竞合犯从一重罪处断，符合想象竞合犯的特性，理论界普遍认同，立法上有依据。如《刑法》第329条在规定抢夺、窃取国家档案罪、擅自出卖、转让国有档案罪的同时，第3款规定："有前两款行为，同时又构成本法规定的其他犯罪的，依照处罚较重的规定定罪处罚。"这里规定的其他犯罪是指泄露国家秘密罪等，体现出对想象竞合犯从一重处断的精神。第四种观点的不准确之处在于，对法条竞合的处理并不能完全按照特殊优于普通法的原则。依照《刑法》第150条的规定，生产、销售第141～148条所列产品，构成各该条规定的犯罪，同时又构成第140条规定之罪的，依照处罚较重的规定定罪处罚。如行为人的行为构成生产、销售不符合安全食品罪或生产、销售有毒、有害食品罪,同时又构成生产销售伪劣产品罪的,以处罚较重的条文规定适用刑罚。这是明确的从一重罪处断的规定,而《刑法》第 141 ~ 148 条所列产品犯罪,相对于第 150 条规定的兜底产品是特殊对象,两者是特殊与一般的关系,法条之间具有包容性。在理论上,笔者不赞同这一规定,前文已经阐述,对包容性的法条竞合以特殊优于一般适用刑罚更具合理性,更严格地讲,只能适用特殊规定。对交叉性的法条竞合,采用从一重罪处断原则适用刑罚才具合理性。

1025 号案例涉及的犯罪是生产、销售有毒、有害食品罪和生产、销售不符合安全标准的食品罪,这两罪属于包含关系,不是交叉关系,更不是想象竞合。凡是有毒、有害的食品,必然属于不符合安全标准的食品,不符合安全标准的食品,并不一定是有毒、有害的食品。该案的主要问题在于:在生产、销售的食品中加入国家允许使用的食品添加剂,但超出允许使用的范围或超过允许的最大使用量或残留量,有危害食品安全犯罪的现实风险或造成严重后果的,如何定性?根据《食品安全法》和《食品安全国家标准食品添加剂使用标准》(GB 2760—2014)的规定,食品添加剂是为改善食品质量和色、香、味,以及为防腐、保鲜和加工工艺的需要而加入食品中的人工合成或者天然物质。《食品安全法》明确规定,食品安全标准是强制执行的标准,食品、食品添加剂、食品相关产品中的致病性微生物,农药残留、兽药残留、生物毒素、重金属等污染物质以及其他危害人体健康物质的限量规定均属于食品安全标准的内容。《食品安全国家标准食品添加剂使用标准》(GB 2760—2014)规定了食品添加剂的使用原则、允许使用的食品添加剂品种、使用范围以及最大使用量或残留量,在生产、销售的食品中加入的食品添加剂超出该标准允许使用的品种，或者在生产、销售的食品中加入的食品添加剂超过了使用范围或使用限量，就应认定为不符合食品安全标准的食品。反之，不在该标准所列食品添加剂品种范围之内的，属于禁止作为食品添加剂使用的物质，若在食品中添加的物质不在标准所列品种范围之内，又含有有毒、有害物质，则应认定为生产、销售有毒、有害食品。根据《食品安全国家标准食品添加剂使用标准》，亚硝酸钠的确属于国家允许使用的食品添加剂，在用于熏、烧、烤肉类时，其最大使用量为0.15克/千克，残留量要求≤30毫克/千克。本案中，田某伟生产、销售的“毒鸡腿”的亚硝酸钠含量达到了85.2毫克/千克，显然属于超过使用限量使用食品添加剂。此外，卫生部、国家食品药品监督管理局虽然于2012年5月28日下发了2012年第10号公告，明令禁止餐饮服务单位采购、贮存、使用食品添加剂亚硝酸盐（亚硝酸钠、亚硝酸钾），但亚硝酸钠本身的属性仍属于食品添加剂，这在国家有关食品添加剂的标准中是明确的，加之亚硝酸钠不属于法律、法规禁止在食品生产经营活动中添加、使用的物质，也不是《食品中可能违法添加的非食用物质名单》上的物质，故亚硝酸钠不属于《刑法》第144条中所规定的有毒、有害的非食品原料。因此，对田某伟应以生产、销售不符合安全标准的食品罪论处。被告人谭某琼长期经营食品调味品，对于亚硝酸钠的使用方法与限量较为清楚，其在明知田某伟生产、销售不符合安全标准的食品的情况下，向田某伟推荐和提供食品添加剂亚硝酸钠，与田某伟构成生产、销售不符合安全标准的食品罪的共犯。在此案中，如果田某伟使用的亚硝酸钠是有毒、有害的非食品原料，就应适用《刑法》第144条，以生产、销售有毒、有害食品罪定罪处罚，而不存在在第143条与第144条之间选择适用的问题。

客观地分析，要将法条竞合与想象竞合严格区分开来，特别是将交叉型法条竞合与想象竞合区分开来有时并不容易，特别与食品相关犯罪的多数犯罪侵犯的法益是多方面（复杂客体）的，有时从其侵犯的主要法益来看不具有交叉关系，但就某一方面的法益分析，又有交叉关系，况且对某些法益在理论上的认识不一致。如胡某大量从走私分子手中购买过期数十年的不符合安全标准的猪肉等食品在境内销售，其行为既符合走私罪的构成要件，也符合销售不符合安全标准的食品罪的要件，从两罪侵害的主要法益来看，没有交叉内容，因为走私罪侵犯的是国家对外贸易管理秩序，销售不符合安全标准的食品罪侵犯的是社会公众的生命健康权利，或者说公共安全。但从两罪侵害的全部法益来看，又有交叉的地方，即都对国家的市场经济秩序造成了破坏。笔者认为此类情况归为法条竞合为宜，毕竟两罪侵害的法益有交叉之处。按笔者所阐述的观点，交叉类法条竞合与想象竞合犯在处断上都采用从一重处断的原则，从这一角度看，是否要绝对将两者区分开来，在处断上意义不大。

有人认为，行为人在生产、销售有毒、有害食品的过程中，为了扩大销路，牟取更大的利益，假冒他人的注册商标，构成想象竞合犯，因为在这种情况下行为人的行为触犯了生产、销售有毒、有害食品罪，又构成假冒注册商标罪。笔者认为这种行为属于牵连犯。这种假冒商标的行为是生产、销售有毒、有害食品行为的手段或方法，销售有毒、有害食品获取更大的利益是假冒行为的目的，这两个行为之间具有牵连关系，应当择一重罪论处。这种情况不属于想象竞合犯，牵连犯与想象竞合犯的一个重要区别是行为的个数不同，牵连犯是有数个行为，想象竞合犯只有一个行为。行为人生产、销售有毒、有害食品，又假冒了他人的注册商标，明显是两个行为，刑法对于这类牵连犯通说主张择一重罪处罚。

第三节　牵连犯之研究

在危害食品安全犯罪竞合中，牵连犯的情形也比较突出，“所谓牵连犯，就是指行为人在实施一种具有特定目的的犯罪过程中，其犯罪的手段行为或结果行为又触犯其他罪名的情况……牵连犯的外部特征还表现为，无论是手段行为还是结果行为，都必须是依法能够独立成罪的行为，否则不会有牵连犯的问题”。[①]一般认为，对牵连犯无须并罚，择一重罪处罚即可。危害食品安全犯罪中的手段或结果行为，通常因牵连关系触犯刑法规定的以下几种罪名。

一、虚假广告罪

虚假广告罪通常是危害食品安全犯罪类犯罪的手段行为。依据《刑法》第222条的规定，虚假广告罪，是指广告主、广告经营者、广告发布者违反国家规定，利用广告对商品或服务作虚假宣传，情节严重的行为。该罪侵犯的法益是国家对广告经营的管理秩序。犯罪对象是广告，广告特指商业、经济类广告，即广告主体通过媒体向社会公众传递商品和劳务、消费信息，引起公众注意，以促使他人购买或接受服务的宣传、公开活动。对广告业的管理是国家经济运行中的一项重要的管理活动。依照有关广告业的规定，广告业的经营者必须经过合法的注册登记。传播广告

① 赵国强：《澳门刑法概说（犯罪通论）》，社会科学文献出版社2012年版，第323～324页。

必须经过一定审查，符合有关要求，不得制作、传播虚假广告。广告业相关人员不得违反广告管理法规，利用广告对商品或者服务作虚假宣传。不得对商品及服务的性质、用途、产地、质量、生产者、价格、生产日期、售后服务、有效期以及对服务形式、质量等作不真实的、带有欺诈的宣传。虚假广告的欺诈手段包括：利用虚假的证明、证件行骗；挂靠知名企业及有关单位行骗；利用具有一定权威的报刊、广播、电视等传播媒体行骗；利用社会知名人士行骗；等等。罪过形式为直接故意，即明知是不真实的广告而故意作虚假宣传。《食品安全法》第 140 条第 1 款规定："违反本法规定，在广告中对食品作虚假宣传，欺骗消费者，或者发布未取得批准文件、广告内容与批准文件不一致的保健品广告的，依照《中华人民共和国广告法》的规定给予处罚。"第 3 款规定："违反本法规定，食品安全监督管理等部门、食品检验机构、食品行业协会以广告或者其他形式向消费者推荐食品，消费者组织以收取费用或者其他牟取利益的方式向消费者推荐食品的，由有关主管部门没收违法所得，依法对直接负责的主管人员和其他直接责任人员给予记大过、降级或者撤职的处分；情节严重的，给予开除处分。"第 149 条规定："违反本法规定，构成犯罪的，依法追究刑事责任。"《刑法》第 222 条规定："广告主、广告经营者、广告发布者违反国家规定，利用广告对商品或者服务作虚假宣传，情节严重的，处二年以下有期徒刑或者拘役，并处或者单处罚金。"

《刑法》第 222 条中的广告主，是指为推销商品或者提供服务，自主或委托他人设计、制作、发布广告的法人、经济组织或个人。食品生产者、销售者利用虚假广告对不符合安全标准的食品或者有毒、有害食品进行宣传，就符合虚假广告罪中的广告主的主体身份，其行为本身触犯虚假广告罪，如果与广告经营者勾结，二者共同触犯虚假广告罪。虚假宣传这一手段行为触犯的虚假广告罪，与生产销售不符合安全标准罪或者生产销售有毒、有害食品罪形成牵连关系，应从一重罪处罚。

按照相关规定，食品安全监管部门或承担检验职责的部门机构和行业协会、消费者协会不得以广告形式向消费者推荐食品。无论推荐的食品是否符合标准要求，都应当承担相应的法律责任。近年来，国家逐步重视、明确了交易网站及协力厂商平台的虚假宣传责任。2017 年 2 月，国家食药监总局发布了《食品安全欺诈行为查处办法(征求意见稿)》，7 月，国务院食品安全办、工信部等九部门联合发布《食品、保健品欺诈和虚假宣传整治方案》，提出加强对食品、保健食品生产、经营和进口单位履行主体责任的监管。其中，明确了协力厂商平台经营者和相关方的法律责任，要求食品、保健食品交易网站、协力厂商平台提供者等主体，应当依法审查入场食品及保健食品经营者的许可证，并进行实名登记。对经营者利用其所提供的平台、场所进行虚假宣传、欺诈消费者等违法违规行为的，相关交易网站、平台要依法承担相应的虚假宣传法律责任。

二、逃避商检罪

《刑法》第 230 条规定了逃避商检罪，指违反进出口商品检验法的规定，逃避商品检验，将必须经商检机构检验的进口商品未报经检验而擅自销售、使用，或者将必须经商检机构检验的出口商品未报经检验合格而擅自出口，情节严重的行为。《食品安全法》对进出口食品的主体应履行的商检义务规定得较为详细。如第 92 条规定，应当符合我国食品安全国家标准的进口物品包括三类：食品、食品添加剂、食品相关产品。其中，进口的食品、食品添加剂应当经检验检疫部门检验合格，并按要求随附合格证明材料。第96条还对备案注册作了特别规定要求,即向我国境内出口食品的出口商或者代理商及进口食品的进口商应当向检验检疫部门备案。向外出口食品的境外食品生产企业应向检验检疫部门注册,如提供虚假材料,或由于其自身原因发生重大安全事故的,撤销其注册并公告。国家定期公布备案的境外出口商、代理商进口商和已经注册的境外食品企业名单。对出口的食品由实行监督、抽检制度,由出入境检验检疫机构执行,由海关检查通关证明放行。《食品安全法》第99条还规定了出口食品生产企业及食品原料种植、养殖场的检验检疫备案制度。第129条规定了违反出入境检验检疫法应受处罚的行为类型。从上述规定可以看出,构成本罪的主体包括向我国进口食品的主体和从我国出口食品的主体。不同的主体,行为方式有所不同,综合起来有两个方面。第一,境外食品企业向我国出口食品,或者由境内的代理商进口食品,必须将食品送相关管理机构进行检验。经出入境检验检疫机构检验合格后才能入境进行商品活动。第二,出口到其他国家、地区的我国内地食品,也必须由出入境检验检疫机构进行监督、抽验。未报检验检疫合格擅自出口的,情节严重的,构成本罪。

在与危害食品安全犯罪类犯罪的关系上,逃避商检行为既可以是手段行为,也可以是目的行为。手段行为通常表现在为了生产、销售违法食品而逃避商检,进口原料或食品。目的行为通常表现为为了将食品出口、销往境外牟利,而生产、销售不符合安全的食品或有毒、有害食品。在成立牵连犯的情况下,根据情节轻重,择一重罪处罚。

三、提供相关虚假证明文件犯罪

《刑法》第229条规定了提供虚假证明文件罪:承担资产评

估、验资、验证、会计、审计、法律服务等职责的中介组织的人员故意提供虚假证明文件，情节严重的，处五年以下有期徒刑或者拘役，并处罚金。前款规定的人员，索取他人财物或者非法收受他人财物，犯前款罪的，处五年以上十年以下有期徒刑，并处罚金。此外，规定了出具证明文件重大失实罪：第一款规定的人员，严重不负责任，出具的证明文件有重大失实，造成严重后果的，处三年以下有期徒刑或者拘役，并处或者单处罚金。此种犯罪行为在食品安全领域比较多见。本罪既侵犯了国家对中介组织和中介活动的监管，又侵犯了各方面投资者的合法利益，扰乱了市场经济秩序，影响了公平竞争环境。中介机构和人员出具的证明结论和文件是食品执法部门监督检查的重要依据。因此，中介机构工作人员要尊重科学、恪守职业道德，不得出具虚假报告，否则需要依法承担相应的刑事责任。

这里要研究的问题在于，如果中介机构的工作人员与危害食品安全犯罪分子相勾结，为后者实施危害食品安全犯罪提供方便，构成共犯时的定罪量刑问题。正常情况下中介机构的工作人员严守工作规范，生产销售不符合安全标准食品或有毒、有害食品的犯罪行为容易暴露，相关人员难以长期进行犯罪活动。如果中介机构人员成为被拉拢的对象。在成立共犯的情况下，中介机构人员的行为成为危害食品安全犯罪逃避法律追究的手段行为，共同行为又触犯了危害食品安全犯罪方面的犯罪，成立牵连犯，应从一重罪处罚。

四、假冒注册商标罪

在危害食品安全犯罪中，行为人为了生产、销售不符合安全标准食品或有毒、有害食品，时常假冒他人商标，一方面掩盖其不法食品以欺骗公众，另一方面打开销路。在此类犯罪中，假冒他人注册商标的行为是手段行为，以实现其生产销售不法食品的目的。根据《刑法》第213条的规定，假冒注册商标罪，是指未经注册商标所有人许可，在同一种商品、服务上使用与其注册商标相同的商标，情节严重的行为。该罪侵害的法益是国家对商标的管理制度和他人的注册商标专用权，犯罪对象是他人的注册商标。由于采用注册原则，只有注册商标才受《商标法》的保护，没有注册的商标不在保护之列。按照商标注册申请书表格中通用的商标种类，可以将商标划分为一般商标、集体商标和证明商标三类。根据《刑法》第213条的规定，假冒注册商标罪的犯罪对象包括商品商标和服务商标。

根据商标法的规定，商标所有人可以允许他人在其商品、服务上使用其注册商标，未经许可，其他人不得在相同或相似的商品、服务上使用与其注册商标相同或类似的商标。假冒商标罪的罪过形式为故意，即行为人明知某一商标是他人的注册商标，未经注册商标所有人的许可，在同一种商品、服务上使用与该注册商标相同的商标。一般情况下，假冒他人注册商标罪的行为人都具有获利的目的，刑法未规定"以营利为目的"是假冒注册商标罪的成立条件，有些假冒商标的行为也可能是为了损害他人注册商标的信誉等。不论是出于什么动机或目的，均不影响该罪的构成。如果是出于过失，即确实不知道自己所使用的商标是他人已注册的商标，则不构成本罪，可以按一般的商标侵权行为处理。本罪的主体为一般主体，包括自然人和单位。就自然人而言，只要行为人达到了法定刑事责任年龄，具有刑事责任能力，实施了假冒注册商标的行为，即可构成犯罪。就单位而言，单位实施了假冒他人注册商标的行为，构成犯罪的，实行双罚制，即对单位判处罚金，对直接负责的主管人员和其他直接责任人员依法追究刑事责任。

采用假冒注册商标的手段生产、销售不符合安全标准的食品、有毒、有害食品或伪劣商品，既触犯了生产销售不符合安全标准的食品罪，生产、销售有毒、有害食品罪或生产销售伪劣商品罪，又触犯了假冒商标罪。这种情形下，如何适用刑法有不同认识：一是主张数罪并罚。[①] 两种行为都构成犯罪，则应按数罪并罚原则处罚。二是主张按牵连犯从一重罪处罚。[②] 三是主张定性为交叉型法条竞合，应依重法优于轻法原则处罚。[③] 笔者赞同第二种观点。

如陈某国、李某海、王某民、史某振、王某平、关某江生产、销售有毒食品，任某意、刘某营假冒商标案。[④] 河南省驻马店地区中级人民法院经公开审理查明：1993 年 5 月，被告人陈某国通过周口市人和化工试剂店的马某生到项城市化工个体户谭某海（另案处理）处购买工业酒精，因谭某海当时没货没有买成。后陈某国又同本厂会计韩某梅到谭某海处催货。6 月 20 日前后，陈某国再次到谭某海家催货，并提出购买两桶食用酒精，向谭某海索要食用酒精检验报告单（复印件）1 份。6 月 27 日，被告人谭某海租货车从河南省孟州市第一化肥厂以每吨 1450 元的价格购买甲醇 24 桶（共计 3.8 吨）。6 月 28 日，谭某海将所购买的甲醇冒充

---

① 参见高西江、欧阳涛等主编：《中华人民共和国新刑法注释与适用》，人民法院出版社 1997 年版，第 414 页。

② 参见王作富主编：《经济活动中罪与非罪的界限》，中国政法大学出版社 1993 年版，第 216 页。

③ 参见叶高峰、史卫忠：《略论假冒商标犯罪的几个问题》，载《法学评论》1995 年第 3 期。

④ 参见中国高级法官培训学院、中国人民大学法学院编：《中国审判案例要览：1995 年综合卷》，中国人民大学出版社 1996 年版，第 278 ~ 284 页。

工业酒精,以每吨2400元的价格销售给陈某国所在的周口市建筑公司华泰化工厂18桶(共计超过3吨)。陈某国为了牟取暴利,以事前从谭某海处索要的食用酒精检验报告单作幌子,从7月初开始将所谓的工业酒精冒充食用酒精,以每吨3000~3200元的价格,通过周口市卷烟材料厂业务员何某魁,先后销给周口市振兴化工商店的李某美12桶(共计2吨),卖给该市人和化工试剂后的马某英4桶,兴达化工试剂店的刘某美2桶。

1993年7月中旬的一天,被告人王某民、史某振携款到李某海的私人酒厂,向李某海订购假冒简装“林河粮液”酒100件,并交给李某海现金2000元,作买酒精用款。李某海、王某民为生产该酒,分别准备了“河南省林河酒厂1993/4/12”生产日期印章一枚和简装“林河粮液”酒包装箱印版一个,李某海、王某民共同购买并印制了简装“林河粮液”包装箱100余只。被告人刘某营、任某意明知李某海、王某民等人生产假酒,刘某营将2000套假冒的简装“林河粮液”商标以每套0.25元卖给任如意,任某意又以每套0.3元卖给李某海和王某民。李某海准备好生产假酒的全套包装后又以每吨3550元的价格从李某美处购买陈某国倒卖的所谓食用酒精4桶(0.6吨),在其私人酒厂,用该“酒精”加入井水和少量香精进行勾兑。在勾兑中,李某海在发觉该“酒精”有异味后,仍继续兑制装瓶,并雇佣本村青年徐某峰、徐某霞、徐某云等人与王某民包装假冒装“林河粮液”45件。王某民在包装生产中,已品尝到该酒有异味,仍以每件42元的价格,用三轮车运到史某振家。史某振以每件54元的价格倒卖给王某平,王某平又以每件60元的价格卖给上蔡县白云观批发市场“万家乐”个体烟酒批发部的关某江。同年7月下旬至8月上旬,被告人关某江又以每件72~75元的价格分别销售给该县的黄埠、塔桥、西洪、和店、齐海等乡个体烟酒代销店的胡某、阎某文、胡某庄、付某值、李某庆等人。当地群众王某明、张某元、胡某政、张某军、张某、张某毛等16人购买、饮用后，造成严重的甲醇中毒。王某明、张某元、胡某政、张某军分别于8月2日、10日、12日、17日死亡。张某双目失明，构成重伤，张某毛左眼视力降至0.1，右眼视力降至0.8，构成轻伤（偏重）。

本案中，行为人明知他人生产销售有害食品而卖给他人假冒的知名商标，或将假冒的商标用于生产销售的有害食品上，其行为触犯假冒商标罪和生产、销售有害食品罪，应以重罪生产、销售有害食品罪定罪处罚。行为人以实施生产、销售有毒、有害食品犯罪为目的，假冒他人的注册商标是为了更好地推销其所生产、销售的食品，获取更大的利润，行为之间存在牵连关系，假冒商标的行为属于非法行为，完全符合牵连犯的特征，与想象竞合犯一行为触犯数罪名有明显区别。最高人民法院、最高人民检察院在《关于办理生产、销售伪劣商品刑事案件具体应用法律若干问题的解释》第10条规定："实施生产、销售伪劣商品犯罪，同时构成侵犯知识产权、非法经营等其他犯罪的，依照处罚较重的规定定罪处罚。"该解释中所指侵犯知识产权犯罪，就包括假冒商标罪，贯彻的是从一重罪处罚的原则。

第四节　连续犯之研究

连续犯，是指行为人基于同一的或概括的犯罪故意，连续多次实施数个性质相同的且可以独立成罪的行为，因而触犯同一罪名的犯罪情况。① 在司法实务中,较多的案件表现为在一段时间内,行为人为了牟取更大的利益,连续不断地生产、销售不符全安全标准的食品或有毒、有害食品,甚至是多种不同类型的有毒、有害食品,行为人实施的每一种类型的对象单独可以构成犯罪。这里有以下几种情况的连续犯问题。

第一,多次生产、销售同种类的危害食品安全犯罪。《刑法》第 143 条、第 144 条规定的是选择性罪名,生产与销售行为同时具备时,只按一罪定罪处罚,如生产、销售有毒、有害食品罪,不实行数罪并罚。如果只具有生产或销售行为之一的,则只构成该种行为之罪,如生产不符全安全标准的食品罪或销售有毒、有害食品罪。例如,个体工商户王某在 3 年内多次生产、销售含三聚氰胺的牛奶,其多次行为本可单独成罪,但其行为及对象属同一种类,应按生产、销售有毒、有害食品罪一罪定罪处罚,即按连续犯处罚。

第二,多次生产、销售不同种类的危害食品安全犯罪。危害人身安全、健康的食品种类繁多,行为人多次生产或销售的对象往往非同一种类,这时仍属连续犯,按一罪处罚。如粮油经营者刘某,为了获取暴利,连续低价大量买入掺入有毒、有害非食品原料的食品,其购买的种类有毒大米、含毒粉条、用地沟油制作的食用油等,刘某加入有毒、有害的色素、调味剂后在集市上进行销售,牟取暴利。刘某的这种情形属于连续犯。因为刘某基于获取暴利一个犯意,连续购买、销售有毒、有害食品,尽管有毒食品种类不同,但仍属有毒、有害食品性质,不影响犯罪性质。这符合连续实施数个行为基于同一或者概括的犯意的特点。因此、刘某出

---

① 参见马克昌主编:《犯罪通论》,武汉大学出版社 1999 年版,第 691 页。

于相同的故意，实施了性质相同并独立成罪的数个行为，触犯了同一罪名，数个行为之间具有连续性，属于连续犯。对于连续犯应当按照一罪处罚，不数罪并罚。

对于连续犯按一罪处罚，但在处罚上，与一次行为的犯罪还是有区别的。从刑事规制上看，有以下区别：其一，在刑法条文中，明确规定将多次实施行为作为一个从重情节或一个量刑档次；其二，刑法条文中规定，针对多次实施犯罪的情形，将犯罪数额作为量刑轻重的依据，并规定不同的量刑档次，将多次行为的犯罪总额作为定罪数额；其三，刑法条文中明确规定“情节严重”或者“情节特别严重”的量刑档次，将多次行为数额之和作为区分情节轻重的依据。总之，多次行为按一罪定罪处罚，根据行为次数与总额确定量刑情节轻重。

第三，生产与销售两种行为分别针对有毒或有害不同的对象实施犯罪，如生产有毒食品的同时，又销售有害食品，或生产有害食品的同时又销售其他种类的有毒食品。生产、销售有毒、有害食品罪属于选择性罪名，结合具体的案件情形，可以判处生产有毒、有害食品罪，或者是销售有毒、有害食品罪。也可以将生产与销售行为单独定罪。行为人在生产一种有毒、有害食品的同时又销售其他种类的有毒、有害食品，其生产行为符合法定的构成要件，构成生产销售有毒、有害食品罪，犯罪数额可以合并，不需数罪并罚。如前文所述，有毒或有害食品是一类犯罪对象，品种较多，可归类，不因具体食品不同而影响犯罪性质的认定。

第七章　危害食品安全犯罪刑罚体系之研究

第一节　刑罚制度之研究

我国针对危害食品安全犯罪，规定了一套刑罚种类及量刑幅度，能对不同危害程度的犯罪适用对应的刑罚，在一定阶段适应了惩处犯罪的需要，发挥了重要作用。刑罚种类有：拘役、有期徒刑、无期徒刑、死刑，附加刑有罚金、没收财产。当然适用过程中，也存在不足之处。

一、罚金刑之设置还需细化

罚金刑在我国内地虽然只是附加刑，但其地位逐渐受到重视，适用的频率明显有所提高，在理论界及实务界也受到推崇。这是由罚金刑固有特点决定的，罚金刑对自然人、法人财产类犯罪惩罚的针对性、有效性显而易见。

罚金刑的另一个优点是，当判决出现失误时，错案所造成的结果也容易及时纠正。实务中的大量事实证明，罚金刑在适用中有简便、高效、执行难度相对较小的特点。对于贪财图利的案犯，罚金刑使其不能实施犯罪意图，还进一步剥夺了其“重操旧业”的经济能力，发挥了刑法预防罪犯的功能。

刑法中的罚金刑的内容也在变动之中，在《刑法修正案(八)》实施以前，危害食品安全犯罪条文规定的罚金刑的计算标准，采用的是比例罚金制度，以生产、销售不法食品的金额为计算依据，计算标准为行为人犯罪数额的1/2以上2倍以下。在实践中，以销售额为基准的罚金刑的适用，容易使危害食品安全犯罪中无法计算销售额的犯罪分子或者销售额比较小的犯罪分子钻法律的空子，难以发挥罚金刑的功能。特别是那些销售金额低于法定最低标准但危害后果严重的危害食品安全犯罪，则不能适用罚金刑。尤其是对一些财务账目管理较为混乱的食品经营企业，很难收集到相关证据证明其销售金额，可能使犯罪分子有可乘之机。同时，罚金刑在罚金的设置比例上也远远低于《食品安全法》的处罚标准，以致不能充分发挥罚金刑的作用。危害食品安全犯罪的危害性明显高于食品安全违法行为，因此罚金刑与行政处罚需要区别对待。在处罚力度的设置方面，前者理应远远高于后者，只有这样，才能真正做到罚当其罪。

为此，刑法修正案从加大对危害食品安全犯罪行为的处罚力度出发，没有对罚金数额作限制性规定，直接规定“并处”罚金或者没收财产，这样避免了因销售数额引起的种种问题，对贪利型犯罪在经济罚上加大了惩罚力度。然而，这种上不封顶、下不保底的无限额罚金刑的处罚方式尽管在形式上和力度上具有灵活性，但是过于笼统，存在两个方面的问题。一是没有规定罚金的上下限额以及相应的标准，主要由人民法院根据其对社会的危害性、犯罪分子的主观恶性和其他状况进行自由裁定，这里面的弹性过大，同时给司法人员的具体执法带来了一定难度。二是不符合罪刑相适应原则的要求。罪刑相适应原则要求刑法处罚与其犯罪行为相适应，对于严重的犯罪行为应该从重处罚，对于轻微的犯罪行为可以从轻处罚。罚金刑在执行中可能出现罚不当罪的现象，可能发挥不了罚金刑的优势与作用。因此，应该进一步明确和细化罚金刑在危害食品安全犯罪中的具体适用。

二、资格刑之种类还需丰富

资格刑，又称为名誉刑、权利刑、能力刑等。在刑罚的体系中，资格刑是一种较轻的刑罚，是对犯罪行为人已经享有的某种权利或资格进行剥夺的一种强制措施。剥夺资格的作用除了提供一种否定评价外，更重要的是使犯罪行为人不再具有犯同类罪的条件。从世界范围来看，资格刑一般有以下三类。第一类是剥夺犯罪行为人的某些权利，有政治的或经济方面的权利，如选举权和被选举权、获取工资、奖金的权利。第二类是从事一定职业活动的资格，如屠宰动物的资格、开食品店从事个体劳动的资格、买卖牛奶的资格、从事粮油经营的资格等。第三类是名誉、荣誉性的名称、称号。针对涉及食品的犯罪是与经营资格密切相关的犯罪，行为人没有食品从业相关的资格、许可，也就不具有犯罪的基础。刑法应充分发挥资格刑在惩治涉及食品犯罪的作用。

现行《刑法》中规定的资格刑，只有剥夺政治权利和驱逐出境两种，种类少、适用对象窄、不适用于单位。驱逐出境仅适用于外国人犯罪；剥夺政治权利，主要适用对象是被处死刑、无期徒刑的犯罪分子及各严重破坏社会秩序的犯罪分子。刑法中没有规定剥夺从事特定职业活动，如从事食品生产经营活动的资格。这样，设定的资格刑对危害食品安全犯罪没有针对性，不能起到有效遏制犯罪人再次利用此种资格进行食品类犯罪的可能性。现有的资格刑也只适用于自然人，不适用于单位。刑法修正案及司法解释都体现出一种对单位犯罪处刑轻于对自然人量刑的态度。现行《刑法》并未设定剥夺犯罪单位继续从事食品生产经营的资格刑，行政处罚力度也不够，许多食品经营单位缴纳罚款后仍然“重操旧业”。刑法也没有限制或者剥夺自然人（包括犯罪单位的责任人）犯罪后的行业许可、从业资格措施，并且对单位的主管人员、直接负责人的处罚力度比一般自然人的要低。这实则不利于遏制和减少单位犯罪的发生。尽管行政法规有吊销执照及行政许可的规定，但其措施与刑罚措施的性质、严厉程度、作用大小是不同的。正如刑罚附加刑有罚金，行政处罚有罚款一样，二者功能会有差别。应当在刑罚的附加刑部分，丰富资格刑的种类。

三、禁止令之范围还需扩大

禁止令是《刑法修正案（八）》首次规定的刑罚执行措施，也是近些年来对危害食品安全犯罪予以从重惩处的一种表现。危害食品安全犯罪行为，直接对社会公众的生命健康安全带来一定的损害，破坏了食品市场秩序，其危害成为人们的共识。《食品卫生法》修改后，将食品的标准由“卫生”标准上升到“安全”标准，明显提升了对食品安全的重视程度，体现了其刑罚规制的从严趋势，是与危害食品安全犯罪做斗争中的一大进步。《刑法修正案（八）》与《食品安全法》衔接，对相关食品安全的罪名进行修改、完善，同时规定了禁止令这一新措施。这一措施是针对被判处缓刑的案犯适用的。根据《刑法》第 72 条第 2 款的规定，禁止令的内容有以下几点：（1）适用的对象是被判处有期徒刑同时被宣告缓刑的犯罪分子；（2）适用的期间是法院判决确定的缓刑考验期限内;(3)禁止的行为有三类:第一,从事特定活动;第二,进入特定区域、场所;第三,接触特定的人。将刑法条文与《食品安全刑事案件司法解释》结合起来理解,对危害食品安全犯罪行为人,依犯罪事实、情节适用缓刑时,应当同时宣告禁止令,刑法规定的禁止从事特定活动,就是禁止从事食品生产、销售及相关活动。这里的突出特点是对食品类罪犯判处缓刑时,是"应当"同时适用禁止令,而对其他被判缓刑的罪犯,是"可以"适用禁止令。不可否认,禁止令剥夺了缓刑期间的行为人从事食品经营活动的资格,对遏制食品类犯罪无疑具有积极作用。禁止令的设立是对食品类犯罪刑事规制的一种进步,但只限定在缓刑中适用,对于拘役或较短有期徒刑没有规定,如果附加适用在拘役或较短有期徒刑中,或考虑在刑满后一段时间内适用禁止令,效果会更好。

四、刑罚规定之不足还需完善

《刑法修正案(八)》及《食品安全刑事案件司法解释》对与危害食品安全犯罪有关的主刑与附加刑进行了调整,但还有进一步完善的空间。当然,这里主要分析刑罚的调整,刑法还对少数行为适用的罪名作了调整,如规定经营"地沟油"的行为适用生产、销售有毒、有害食品罪。就该罪的法定刑而言,《刑法修正案(八)》有以下三处修订:

第一,在主刑方面,取消拘役刑,规定量刑的第一个幅度为5年以下有期徒刑;修改的立意是为了从重打击食品犯罪,所以将最低刑提高到6个月有期徒刑。但笔者认为这一做法欠妥。与食品有关的犯罪情况复杂,应当对犯罪进行整体分析,有的行为人罪行较轻,有的同案人罪行较轻,规定拘役有合理性,该重则重,该轻则轻。不顾犯罪的差别,而取消拘役,对罪责轻且有量刑从轻情节的案犯,一律最低判处有期徒刑以上刑罚,不一定合理。

第二,在罚金刑的修改方面,将第一幅度的"单处或并处"罚金改为"并处"罚金,也不十分合理。符合并处条件时就并处罚金,但也应考虑到单处罚金的情况的存在。

第三,将罚金刑改为无上限和下限金额的罚金刑明显不合理。罚金刑作为一种刑罚,应该有上、下限的幅度和计算方法。这是罪刑相适应刑法基本原则的要求。虽然《食品安全刑事案件司法解释》规定了下限,即在犯罪金额的2倍以上判处罚金,但罚金刑仍无上限,因而在适用刑法规制危害食品安全犯罪时存在不足。

第二节 比较法视域下刑罚制度之研究

一、外国刑罚制度评述

综观世界各国刑法关于危害食品安全犯罪刑罚的规定,其特别之处在于资格刑在危害食品安全犯罪中的广泛适用。如大陆法系的代表国之一法国,在其关于食品消费的法律中,对相关犯罪行为都设定了资格刑,《法国刑法》第131条明文规定了禁止性附加刑的具体内容,这些内容主要是对危害食品安全犯罪从业人员从事一定职务、职业、活动的禁止,禁止对象有:第一,公共职务;第二,犯罪时的职业;第三,犯罪时从事的社会活动;第四,企业、公司的领导、管理、经营或监督等职业,也不论为谁的利益,或以谁的名义。[①] 西班牙、意大利等国针对食品安全类犯罪均规定

---

① 参见孙平:《食品安全刑法保护问题研究——以法国相关立法为视角》,载《刑法论丛》2013年第3期。

取消与犯罪行为相关从业资格的附加刑,例如,法人犯危害食品安全罪,就适用停业整顿或永久停业的附加刑。东南亚的新加坡、越南等国家的刑法规定,是否对食品类犯罪主体适用资格刑,由法官依据查明的事实裁判。

以美国为代表的英美法系国家,在与食品相关的刑罚规制上,除广泛适用资格刑外,还有一个明显特点,就是轻刑罚政策。其资格刑的内容主要体现在两个方面:一是规定犯罪人在一定时间内不得从事经贸行业;二是有罪之人不得担任一定组织的领导职务,这里的组织主要指企业法人与社会团体。美国刑事法规对食品安全方面犯罪的轻刑政策表现在:对一般违法行为,设置的刑罚是 1 年以下有期徒刑,单处或并处罚金 1000 美元,对有从重情节的,如再犯、欺诈或以误导为手段犯罪的,规定 3 年以下有期徒刑,并处或单处罚金 1 万美元。美国刑法对食品安全方面犯罪的规制方式,是采用行为犯的模式,所以采用轻刑政策与之相适应。只要行为人实施了法定行为,无论是否发生损害结果,都构成犯罪,没有造成危害结果的适用轻刑。这种刑法规制模式是从预防犯罪的目的出发的。

二、我国香港和澳门地区相关规定简介

(一)最高刑与起点刑

我国香港、澳门地区对危害食品安全犯罪设置的法定刑较轻,突出表现在法定最高刑与最低刑两个方面。

第一,法定最高刑轻。香港、澳门地区涉及食品的犯罪,其最高法定刑为终身监禁,并无死刑规定。香港地区于 1993 年开始,对所有犯罪不适用死刑。澳门地区现行刑法中既无死刑,也没有无期徒刑,最高法定刑为有期徒刑。第二,起点刑轻。内地与香港、澳门地区对食品有关犯罪规定的最低刑基本上是自由刑与罚

金(或罚款)。香港、澳门地区的罚金刑可以单独适用,也即最低度刑可以是罚金。香港、澳门地区的起点刑是单处罚金,也就是说,存在只处罚金,不适用自由刑的情况。如香港地区对食品类基本犯罪的法定刑是 1 年以内监禁或 6 级以内的罚款。可以看出其监禁刑与罚金刑为选科制,可以认为香港地区的起点刑为罚金。澳门地区也是此类自由刑与罚金选科制规定。

(二)刑种及内容

我国香港、澳门地区的法定刑整体上较轻,发生致人重伤、死亡加重结果时,个别法定刑较高,其罚金数额相对确定,罚金可合并适用,也可以单独适用,也就是说,对一危害食品安全犯罪,有可能只判罚金。(见表 7－1)在司法实践中,法官对被告人的量刑轻重,与一定时期的食品市场秩序状况、法官的执法理念也有直接关系。

表 7－1　我国香港、澳门地区生产销售不安全及有毒有害食品刑罚规定

	基本犯罪	轻伤以下	致人重伤	致人死亡	依据的法律
香港地区	最高可处 2 年监禁并处 50 万港元的罚金	3 年以下监禁(意图损害而适用毒物罪)	10 年以下监禁	最高可处终身监禁(误杀罪)	《消费品安全条例》第 28 条第 1 项及《侵害人身罪条例》
澳门地区	最高可处 5 年徒刑或科最高 600 日罚金	最高 6 年 8 个月徒刑或科最高 800 日罚金	最高 10 年 8 个月徒刑	最高可处 10 年 8 个月徒刑	《食品安全法》第 13 条第 1 项及《刑法典》第 273 条

当然,这里的比较,是根据刑法条文对犯罪及情节规定的刑种及幅度进行的,在司法实务中,法官对犯罪人的量刑轻重,与一定时期的食品市场秩序状况、法官的执法理念具有直接关系。

三、我国内地刑罚制度的完善建议

统观我国内地的刑罚配置，对食品类犯罪规定的刑罚种类及幅度有重刑的特点，特别是在发生致人重伤、死亡等加重后果等情形下，没收财产罚金刑无上限规定。立法技术上，在结果加重犯的规制上，《刑法》采用"后果特别严重"、有"特别严重情节"等表述。事实上，法定刑跨度大，法定刑升格的情节条件应更为清晰。而且，明确的立法可以使司法实践明确刑法适用的界限，避免同案不同判现象的发生。

第一，改革对罚金刑的设置，针对食品类贪利犯罪的特点，发挥其应有的作用，以达到特殊预防的效果。对单位及个人犯罪都要重视罚金刑的适用，综合考虑行为主体的经济能力及其行为的破坏程度，确定罚金数额。还应改进罚金刑的具体规范，上不封顶的立法方式不符合罪刑法定的要求，罚金数最高多少没有法律规定，有刑不可知，威不测的味道。应依据情节轻重设立适用档次，制定计算标准。

第二，可增设资格刑。对于危害食品安全犯罪，内地刑法在刑罚配置上，没有规定资格刑，实务上是由行政机关依行政措施限制行为主体的从业资格，这些措施有"吊销执照""吊销许可证"等。刑法介入资格规制很有必要。以资格刑剥夺单位和个人继续犯罪的条件。现行《刑法》中的剥夺政治权利等多是政治类的资格剥夺，时代发展到今天，应对经济犯罪，应调整刑罚结构，重视对经济领域的经营者资格的剥夺、限制。行政机关的措施在实践中有一定作用，但其力度有限，威慑力不足。对于少数违法犯罪主体来说，有的措施流于形式，如一些违法食品摊档为了逃税本来就不领营业执照，吊销执照就毫无意义。行政规制上没有达到应有的完善程度，如吊销执照后又可以复领，很不规范。在设立资格刑时，应有配套的复权制度，即对宣告资格刑的犯罪人，在其具备法律规定的条件时，审判机关提前恢复其被剥夺的权力或资格的制度，被剥夺资格的人在具备条件时，有申请恢复资格的程序。

第三，加强行政处罚与刑事制裁的衔接。内地对食品领域的一般违法行为由行政机关处置，对食品相关的犯罪行为的刑事处罚权分别由司法机关独立行使，实务中，行政处罚的结果与刑罚处罚的量刑结论是否会发生矛盾呢？事实上一个触犯刑法中食品安全方面的犯罪行为，肯定也是违反行政法规的行为，即有双重违法性质，对其双重处罚是否有违法理？笔者认为，行政违法与刑事违法是不同性质的违法，将两类法规适用于同一行为不构成重复处罚是合理的。两种处罚的关系在实务上有两类处理方式：一是食品监管机关在行政执法时认为食品经营者等的行为可能构成犯罪，在行政处罚之前，先将案件移送司法机关，按刑事诉讼程序办理，然后根据刑事诉讼的处理结果，按照行政法规的规定依法实施行政处罚；二是食品监督管理机关在采取了行政处罚、行政程序处理后，认为食品经营者等的行为涉嫌危害食品安全犯罪，移送司法机关按照刑事诉讼程序追究责任。总的来看，行政机关的行政处罚不影响行为人的刑事责任追究，例如，行政机关对行政违法人进行了行政罚款，不影响人民法院仍依法对触犯刑律者处以罚金刑或其他刑罚。

但是，刑事处罚与行政处罚存在彼此衔接问题，如行政处罚中的吊销营业执照、停业整顿等措施，相当于境外刑法中的资格刑，在内地是由行政机关裁决并执行的。那么，对被认定构成危害食品安全犯罪的单位、个人，是否作出吊销营业执照或停业整顿的决定，缺乏相关程序及配套措施。

第三节　刑罚相关措施衔接与完善之研究

惩治及预防危害食品安全犯罪是一个系统工程，剖析一些危害食品安全犯罪事件，原因存在于多个方面。不可否认的是，我们还需进一步完善社会管理措施、惩戒治理机制，提高食品行业违法成本。一些国家和地区的成功经验表明，采取严格的市场准入制度、严密的监管机制是保障食品安全的重要举措。食品管理是社会治理的重环节。我们还需加强监管、严格执法，在及时召回、消费者权利救济等方面完善制度保障。在美国、日本等国家，制假、售假者要承受的巨额罚款及对受害人的巨额赔偿制度有可取之处，可结合我国的客观实际加以借鉴。总之，除重视刑事司法外，要重视社会管理措施与刑事司法制度的完善及二者的有效衔接，具体体现在以下方面。

一、促进行政执法与刑事司法的衔接

在食品监管领域，要消除涉嫌犯罪案件移送的障碍，彻底解决“以罚代刑”的问题。对于刑法设立的与危害食品安全犯罪相关的犯罪，有关执法部门应当及时移送，实际上《食品安全法》确立了惩罚性赔偿及刑事责任优先的机制，现阶段，危害食品安全犯罪案件的移送机制没有真正落实，行政执法的证据转化具有难度。在现实的执法环境中，还需以法律的形式、刚性规定协调好行政执法与刑事执法的关系。

二、构建食品安全风险监测制度

风险监测与评估制度是遏制危害食品安全犯罪行之有效的措施。这是一种预防性机制，2006 年开始施行的《农产品质量安全

法》中，第一次规定对农产品安全进行风险评估，要求在农业行政主管部门的主导下，设立由有关方面专家组成的安全风险评估专家委员会，通过风险分析和评估尽可能发现影响农产品质量安全的潜在危害。

《食品安全法》第14条、第17条对监测、评估制度亦有明确规定。要求建立风险监测制度，明确监测的对象包括三类：第一，食源性疾病；第二，食品污染；第三，食品中的有害因素。要求建立评估制度，规定评估的方法是科学方法，评估的根据有三类：一是风险监测信息；二是科学数据；三是有关信息。评估的对象也有明文规定：一是食品；二是食品添加剂；三是食品相关产品中的生物性；四是化学性和物理性危害因素。这一规定，意味着启动了食品安全风险的监测与评估制度。我们可以依法建立起由专家、学者和政府管理人员组成的评估机构，将其评估报告作为食品管理部门制定管理措施的重要依据。危害食品安全犯罪的设立初衷是预防可能存在的社会风险。相较于刑事程序，行政程序具有更大的主动性、灵活性。就专业化程度而言，卫生行政执法人员在食品安全领域的知识构成相较于刑事司法人员更为完备。故从预防此类行为的效果来看，在一些情况下，行政程序可以先于刑事程序，但也不能“一刀切”，视具体案件而定。此外，出于便利刑事诉讼的目的，有必要将涉案食品鉴定等专业性工作在行政程序中先行开展，以避免在后续的刑事程序中出现诉讼困境。

三、完善行政程序中证据的司法认定机制

司法机关如何对待行政执法机关在执法过程中收集、调取的证据问题一直是一个有争议的问题。《刑事诉讼法》第54条第2款对此进行了明确，即“行政机关在行政执法和查办案件过程中收集的物证、书证、视听资料、电子数据等证据材料，在刑事诉讼中可

以作为证据使用”。这就意味着行政执法部门在行政程序中对涉案食品所作的鉴定，以及在开展执法活动中所获取的各种证据材料，在无须再次履行取证手续的情况下，可以直接进入刑事诉讼程序。但这些证据材料是否可以作为定案的根据，依然需要经过司法机关的审查判断。此时的审查应主要关注取证主体是否适格、鉴定主体是否合法，引用规范是否有效等规范性问题，一般不再就涉案食品是否在化学成分上达到了危害食品安全犯罪进行审查。当然，由于该款规定涉及的证据材料范围是物证、书证、视听资料、电子数据等实物证据，不包括证人证言等言词证据，故行政机关所获取的言词证据，并不必然直接转化为刑事证据材料。

四、重视行政法规范对犯罪成立的影响

刑法规定了罪名或者部分构成要件以及法定刑，将犯罪构成要件的一部分或者全部指向行政管理法规。被委托指明参照的行政管理法规由于对犯罪构成要件起补充说明作用，补充规范对于准确理解刑法的行为构造、界定犯罪范围具有实质意义。对于刑法而言，行政法律规范的变动会导致补充规范和刑法本身的表述不一致的情况发生。2009 年之前，《刑法》第 143 条的罪名被确定为生产、销售不符合卫生标准的食品罪，其所依据的行政规范为《食品卫生法》、《盐业管理条例》(已失效)、《食盐专营办法》等。2009 年《食品安全法》的正式公布，使食品卫生领域的行政法规制从打击不具备卫生标准的生产、销售行为，到打击不具备食品安全标准的生产、销售行为，因此 2011 年《刑法》修订时将第 143 条的罪状也进行了相应调整。从《食品卫生法》到《食品安全法》的变化，不仅是法律名称的不同，重要的是违法或犯罪行为范围的变化。《食品安全法》对“不符合食品安全标准的食品”进行了列举，包括“用回收食品作为原料生产的食品”及“营养成分不符合食品安全标准的专供婴幼儿和其他特定人群的主辅食品”。这两种情形在《食品卫生法》中没有明确提及。事实上,用《食品安全法》取代《食品卫生法》,超越了原来对食品在有关领域问题的规定,扩大了法律调整范围,涵盖了从农田到餐桌的全过程。这就意味着随着补充规范的变化,第143条的刑法规制范围呈现出扩大趋势。当然,由于目前该条的罪状表述和《食品安全法》一致,因此不存在疑问;那么问题就在于,在补充规范和刑法罪状表述不一致时,认定犯罪是应当依据新的补充规范,还是和原刑法相对应的补充规范?换言之,行政刑法中的补充规范是否受刑法溯及力的约束?笔者认为,既然补充规范作为一种隐性的罪状,其内容必然会对定罪量刑产生影响,理所当然要受到刑法溯及力的约束,并以从旧兼从轻为原则。故上述第二种见解更有利于避免因补充规范的修改而导致刑法本身的不确定性,这种做法可能导致新的补充规范在刑法未进行配套修改前出现虚置。因此,即便今后的《食品安全法》进一步提升了食品安全标准范围,在刑法本身未进行修改的情况下,依然应当按照原来的食品安全标准认定。作为一种严重侵害社会秩序和公民权益的民生犯罪,危害食品安全犯罪成为当前刑事司法实践所重点制裁的对象,成为公权力机关有效保障公众福利、维护社会稳定的必要举措。

五、加强执法部门业务协作

2017年8月,互联网食品品牌“三只松鼠”被检测出霉菌超标,引发社会舆论的关注。“三只松鼠”一个批次的开心果产品被检测出霉菌超标,超标了1.8倍。[①] 虽然有关部门不断出台食品安

① 参见《从“三只松鼠”事件看食品安全如何把控》,载《第一财经日报》2017年8月23日版。

全法律法规并加强市场监管，但食品安全事件屡屡出现，甚至一些全球500强企业屡屡卷入食品安全事件。面对这样的状况，政府、企业，乃至民众均表现出担忧。这次食品安全事件，被检测出超标物质是常见的霉菌，其具有繁殖能力强、繁殖方式多样的特点，只要有足够水分和适宜的温度就能疯狂生长，霉菌本身并不一定有害，一些食物也是靠霉菌发酵制成的。在食品专家看来，此次超标1.8倍是一个较小的数值，"三只松鼠"除了道歉、召回有问题的开心果外，也查出了可能的原因——物流、仓储环节的疏漏。尽管"三只松鼠"采取措施与物流承运方、仓储方进行沟通整改，但这也给很多食品企业敲了警钟，面对长而复杂的食品产业链，不仅需要把控好生产环节，从上游的食材、包装等原料供应链，到下游的运输、仓储等销售产业链都应得到很好的把控。相比其他工业，食品工业是一个极其细微、要求严苛、工序繁多、涉及社会多方面复杂分工合作的产业。随着全球化分工协作的加强，食品产业链的合作范围也越来越广，任何一个环节甚至个人的小失误都可能导致食品安全问题。2012年可口可乐山西工厂饮料混入氯水事件就是因为员工的操作失误导致的。

此外一些非主观失误导致的食品安全事件不时地触动公众对食品安全敏感的神经。公众作为消费者在审视大型食品企业的食品是否安全的同时，也注意到，有大量技术实力不强、缺乏足够食品安全意识的小企业、小个体户的存在，还有处在监管灰色地带的小作坊存在于各大居民区，缺乏监管。市场最有效的手段是淘汰那些食品安全状况差的企业或个人，鼓励和扶持有足够技术实力、食品安全意识强的经营者发展。政府相关部门更需要从严监管，使食品经营者增强责任心和技术实力，提高食品安全系数。执法部门更要加强业务协作，提高工作能力。第一，发挥信息、情报的作用。充分发挥公安机关在信息、网络建设上的优势,将信息情报的监测、收集延伸到食品领域,及时发现线索。要明确食品安全对信息分析判断的要求,及时对形势、趋势做好风险评估。第二,强化有关行政执法部门的合作。对食品监管涉及工商、卫生、食药监等部门,容易发生分工不明,任务不清等问题。要完善机制,加强联合执法,增强防范打击合力。第三,增强公检法等部门的对接能力,彼此配合,共同研究问题,提高工作效率。第四,丰富食品安全专业知识。加强专业知识的学习、培训,是当前的重要课题,必须提高办案人员的专业素质,使其在打击危害食品安全犯罪中做到依法高效,稳准果断。强化监督检查,提高信息共享功能,在案件侦办、证据提取、财物查控等过程中实现各部门有效合作。

六、强化对食品经营者的市场管理

加强市场管理,对食品安全来讲实际上是从源头抓起,关键要做好以下几点。

第一,提高市场准入门槛。众所周知,食品直接关系公众的生命健康,从入口把关,控制市场准入,是政府部门的职责。食品市场的关口也是食品安全的关口。政府在进行经济调控、市场监管方面,要特别加强对食品企业质量的监管,在审批项目、颁发许可证、产品验收等程序中坚守标准,对生产、经营假冒伪劣食品的企业依法惩处、淘汰。有关部门正在不断努力,如为进一步加快建立以食用农产品质量合格为核心内容的产地准出管理与市场准入管理衔接机制,[①]农业部于 2016 年 7 月在部分省先行开展主要食用农产品合格证管理试点工作,开具食用农产品合格证 800 多万张。

---

① 参见《2017 年度食品安全法治十大事件正式发布》,载中国法学会法治研究所网,https://fzyjs.chinalaw.org.cn/portal/article/index/id/320.html。

2017 年浙江制定实施《浙江省食用农产品合格证管理办法》,成为全国第一个全面启用食用农产品合格证的省份。当时,农业部指出,食用农产品合格证是质量兴农的重要载体,要强化顶层设计,加快法律法规制定,实现全国统一管理。将合格证制度与农产品质量安全信用体系建设相结合,逐步构建以信用为核心,建立事前信用承诺、事中信用监管、事后信用评价的新型监管机制。对于合法、诚信的食品生产企业,在资金、人才、技术多方面予以支持、培育,对其转型升级、扩大企业规模给予扶持。总之,鼓励和支持守法、质量信用好的企业,制裁、鞭策有问题的企业。

第二,依法完善企业的内部管理。特别是要按公司法的规定,调整好公司、企业内部的各种关系,做到职责清晰,权责分明。在食品的生产、经营、质量检查中严把质量关。同时,严格企业生产线财务、会计制度,保障质检测人员的素质,完善市场诚信机制建设,发现存在隐患者,要及时处理。

第三,支持、鼓励食品经营者提高产品质量、品牌创新,为企业的良性竞争创造环境。支持通过品牌建设提高企业品牌的社会知名度,提高食品质量可靠企业的社会影响力。近些年来,少数食品安全事件所暴露的管理和监督上的问题,是对管理部门、企业的一个很好的警示。

2017 年 8 月 25 日上午,媒体曝光海底捞北京两家门店存在严重的卫生安全问题,全社会为之震惊:海底捞北京劲松店和太阳宫店两家门店多次发现老鼠爬窜、餐具清洗不到位等严重隐患。其中,劲松店内鼠患严重,有员工将簸箕和餐具一同放入洗碗机内清洗,洗碗机内累积了厚厚的油污,长期没有清理。太阳宫店的洗碗机也存在同样的卫生问题,有员工用餐具漏勺掏下水道。当日下午,海底捞官方微博通报称,涉事两家店面已主动停业整改,全面彻查。通报还称,海底捞将会做到明厨亮灶,对现有监控设备进行硬件升级,实现网络化监控。① 海底捞事件清晰地“捞”出了食品安全的社会问题所在。

1. 食品安全中部分企业主体责任意识不强。我们常说,质量是企业的生命。这个“生命”对于食品餐饮等行业尤为重要。在食品安全的构建中,企业是第一责任人,承担着主体责任。经过多年的发展,海底捞已经成为我国餐饮市场上一个具有较高知名度的品牌,也深受广大消费者的喜爱,然而从此次曝光的事件来看,这样一个看上去大型、知名的品牌,却在最基本的卫生要求方面都无法达标,何谈给消费者提供优质的产品和服务? 事发后,海底捞及时发布“道歉声明”,但不能掩盖企业之前无责任心的所作所为。消费者更需要的是企业好好守住食品安全的底线。

2. 反映出食品安全中监管还不够。监管部门只有进行“最严格的监管”,才能真正守护好公众“舌尖上的安全”。《食品安全法》第四章对食品生产经营的安全标准、对食品原料处理和食品加工场所的卫生要求有明确规定,对环境整洁,对消毒、防鼠防虫等及垃圾和废弃物处理都有专业要求。《食品安全法》从一部文字法规转化为有效监管机构的制度实践,破解食品安全监管困境,需要完善信息公开机制,确保企业违法信息能够迅速让公众知情,为公众的选择保驾护航。建立健全的反馈监督机制,如果发现企业的不良信用记录,应该按照《食品安全法》第79条的规定增加企业被监督检查的频次,减少行业准入机会,降低企业收入,迫使当事企业提升服务、改善质量,进而保护消费者利益。

---

① 参见《海底捞北京两门店被停业调查　其他店仍需排队等位》,载中国新闻网,https://www.chinanews.com.cn/m/sh/2017/08-26/8314322.shtml。

加强基层食品生产、经营环节的综合监管和餐饮卫生的监管，尤其对食品小作坊、小餐饮、食品摊贩等特殊监管对象，需要引导其规范生产经营，以保障群众的切身利益，将安全隐患扼杀在萌芽状态。建立食品和餐饮溯源系统，严把食材、耗材、加工、流通等各个环节质量，建立溯源体系，建立产品追溯制度。真正建立严密的监管体系，实现监管无死角。

第四节 受害方权利保护与救助机制之研究

对危害食品安全犯罪进行刑法规制的主要目的，是通过惩治犯罪，保障食品安全，保护广大公众的合法权益。因此，有一个必须重视的相关问题，即对人身、财产权益已经受到犯罪侵害的受害者，如何保护与救助的问题。

一、我国的赔偿及救助现状

《食品安全法》中的绝大多数条款着眼于在行政手段上对食品风险的提前评估与管控，同时对因食品安全事故而给他人造成人身、财产或其他损害时的赔偿责任作出规定。《食品安全法》第148条第2款规定，因生产不符合食品安全标准的食品或者经营明知是不符合食品安全标准的食品，消费者除要求赔偿损失外，还可以向生产者或者经营者要求支付价款10倍或者损失3倍的赔偿金。第147条还确立了民事赔偿责任优先的原则。

我国在实践中一直在探索救助制度。在司法领域，中央政法委于2005年发布的《关于切实解决人民法院执行难问题的通知》提出了“探索建立特困群体案件执行基金，对于双方当事人均为特困群众的案件，按照一定程序给予申请执行人适当救助，解决其生活困难，维护社会和谐稳定”，对执行救助制度进行了探索。所谓执行救助制度，即某一诉求经司法程序审理终结，申请人申请强制执行时，发现被执行人下落不明或无履行能力，致使案件无法执行，而申请人确有困难，国家通过一定的程序给予申请执行人一定数额的经济救助的制度。这种救助，目的是救人于危难之中，维护社会和谐稳定，属于救济与抚慰的性质，往往覆盖面小，金额有限，而且必须在经司法程序确权并进入执行程序后才能适用，审批程序也较为烦琐。但这一制度的确立也是来之不易的，依靠很多地方政府用专款予以落实。

二、比较法视域下受害人赔偿及救助机制

日本的肇事方赔偿制度。1955 年，由于日本森永集团在加工奶粉的过程中使用了混入砷的劣质磷酸钠，造成大量婴儿奶粉中毒事件，森永集团开始就为此付出了约 6 亿日元的赔偿。1973 年，后经调查发现大量受害者仍存在不同程度的后遗症，这又一次引发了大规模的诉讼案件，森永集团也又一次为此付出了约 3 亿日元的赔偿。最终，1973 年 12 月，日本厚生省、代表受害人权益成立了“保护会”、森永集团签署了赔偿协议书，其中较为瞩目的是终身保障直系遗属和生存者：每月赔偿无法工作的生存者相当于一般行政职的月薪，终身赔偿因后遗症不能结婚或离婚者，收容受家庭歧视的生存者。在这一漫长过程中，日本政府立法并采取了大量紧急措施，日本厚生省聘请 5 人专家组就受害者的病情进行鉴定与评估，评估费用由日本乳制品协会支付，诊查费用主要由森永乳业负担；另外，日本政府、森永集团和保护会还通过三方对话，缔结了包括对被害者救济措施等 5 项内容的“永久性对策案”，并于 1974 年 4 月设立了一个公益财团法人——“光明协会”，针对森永乳制品受害者给予专门救济。根据该“永久性对策案”的约定,日本厚生省(现日本厚生劳动省)对救济活动进行全面监督。也就是说,日本厚生劳动省作为三方会谈确认书的签字方之一,与光明协会对于推进该项救济事业承担共同的责任。①

德国赔偿基金制度。40 年前,德国发生过一起药物严重副作用事件,通过刑事诉讼与法庭和解,达成了由责任方与政府共同出资建立基金会的协议,在联邦政府相关部门的领导下,由法律专家带领医学专家,甄别与确定对受害者的赔付与支持。该德国著名制药公司推出的镇静药康特甘(Contergan)同时具有缓解早孕反应的作用,其严重的副作用是:新生儿畸形比例很高。联邦德国(当时共约 6000 万人)由于康特甘致残的案例为 5000 ~ 10,000 件。1970 年 4 月,受害者律师与该制药公司达成和解,放弃数以 10 亿(马克)计的赔偿诉求及相关的司法行动,该制药公司则承诺拿出 1 亿马克,建立“残障儿童救助基金会”。1971 年 12 月联邦议会通过相关立法,设立“残障儿童救助基金会”,确认该基金会为公法机构,隶属于联邦妇女与青少年部,联邦政府也拨款 1 亿马克,注入该基金会,专门救助可能由于康特甘致残的儿童。此后,联邦和制药公司陆续向该基金会注入资金。截至 2008 年 10 月,基金会获得来自该公司、政府与社会总计约 3.5 亿欧元的资金。尽管如此,类似于康特甘致残案一类的大规模侵权民事索赔诉讼,作为弱势群体的广大受害人获胜的机会依然是很有限的,同样面临冗长的诉讼程序、急切的赔偿金需求等。联邦议会通过立法,确认了基金会的“公法机构”性质,并由国家出资,突破了公法与私法之界限。尽管侵权行为与损害结果之间关系的确立为受害人的

① 参见《回顾日本解决森永毒奶粉案》,载 BBCNews 中文网,https://www.bbc.com/zhongwen/trad/indepth/2009/12/091206_japan_milk_case。

举证扫清了障碍，但就巨额赔偿请求而言，侵权人面临能力上的困境。这一现实的尴尬境地摆在了公众面前，关键时刻，德国联邦政府选择通过立法，打破原有壁垒与障碍，确认了国家“买单”制度。

美国的惩罚性赔偿制度。在美国食品安全监管领域，引人关注的是其惩罚性赔偿制度。曾经一起麦当劳热饮烫伤案引发了全球的热议，却树立了食品企业的安全责任意识。在这起咖啡烫伤案中，因原告所购买的麦当劳咖啡温度达 82～86 度，高于同行业一般的 70～75 度，被告麦当劳公司因疏忽大意，未在咖啡杯子醒目之处以法律术语“警告”消费者“高温热饮，小心烫伤”，导致原告被严重烫伤，原告其家人遭受的实际经济损失只有 2 万美元左右。然而，陪审团最终判定了一份 16 万美元的“补偿性赔偿”（其中 14 万美元可视为对原告的精神伤害补偿），此外还判定麦当劳不但应当承担咖啡过烫、质量低劣的法律责任，而且由于其侵权行为已经明显构成了“轻率的”和“恶意的”性质，除了“补偿性赔偿”之外，被告应偿付原告 270 万美元的“惩罚性赔偿”。美国食品安全赔偿制度中国家责任的分摊很有特点，责任企业的财产不足以清偿债务的，将由国家承担。受害人生活困难的，还可以申请国家救助。

域外的救助制度对消费者权益的保护、加大政府负责任的力度，重视政府作为食品市场的监管者履行的义务，具有可借鉴之处。

三、刑法规制中赔偿、追赃、退赔问题

在刑法规制中，主要涉及对危害食品安全犯罪相关赃款、赃物追缴、责令退赔及对受害人赔偿、附带民事诉讼问题。

（一）追赃与退赔问题

《刑法》第 36 条规定：“由于犯罪行为而使被害人遭受经济损

失的，对犯罪分子除依法给予刑事处罚外，并应根据情况判处赔偿经济损失。承担民事赔偿责任的犯罪分子，同时被判处罚金，其财产不足以全部支付的，或者被判处没收财产的，应当先承担对被害人的民事赔偿责任。”这一条确立了赔偿经济损失与民事优先原则。刑事追赃的法律依据主要是《刑法》第 64 条的规定，内容为：“犯罪分子违法所得的一切财物，应当予以追缴或者责令退赔；对被害人的合法财产，应当及时返还；违禁品和供犯罪所用的本人财物，应当予以没收。没收的财物和罚金，一律上缴国库，不得挪用和自行处理。”从司法实务上看，要注意以下问题。

1. 对赃款、赃物应作判决结论

通常会出现两种情况：一是完全未作裁判，二是部分未作裁判。这是由于片面注重定罪是否准确、量刑是否适当，而忽略了对赃款赃物的处理，使案件的后续处理缺少裁判依据。这样不仅没有严格执行上述《刑法》第 64 条的规定，也没有执行《刑事诉讼法》第 245 条的规定，该条规定：“人民法院作出的判决，应当对查封、扣押、冻结的财物及其孳息作出处理。”处理的主体是人民法院。《刑事诉讼法》第 12 条规定：“未经人民法院依法判决，对任何人都不得确定有罪。”所以，犯罪产生的赃款赃物的认定也只能是人民法院以裁判来判定；处理的对象是查封、扣押、冻结的财物及其孳息。这里的查封、扣押、冻结措施，既可以是侦查、公诉机关采取的，也可以是法院依法采取的；既可以是已经随案移送的对象，也可以是移送了相关手续、依据但未随案移送的对象。依法处理的对象必须是经过法庭质证、查明其性质的款、物，对涉案款物的来源、数量、金额、存放状况、持有人等情况，应当在审理中查明，并在裁判文书中载明。

2. 避免概括的判决结论

如判决“继续追缴全部犯罪所得”等,因为执行部门不知具体财物和具体数额,实际上无法执行。有的办案人员主张在“本院认为”的文字中,表明了具体内容的,可以作为执行依据,但这部分文字毕竟不是判决结论,且容易产生歧义。涉案当事人可能据此以执行无生效裁判依据为由,拒绝配合,相关利害关系人也可能提出执行异议。

3. 判决结论的表述要准确

(1)要将追缴与退赔相区分

《刑法》第64条同时使用了追缴与退赔两种司法措施,两者是有区别的,法律效果也有所不同的。一般来说,有三点差别:①追缴的对象既可以是财物,也可以是金钱,而退赔一般是用金钱实现的;②追缴通常针对犯罪所得的原有款、物,少数情况下可以是直接转换成的款、物,退赔则可以用犯罪人所有的其他财产,也可以是与他人共有财产中属于其本人的份额;③能追缴到的款、物,就不适用退赔规则,退赔一般是在无法追缴的情况下,在犯罪分子将犯罪所得挥霍、损毁的情况下,责令其用金钱赔付。实践中,两者应力求适用准确,否则法律效果不佳,如果能追缴到款、物却适用退赔,可能导致不能及时挽回损失,甚至原款物被转移。如果只能适用退赔时却适用追缴,与犯罪人财产有关联的人可能会因不理解而不配合,不仅追缴落空,而且退赔所能适用的变卖、变现、分配等民事执行强制措施也不便适用。

(2)注意共同犯罪人的连带退赔责任

部分刑事判决,特别是一些涉财产犯罪的判决,其常见的判决结论是判定每个犯罪人承担一定数额的退赔责任。有的只判定部分罪犯承担退赔责任则有不妥之处。在共同犯罪中,共同犯罪行为人的行为是相互联系的整体，每个行为人的行为与危害结果之间均有因果关系，每个参与共同犯罪的行为人对犯罪所得均负有配合追缴、退赃的责任，且是连带责任。当然，各共同犯罪人行为所起的作用大小不同，分工不同，分赃及持有犯罪所得会有差别，但每个共同犯罪行为人对受害人（或利益受损害人）的损失应承担连带责任。具体地讲，对犯罪所得减去已追缴部分的差额，每个共同犯罪参与人均有退赔的连带责任。

（二）赔偿与附带民事诉讼的关系问题

附带民事诉讼与刑事追赃密切关联，2012 年修正《刑事诉讼法》后，附带民事诉讼的内容发生了较大变化，也出现了非常值得研究的问题，其中就涉及危害食品安全犯罪受害人如何获得赔偿的问题。

1. 附带民事诉讼的受理范围问题

《刑事诉讼法》第 101 条规定："被害人由于被告人的犯罪行为而遭受物质损失的，在刑事诉讼过程中，有权提起附带民事诉讼。被害人死亡或者丧失行为能力的，被害人的法定代理人、近亲属有权提起附带民事诉讼。如果是国家财产、集体财产遭受损失的，人民检察院在提起公诉的时候，可以提起附带民事诉讼。"根据此条文规定，结合《最高人民法院关于适用〈中华人民共和国刑事诉讼法〉的解释》，附带民事诉讼的范围明显收窄，主要表现在：在被告人非法占有、处置被害人财产的案件中，应当依法予以追缴或者责令退赔，被害人提起附带民事诉讼的，不再受理。被害人及其代理人提起附带民事诉讼有两种情形：一是人身权利受到犯罪侵犯而遭受物质损失；二是财物被犯罪分子毁坏而遭受物质损失。《刑事诉讼法》修改前，根据最高人民法院《关于刑事附带民事诉讼范围问题的规定》（已废止），对于被告人非法占有、处置的被害人财产,经过追缴或责令退赔仍不能弥补损失,被害人向人民法院民事审判庭另行提起民事诉讼的,人民法院可以受理。

这类犯罪嫌疑人、被告人非法占有、处置被害人财物的案件多为经济类犯罪案件。不受理附带民诉讼的主要理由是:第一,经过追缴或者责令退赔仍不能弥补损失,表明被告人已无退还、赔偿能力;第二,提起民事诉讼后的判决无执行可能;第三,增加当事人诉累,影响裁判权威。实际上,不受理经济犯罪案件受害方提起的附带民事诉讼也有较多不利之处,主要表现在:第一,有关机关追赃、责令退赔不力时,受害人缺少有效的权利救济途径;第二,受害人失去了申请诉讼保全的机会。《刑事诉讼法》第 102 条规定:"人民法院在必要的时候,可以采取保全措施,查封、扣押或者冻结被告人的财产。附带民事诉讼原告人或者人民检察院可以申请人民法院采取保全措施。人民法院采取保全措施,适用民事诉讼法的有关规定。"从目前的执法效果出发,笔者认为保留受害人提起附带民事诉讼的权利为宜。

2. 人身损害案件附带民事部分判决在数额上前后差别较大

危害食品安全犯罪致人损害多为人身损害。《刑事诉讼法》修改前,适用 2003 年 12 月 26 日《最高人民法院关于审理人身损害赔偿案件适用法律若干问题的解释》(法释[2003]20 号)(2020 年、2023 年两次修正),2004 年 5 月 1 日起受理的因生命、健康、身体遭受侵害而引起的人身损害赔偿案件,适用统一的计算标准。按照这个标准,赔偿数额相当高,适用的是全面赔偿原则,赔偿的范围包括积极损害和消极损害,具体包括:第一,因就医治疗支出的费用,如医疗费、护理费、住宿费、住院伙食补助费、必要的营养费、康复费、后续治疗费、交通费;第二,因增加生活上需要所支出的费用,如残疾辅助器具费;第三,因全部或者部分丧失劳动能力导致收入丧失或者因死亡导致的收入损失以及误工损失,包括误工费、残疾赔偿金、被扶养人生活费、死亡赔偿金等。许多刑事附带民事执行案件判决赔偿金额达30万~60万元。当然实际上大多数判决难以执行,因为多数刑事被告人的经济能力差,且还要服刑,少数被执行死刑,赔偿效果不佳。

《刑事诉讼法》修改后,判决标准以受害人的直接经济损失为限,较高的判决金额一般在3万~5万元,易于就附带民事部分进行调解。但新的问题是,对受害方以残疾赔偿金、被扶养人生活费、死亡赔偿金等诉讼请求另行提起的民事诉讼是否应当受理,受理了又如何处理?笔者认为,当事人的正当权益应当保护,应当受理该类民事诉讼,适用相关民事法律的规定裁判。

3. 追缴、退赔与执行问题

追缴、退赔的执行问题,在理解上存在较大分歧。追缴、退赔犯罪所得是否属于法院执行部门的受案范围,对此,法律法规规定不明确。《刑事诉讼法》对罚金、没收财产刑的执行有明确规定。《刑事诉讼法》第271条规定:"被判处罚金的罪犯,期满不缴纳的,人民法院应当强制缴纳;如果由于遭遇不能抗拒的灾祸等原因缴纳确实有困难的,经人民法院裁定,可以延期缴纳、酌情减少或者免除。"第272条规定:"没收财产的判决,无论附加适用或者独立适用,都由人民法院执行;在必要的时候,可以会同公安机关执行。"刑法规定的追缴、责令退赔犯罪所得措施,在《刑事诉讼法》中却没有执行程序的明文规定。有观点认为应当由法院执行,有观点认为是侦查活动的继续,由侦查部门执行。笔者认为,由法院执行为宜,因为法院是裁判的执行机关,有较多法定执行措施,便于犯罪所得的追缴、退赔,而侦查机关均已结案,再进行相关执行活动无法律依据。相关涉案款物的保管、持有部门,应配合裁判的履行，根据相关司法解释的明文规定，相关部门接到法院裁判文书后，相关涉案款物该上缴国库的财物应上缴国库，该返还当事人的应返还当事人。相关侦查机关、银行等部门是判决履行的配合单位，具有配合执行的法定义务。

第八章 危害食品安全犯罪刑事政策之研究

第一节 刑事政策特点之分析

近些年来,我国危害食品安全犯罪刑法规制相关的刑事政策有比较明显的重刑化的倾向,刑事法网也日趋严密,但有较多需在结构性方面进一步完善之处。有学者对危害食品安全犯罪刑事政策从多个角度进行了研究,有学者认为,"面对危害食品安全犯罪的高发、多发态势,我国当前采取'厉而不严'的刑事政策予以治理",①"厉是指刑罚苛厉,不严是指刑事法网不严密"。这种对危害食品安全犯罪刑事政策"厉而不严"的评价,有一定的客观

① 储槐植、李莎莎:《我国危害食品安全犯罪刑事政策之思考》,载赵秉志、张军主编:《刑法与宪法之协调发展(下卷)》,中国人民公安大学出版社2012年版,第905~906页。

依据，得到很多学者的赞同。“厉”的刑法结构夸大了刑罚严苛对治理危害食品安全犯罪的效果，“不严”的刑法结构打击的范围较为狭窄，对很多危害食品安全犯罪行为没有规定刑事责任；采用“厉而不严”刑事政策治理危害食品安全犯罪，并没有取得预期的威慑和预防效果。因此，有学者认为，对食品安全的刑事政策应“从‘从厉而不严’走向‘严而不厉’”，认为“未来的食品安全刑事立法，在进一步严密法网的同时，要减缓刑罚的苛严。”[①]笔者认为，这一评价不完全准确，“厉”确有其事，也是对重刑化的概括，长期强调重刑确实效果不佳，应当客观、全面地进行评判。但简单地称“不严”，则不十分准确，因为我国针对危害食品安全犯罪的刑事法网已经逐步严密，罪名在增加，而且有非法经营罪及生产、销售伪劣产品罪等罪名兜底，不可谓不严密，只是这种严密的法网在结构上仍有需要完善和调整之处。

我国对危害食品安全犯罪重刑化有如下表现。

一、立法上增设罪名并加重了法定刑

第一，《刑法修正案（八）》之前，涉及危害食品安全犯罪的主要有生产、销售伪劣产品罪，生产、销售有毒、有害食品罪和生产、销售不符合卫生标准的食品罪三项罪名。[②]《刑法修正案（八）》出台后，在《刑法》第408条中增加一条，即《刑法》第408条之一，设置食品监管渎职罪，将负有食品安全监督管理职责的公务人员也纳入刑法的规制对象。为了实现刑法与《食品安全法》的衔接，将“不符合卫生标准的食品”修改为“不符合安全标准的食

---

① 刘仁文：《中国食品安全的刑法规制》，载赵秉志、张军主编：《刑法与宪法之协调发展（下卷）》，中国人民公安大学出版社2012年版，第918～919页。

② 舒洪水：《食品安全犯罪刑事政策：梳理、反思与重构》，载《法学评论》2017年第1期。

品”，不符合安全标准食品的范围要明显广于不符合卫生标准的食品，拓宽了刑法规制的对象范围。

第二，法定刑趋重。在法定刑配置方面，《刑法修正案（八）》沿袭了1997年《刑法》的规定，对《刑法》第143条配置的法定最高刑为无期徒刑，对生产、销售有毒、有害食品罪配置的法定最高刑为死刑；将危害食品安全犯罪“单处罚金”的规定，改为一律“并处罚金”，并采用无限额罚金制；将生产、销售有毒、有害食品罪中的“造成严重食物中毒事故或者其他严重食源性疾患，对人体健康造成严重危害”的具体标准，修改为更为抽象的“对人体健康造成严重危害或者有其他严重情节”，降低了该罪的加重处罚门槛；对食品监管渎职罪配置了高于一般滥用职权罪和玩忽职守罪的法定刑期。在法条竞合的情形下，采取重法优于轻法的原则。

二、刑事司法修补法网及从重量刑

（一）司法解释修补法网

针对刑法不够明确具体的问题，2013年5月3日，《食品安全刑事案件司法解释》对于何为“对人体健康造成严重危害”“足以造成……事故或者其他严重……疾病”“其他严重情节”“后果特别严重”予以明确解读，并规定了实践中相关犯罪案件的认定标准；对较为常见的食品添加剂，添加禁用农药、兽药，私设生猪屠宰场所等认定疑难问题进行了规定，使刑事法网更加严密。上述司法解释同时指出，应当按照“从一重处罚”的原则处理危害食品安全犯罪中的罪数竞合问题，并且规定对不构成生产、销售不符合安全标准食品罪和食品监管渎职罪的情形，以生产、销售伪劣产品罪、非法经营罪和渎职罪予以认定，这实际上是以“口袋罪”的形式对危害食品安全犯罪进行兜底处理，体现了司法机关

“从严”惩处危害食品安全犯罪的倾向。

（二）适用刑罚从重

2010年9月15日，最高人民法院、最高人民检察院、公安部、司法部联合发布的《关于依法严惩危害食品安全犯罪活动的通知》，2011年5月27日最高人民法院发布的《关于进一步加大力度，依法严惩危害食品安全犯罪及相关职务犯罪的通知》，均体现了“从重”惩处危害食品安全犯罪的办案指导倾向：罪当判处死刑的，要坚决依法判处死刑，其中对于危害食品安全犯罪中对人体健康造成严重危害以及销售金额巨大的犯罪分子，以及累犯、惯犯、共同犯罪中的主犯，罪当判处死刑的，坚决依法判处死刑。对于致人死亡或者有其他特别严重情节的危害食品安全犯罪及相关职务犯罪，罪当判处死刑的，坚决依法判处死刑。要用好罚金、没收财产等刑罚手段，彻底剥夺犯罪分子非法获利的资本和再次犯罪的能力。要从严把握对危害食品安全犯罪分子及相关职务犯罪分子免予刑事处罚和适用缓免刑的条件；对依法必须适用缓刑的犯罪分子，通过禁止令的形式规定了“从业禁止”措施，禁止其在缓刑考验期内从事与食品安全有关的活动。

（三）打击食品安全渎职犯罪，保障食品安全监督秩序

2010年10月，最高人民检察院、公安部、监察部、商务部在联合下发的《关于开展行政执法机关移送涉嫌犯罪案件专项监督活动的工作方案》中规定，加强食品安全各主管部门之间的沟通配合，严格禁止“以罚代刑”，规范移送案件程序，推动行政执法与刑事司法的有效衔接。2011年双汇“瘦肉精”事件发生后，最高人民检察院要求各级人民检察机关进一步加大对食品安全监管失职等犯罪的查办力度，召开全国检察机关深入开展打击侵犯知识产权与制售假冒伪劣商品专项行动及对行政执法机关移送

涉嫌犯罪案件专项监督活动工作会议，要求检察机关建立快速反应机制，要坚持基本事实清楚、基本证据确凿的原则，从快批捕、起诉，提前介入公安机关正在侦办的重大危害食品安全犯罪案件。2011年3月28日，最高人民检察院专门下发《关于依法严惩危害食品安全犯罪和相关职务犯罪活动的通知》，要求检察机关办理危害食品安全犯罪案件时，注意挖掘案件背后的职务犯罪线索。同年同月，最高人民检察院再次将涉及食品安全渎职犯罪作为严肃查办危害民生民利的渎职侵权犯罪专项工作的重点内容。同年4月，最高人民检察院反贪污贿赂总局渎职侵权检察厅、职务犯罪预防厅先后下发文件，明确惩防重点和工作要求，专项重点打击、惩治与预防食品安全监管领域贪污贿赂、失职渎职犯罪。

（四）组织从严打击危害食品安全犯罪的行动

根据不同季节、不同节假日，公安、司法部门围绕市场特点，集中打击危害食品安全犯罪的违法犯罪行为。严厉打击那些涉及面广、社会影响大、群众反响强烈、带有行业“潜规则”性质的危害食品安全犯罪的违法犯罪。全国及各省、市、县公布典型案例，形成威慑态势。如最高人民法院从2011年起为彰显刑罚惩戒与教育功能，营造打击危害食品安全犯罪的舆论氛围，通过公布典型案例的形式威慑犯罪分子。综合分析典型案例的定罪处罚情况，反映出我国当前食品安全刑事政策的特点。典型案例判处最多的食品领域犯罪分别是生产、销售伪劣产品罪，生产、销售有毒、有害食品罪或生产、销售不符合安全（卫生）标准食品罪，非法经营罪，还有以危险方法危害公共安全罪，玩忽职守罪。在量刑上，绝大多数案件判处5年以上有期徒刑，所判处的罚金数额也较大，重刑率较高。在一个行为触犯多个罪名的情况下，选择处罚较重的罪名。在行为人的行为造成多人死伤的情况下,还选择适用以危险方法危害公共安全罪定罪处罚。立法及司法机关针对危害食品安全犯罪的重刑态度十分明显。

第二节 重刑化社会效果之分析

采用什么刑事政策,是由决策者的价值追求决定的,刑事政策的基本价值追求与社会的价值观有直接关系,即追求自由、公平、王义、效率。这种价值追求在刑法中既表现在对人的生命权、健康权给予优先保障,即刑法追求的法益保护;又表现在对犯罪的预防。对价值追求的实现情况,就是社会效果的体现。客观地分析,在重刑化适用刑罚惩治危害食品安全犯罪的过程中,在一定阶段起到了暂时遏制犯罪、减少犯罪的作用。但是,由于犯罪原因复杂且多样化,社会影响因素复杂,单一的刑事政策很难起到好的成效。

2012 年 4 月 15 日,中央电视台曝光了一起用工业明胶生产空心药用胶囊的事件(以下称为“毒胶囊事件”),在全国范围内立即引起了重大影响。该事件所涉困难和问题,对于反思刑事政策的利弊与完善具有重要价值。浙江新昌县儒岙镇原本是胶囊业的发源地之一,胶囊业发展了 50 多年。至 2012 年事发,全镇共有胶囊生产企业 35 家,较大规模企业 11 家,全县有 43 家,该镇企业在全县占比为 81.1%,在全国胶囊业占比约 1/3。另外,该镇专业生产线共有 364 条,全镇从业职工 3158 人,每年全镇共生产的空心胶囊总数超过 1000 亿粒,占全国总量的 40%。事件披露后,10 家企业被吊销经营许可证,12 家企业被公安立案查处,72 人被作为犯罪嫌疑人立案。境内有 18 家企业购买及使用过的不合格胶囊达 9 亿粒,总金额 500 万余元。28 件 32 人被提起公诉,法院均以生产、销售有毒、有害食品罪定罪量刑。该案社会关注度高,社会影响恶劣。

发生如此重大事件,一方面是由于当时的管理部门监管措施不到位,另一方面,行为人蓄意隐藏踪迹、掩盖真相也是重要原因。涉案人员多采取隐蔽手段,不从固定对象购买工业明胶,购买后将工业明胶存放于租来的处所,以逃避检查、检验,需要用时再取回加工地。行为人为了掩人耳目,生产胶囊要使用工业明胶时,一般将加工时间选择在夜间。主要行为人极为隐秘,在生产过程中,除做熔胶工作者之外,大多数参与人对原料的性质一无所知,蒙蔽性极强。由于此类企业多数是以家庭或家族为单位开办,行为主体彼此之间多有亲属关系,查明真相有一定难度,普通管理人员、工人大都是当地居民,处理方法不妥就会易引发社会问题。

犯罪是一种复杂的社会现象,由多种原因交织作用而产生,除行为人的个体因素外、社会及自然因素也起了重要作用,食品类犯罪也有其特点。在"毒胶囊事件"中,各种因素相互交织,具体分析,有以下主要原因:第一,管理不到位、整顿不彻底。事件发生之前,当地胶囊行业就出现不良状况,管理部门就相关问题进行过整顿,采取的措施是对县内 329 家企业实行合并,最终合并为 43 家。原来一些经营者本来就无证,合并后披上了合法外衣,正常监管不到位,使违法生产经营活动更加隐蔽。第二,运营、管理混乱。彼此"各自为政"现象严重,企业内部制度不健全,财务混乱,账目不清。第三,对空心胶囊规制的法律、法规不完备。对药用空心胶囊究竟是药品还是药用辅料问题,国家、省、市管理部门的文件规定不明确，管理、验收标准不统一，操作有难度，对违法经营胶囊行为的处罚依据不足。第四，监管部门职责不清，处罚不力。常规监管工作如检查、处罚等由县级药监部门执行，开办登记、换领证、验收等工作由市级监管部门负责。该县药监部门因工作繁重难以应对，却设定年度罚款“任务”，导致执法人员片面追求罚款金额，造成“罚款顶罪”的现象。2007 年～2012 年，县监管部门对违法行为采取了罚款措施，没有采取其他方法，罚了多少次款，每一个当事人被罚多少款，均没有记录，对一些涉嫌犯罪的行为，也以罚款结案。国家制定的监管制度没有得到落实。第五，众多从业人员法律意识淡薄。犯罪嫌疑人基本都是当地人，文化程度低，对行为及后果认识水平低。为图暴富，以绝对的低价作为竞争的优势，胆大妄为，不顾后果，以有害物质为原料牟利，排挤竞争对手。

该案在办理中，还凸显了司法认定难题：第一，关于“食品”的刑法适用问题。以什么为认定“食品”的根据，存在不同认识。在处理“毒胶囊事件”的过程中，是以药品、产品还是食品的法律处理涉案胶囊问题，大家各执一词，特别是在案发之初，对胶囊属性的认定会直接影响罪名的认定，从而影响整体工作进展。第二，案中的工业明胶的定性问题，即是否为有毒、有害的非食品原料问题。这就要求有法定鉴定部门的技术鉴定。要明确两点：其一，是否为非食品原料；其二，是否有毒、有害。第三，如何依法处理原料供应人的刑事责任的问题。依照《食品安全刑事案件司法解释》的规定，原料供应人自身以牟利为目的，经营非食品原料，情节严重的，以非法经营罪适用刑法；明知他人实施《刑法》第 143 条或第 144 条危害食品安全犯罪类犯罪，还供应有毒、有害非食品原料的，说明该行为人与他人有共同故意，应与他人以《刑法》第 143 条或第 144 条的共犯定罪量刑。当然《食品安全刑事案件司法解释》开始生效之日，该罪的大多数案件正在处理之中，有一种观点认为对于未宣判的案件应按“从旧兼从轻”的刑法适用原则，对工业明胶提供者以较轻的非法经营罪定罪处罚处理。笔者认为这种观点误将司法解释当作刑事法律，从旧兼从轻原则是针对刑法条文而言的，不是针对司法解释的，司法解释是对刑法条文的说明。《食品安全刑事案件司法解释》出台后，只要是未宣判的案件，当然要按经其说明的刑法条文含义办理。

实现“三个效果”的有机统一，是司法机关办理刑事案件的价值追求，也是刑事政策的价值追求。该案的办理如何实现这一价值，值得研究：第一，查办此案与当地经济发展密切相关。胶囊生产是该镇的支柱产业，数年来是当地经济的基础，是财政及当地人生活的主要来源。事件发生后，当地各方面的发展出现问题。案发之初，企业全面叫停整顿，胶囊价格一路飙升。如何将适用刑法规制的工作做到合法、合理、恰当，既做到有利于行业的健康发展，又能惩治行业内的不法行为，尽快恢复良好的市场秩序，是办案机关需要面对和应解决的问题；如何在惩治与保护上寻求平衡，是司法机关面临的挑战。第二，刑事规制面临的社会问题错综复杂。其一，债权债务处理问题突出。经统计，至 2013 年 4 月，被处理企业涉债务总额过亿元。相关关键人物均入狱，纠纷集中，隐患重重。其二，待安置涉案员工的去向成问题，此类人员超过 1000 人，基本为当地人，企业的主要人员被追究刑事责任后，原企业员工的工资、就业等附随问题成为基层部门面临的难题。其三，涉案人员企业的资产处置成为难题。相关企业主被判处刑罚后，物质资料大量闲置，难以处置，也造成浪费。其四，其他工作与刑事规制的协调有一定难度。国务院对行政执法机关移送犯罪案件早已明文规定。但在实践中，这种移送没有具体的操作规程，不明确什么情况下移送，移送的部门很被动，积极性、主动性不高。有些部门在执法中，考虑自身利益，如考核、福利规则等，容易产生以罚代刑的现象。

对毒胶囊案件的深度剖析体现出导致食品安全案件错综复杂的要素，包括经济、政策、行政机关监管、法律法规及行为人法律意识等，单一的刑事政策是无法破解上述问题的，要实现食品安全的长治久安，一味重刑规制最终难以取得好的成效。

第三节　刑事政策之反思

刑事政策与刑法的关系，就是政策与法律的关系，政策具有指导作用，刑事立法是刑事政策精神的具体化，也即刑事政策刑法化。近些年来，我国在食品安全刑事规制上，基本上采取的是从严、重刑化的刑事政策精神。但是，客观事实证明这种从严、重刑化的政策效果不佳。

一、重刑不能取得长效

通过刑法修正案降低了涉食品类犯罪的入罪门槛并加重刑罚的适用，“严罚”的态势十分明显，但成效不明显。而该类犯罪案件长期不减反增，客观事实表明，“严罚”没有取得设想的效果。据检察机关统计，[①]2013～2017 年，检察机关挂牌督办庞某

① 《参见最高人民检察院检察长曹建明在十三届全国人大一次会议第二次全体会议上所作最高人民检察院工作报告》，载最高人民检察院网，https://www.spp.gov.cn/spp/gzbg/201803/t20180325_372171.shtml。

卫等人非法经营疫苗系列案等986起重大案件,办理食品药品领域公益诉讼731件,起诉制售假药劣药、有毒有害食品等犯罪6.3万人,这足以引起大家对刑事政策成效的反思。重刑对犯罪能起到暂时的威慑效果,但适用并非长效之举。对食品安全类犯罪适用重刑不仅表现在适用法律从重上,还表现在相应条文规定的刑种及幅度的重刑上。如采取“逐步减少适用死刑罪名”的政策,但对生产、销售有毒、有害食品罪还是保留了死刑适用。

二、“重罚”策略的效果难以持久

“重罚”在刑法规制中,是对一定时期严重犯罪的重点打击,实践表明,“重罚”对特定的犯罪在短时间内可以形成震慑,使其敬畏法律,因而一时能够遏制犯罪的发展势头,维护社会秩序。在应对动乱时,“重罚”有现实价值。从长治久安而言,长久“重罚”不妥,犯罪也会产生“赖药性”。社会其他管理方面也会过度依赖刑罚。刑法是规制严重破坏社会规则的行为,是维护社会规则的一道防线,但不能认为刑法是万能药方,过多地让刑法解决不属于它应对的社会问题。“重罚”一旦长期化、经常化,无疑将会形成重刑主义的惯性思维。长期如此,容易把社会治理方式引向一味重恐吓、重威慑的模式,有悖于当代刑法谦抑、轻刑化、教育感化等刑法理念的倾向。刑事规制是在法益遭受侵害后的事后补救,是对法律秩序的恢复。刑罚作用总是事后的,是惩前毖后式的。同时,应加大行政处罚力度,其治理措施应当全面、及时、高效,不能弱化。不能因“重罚”思想的影响,却将最有效的行政管理上的治理措施淡化或边缘化,从而舍本逐末。据此,在理论、立法及实务上,均应当对重刑主义倾向有足够理性、客观的态度。

危害食品安全犯罪案件事件容易引起公众关注,引发人们的恐惧及愤怒。全社会容易将希望寄托在执法部门身上;立法者、管理部门也感同身受。正如有学者所言:“刑法在食品的制造过程中,无法介入太深,也不能介入太早,否则生产者可能动辄得咎。但是,刑法也不能等待重大事件形成之后才介入。折中的做法是,立法者必须划定一道可受容许的危险界限。[①]”

综上,要预防并遏制危害食品安全犯罪,保护公众生命健康,维护公平公正的食品市场秩序,对刑法寄予过大希望,是不切实际的。因为,有关食品安全的刑事立法与执法,只是食品安全法治领域的一环,构建良好的食品安全环境固然需要刑事立法的完善与司法上的严格与公正,但与产生犯罪的复杂多样化的原因相适应,需要多样化的监管手段与途径予以处置,才是科学合理的方法。

第四节　刑事政策之调整与贯彻

针对与食品相关的犯罪,应当坚持宽济相济刑事政策,把这一政策真正贯彻到立法与司法中去,力求实现政治效果、法律效果、社会效果的统一。具体来讲,可以从以下方面做出努力。

一、从重刑化趋势转换到宽严相济政策上来

危害食品安全犯罪案件多发,从食品安全问题产生的根本原因出发,采取针对性的措施,才能取得理想的效果,若采取的措施不是有的放矢,药方没有针对病根,病就难根除。危害食

---

① 张丽卿:《海峡两岸有关毒奶事件的法律关照》,载《东海大学法学研究》2009年第31期。

品安全犯罪是一种非常复杂的社会现象，是一定历史阶段经济、政治、文化、社会环境，甚至人的心理、生理、自然环境等各种因素综合作用的结果。片面地认为，犯罪多了，就是刑罚轻了，就要用重刑，这是机械的思维方式。重刑暂时会有一定效果，如果长期适用重刑，犯罪还是多发，说明重刑成为常态，犯罪多发也成为常态，重刑如同长期服用的药物，已被病菌适应，作用也渐渐减退。

在对危害食品安全犯罪刑法规制上，刑事立法、司法均应严格贯彻宽严相济的刑事政策。长久地坚持宽严相济的刑事政策，应保持理性、客观、科学立法的司法态度，坚持罪刑法定、罪责刑相适应等刑法基本原则，公平、公正地的定罪量刑，才能发挥刑法规制应有的效能。

宽济相济刑事政策是惩办与宽大相结合基本刑事政策的要求，要正确理解危害食品安全犯罪类犯罪刑事政策的“从严”与“从宽”，刑事政策中的“从严”更多的是要求打击犯罪行为的及时性，以及严重危害法益行为的从重量刑。对犯罪行为的“从严”适用刑法有几重含义：第一，是依法从严，不能脱离刑法规定而从严，行为人的行为触犯某一罪名，就构成什么罪，不能为了从严选择本不符合构成要件的罪名。当然，竞合犯、牵过犯不同，是行为人行为本身就触犯多个罪名。如果行为人的行为本身构成生产、销售有毒、有害食品罪，为了从严，而适用以危险方法危害公共安全罪，这种从严是违背罪刑法定原则的，是对法制的破坏。第二，从严是在法律框架内实现“从严”，是在法定量刑的幅度内从严，不能不顾事实人为提高量刑档次。第三，对从严不能只理解为量刑从严，而应包括法网从严，追究漏罪从严，使犯罪人不漏网从严等。这就要求在立法上、司法上努力。如果法网不严，严打实际上永远打不严。“从宽”同样是宽严相济刑事政策的重要组成部分,是指对符合条件的犯罪嫌疑人或被告人依法给予轻缓化处理,以达到刑事政策实现法律效果与社会效果相结合的目的。“从宽”政策通过差异化的处理方式,既能体现对犯罪行为的否定评价,又能修复社会关系、促进犯罪人再社会化。“从宽”具体表现在实体和程序两方面:在实体方面,表现为从轻、减轻或免除处罚;在程序方面,表现为简化流程、适用非羁押措施等。在适用“从宽”政策时,应当严格遵循法定条件,并符合罪责刑相适应原则的内在要求。

坚持宽严相济的刑事政策有两个方面:一是宽严结合,不可偏废,不可片面强调某一方面,忽视另一方面。[①] 对每个具体犯罪分析其从宽或者从严两个方面的因素,全面权衡。有自首或立功从宽处理情况的,该从宽就从宽。二是宽严适度、适时。司法机关根据法定刑对具体犯罪裁量刑罚,还要根据不同情况区别对待。

宽严相济的刑事政策要求对不同的行为人切实区别对待。在较大的食品安全案件中,参与人的分工不同,在犯罪中的作用大小不同,获取的利益也不尽相同,要分清不同人的地位、作用,该严则严,该宽则宽。“宽”与“严”之间要有适当的平衡关系,这一政策与公平正义的刑法价值追求是一致的,有利于打击犯罪和保障人权二者兼顾。对于为了暴利,不计后果,大模经营危害食品安全犯罪的主犯依法从重惩处;对于参与经营,受人指使,只为工资收入的普通员工,可依法从轻处罚。这也是惩办与宽大相结合刑事政策的延续与体现。

---

① 参见谢望原、卢建平等:《中国刑事政策研究》,中国人民大学出版社 2006 年版,第 250 ~ 251 页。

二、贯彻宽严相济刑事政策的“严”重在法网从严

在法网严密趋势上继续努力，真正做到“法网恢恢，疏而不漏”。意大利刑法学家有句名言：“对于犯罪最强有力的约束力量不是刑罚的严酷性，而是刑罚的必定性和不可避免性。”①由于法网不严密，出现了用口袋罪名、人为适用重罪名的情况，这就要求对法网进行一定调整，使之更为合理、严密。

（一）调整危害食品安全犯罪在刑法分则体系中的归类

综上所述，食品安全类犯罪本来侵害的法益主要是不特定多数人的生命、健康权益及财产权益，是对公共安全法益的侵害。相对来讲，危害公共安全犯罪的危害大，法定刑也重一些。很多严重的食品安全犯类犯罪致多人死伤，数百、数万人受害，司法机关适用刑法时，本可适用危害公共安全方面的犯罪追究行为人的刑事责任，但是危害食品安全犯罪规定在破坏经济的犯罪一类中，有时只能适用以其他危险方法危害公共安全这一罪名。这样做就是“罚不当罪”。将食品安全类犯罪归入危害公共安全一类中，是贯彻宽严相济、罪刑相适应刑事政策的要求。

因此，要整合食品安全类犯罪在刑法中的编排顺序，现行《刑法》中冠以“食品”字眼的 3 个危害食品安全犯罪罪名，即《刑法》第 143 条、第 144 条和第 408 条之一规定的犯罪，分散规定在《刑法》各章节中。前两个罪归入了破坏市场经济秩序罪中，食品监管渎职罪归入第九章渎职罪中。这样的归类不符合危害食品安全犯罪的本质属性，食品直接进入人的体内，传播不安全食品相当于急性、慢性杀人，具有非传统公共安全的属性，对公众潜在危

---

① ［意］贝卡里亚：《论犯罪与刑罚》，黄风译，中国大百科全书出版社 1993 年版，第 59 页。

险巨大。大多数国家和地区的立法例,如俄罗斯、德国、意大利等国都将食品安全类犯罪规定在“危害公共安全罪”中,将该类犯罪侵犯的主要法益定位为公共安全。我国可以根据国情加以借鉴,使刑法规制和刑事政策更加科学化。

（二）进一步严密法网,扩大犯罪圈

1. 严密生产、销售型危害食品安全犯罪刑事规制法网

《刑法》第 143 条、第 144 条规定的食品类犯罪,因客观发生的犯罪复杂多样,法条规制的犯罪圈偏窄,尽管在情节上规定的一些诸如“其他严重情节”之类的兜底性用语,但不能改变犯罪圈的基本范围。只有对法定的罪责要件进行实质性完善,才能真正使法定犯罪圈符合现实,实现严密法网的宗旨:第一,不应遗漏责任主体。食品安全类犯罪中食品的责任主体,不应局限于生产者、销售者,这不仅不符合食品安全法规对行为主体的规定,也必然使一些责任主体规避法律制裁。应当弥补立法上的疏漏,消除法律上的矛盾,对相关条文进行修正,增加一些责任主体的规定,如农产品的种植者、动物的饲养者、食品的加工者等。第二,扩充责任行为形式。实施危害食品安全犯罪的行为方式在法条中统称为生产、销售,这两类行为形式无法涵盖现实中存在的门类繁多的行为。可以用“经营”取代条文中的“销售”,这样可以将运输、储存等行为纳入经营范围中。法条中,应对“食品”的内容作扩充解释,将不符合营养标准的食品、添加剂、转基因食品等都纳入食品的范围。生产的行为方式也应包括农产品的种植、饲养等行为。第三,完善责任罪过形式。普遍认为《刑法》第 143 条、第 144 条规定的涉危害食品安全犯罪的主观责任形式是故意,而在客观现实中,过失导致食品不符合安全标准,过失使食品有害,过失使危害食品安全犯罪流入市场、损害公众健康的案件大量存

在。如果刑法条文不明确规定，过失也构成此类犯罪，则刑法涉危害食品安全犯罪的规制不力，难以维护良好的食品安全秩序。

2. 完善对食品监管渎职罪的刑法规制

《刑法修正案（十一）》第45条对食品监管渎职罪进行了具有进步意义的修改，造成严重后果或有其他严重情节是该罪的成立要件。但是，何谓"严重"，需要有一定的量化或具体标准，以便于严格依法定罪量刑，应当进一步明确行为人的行为造成多少人死伤或财产损失，才属于造成严重后果；行为人的行为具备什么特征、造成什么影响才属于情节严重；还须将量刑根据的层级具体化，以利于贯彻罪刑相适应的刑事政策。如前文所述，若将食品安全监管渎职罪归类到危害公共安全一章，可以将食品监管渎职罪，修改为食品安全监管失职罪或食品安全监管重大责任事故罪，犯罪主体不限于国家机关及工作人员，可以包括所有履行食品监管职责的单位和人员。

严密食品安全刑法保护法网，还可以如前文所述，增设危害食品安全犯罪的相关新罪名，如持有不符合安全标准的食品罪、拒不召回不符合安全标准的食品罪等不作为方式的犯罪等。为了严密危害食品安全犯罪的法网，司法部门已经做了一些努力。如《食品安全刑事案件司法解释》，意在通过司法解释在司法实践中扩大刑法的调控范围，弥补刑事立法的不足。但是该解释将刑法的"生产、销售"解释为"加工、销售、运输、贮存"，显然与字词应有含义本身不相符。应当采用刑法修正案的方式完善食品安全刑事立法。

（三）贯彻罪刑相适应政策，应完善法定刑

1. 细化罚金刑

《刑法》第143条、第144条保留了附加刑中罚金刑这一刑种，但在适用原则上，不再采用原罚金刑的处罚方法，即按比例限制和单处罚金的规定，实行无限额罚金及并处罚金的适用原则。立法精神意旨在于从严打击危害食品安全犯罪。但其不足之处明显：第一，无上下限额的罚金刑不便操作，由于未设定下限，可能对有的犯罪人适用的罚金数额过低，甚至低于行政罚款的数额，出现两种处罚不均衡的现象；第二，没有统一合理的计算标准，又无上、下限额，法官的自由裁量空间大，可能发生同案不同判，量刑畸重畸轻，罚金数额严重不均衡的现象；第三，只有并处罚金一种方式过于机械，不利于对情节较轻的犯罪不适用主刑，只适用罚金刑。笔者认为，作为刑罚的重要种类，罚金刑是一种财产刑，其数额应有上、下限的规定，这也是罪刑法定原则的基本要求。最低限额可与行政罚款相衔接，将行政罚款的最高额作为罚金刑的最低额。对上限额的规定，可以考虑对行为人生产销售的食品价额规定一定比例，这也是以前的做法，也是刑法对待财产类犯罪的通常做法。合理之处是犯罪金额是反映行为人行为危害性大小的重要方面，以此为基础标准，是罪刑相适应原则的要求。有观点认为，在未遂情形下没有销售金额，罚金数额就难以确定。笔者认为，以犯罪数额为基准确定罚金最高刑，是一般标准，并不是唯一标准，在犯罪未遂等情形下，确实无法确定犯罪数额的，可以根据犯罪情节、危害程度综合判断，确定数额。

2. 增设资格刑

现行刑法规定的生产、销售型危害食品安全犯罪，在罚则中均没有设置资格刑，这是立法上的不足之处。行政法规针对食品行业的制假、售假等违法行为规定了较多有关经营资格的行政处罚，即责令停业整顿、吊销营业执照、吊销经营许可证等。从维护食品安全的目的出发，很有必要在刑法中规定与之相呼应的资格刑,使犯罪的自然人、法人在一定时间内不具有再实施危害食品安全犯罪的条件。在无资格刑的情况下,有的罪犯在服刑,其经营的食品业务还在运作,在监狱指挥他人经营,这样他还有继续犯罪的条件;单位犯罪后被判罚金,而单位还有经营资格,还可以继续实施危害食品安全犯罪。在设立资格刑时,对自然人与法人可以区别对待。对自然人主体可以设定两种时间的资格刑,根据其罪行轻重,剥夺其一定期间的从事食品经营的资格,对罪行特别严重的剥夺其终身从业资格。对法人主体,可以设定剥夺其一定期间内从事食品经营的权利,根据犯罪情节轻重,设定停业整顿、强制解散、吊销执照等剥夺资格的措施。

3. 合理配置没收财产刑

刑法在对生产、销售型危害食品安全犯罪的法定刑配置上,对财产刑重视不足,没收财产刑仅适用于具有特别严重情节的情形,并且在监禁刑与没收财产刑的适用方式上采用选科模式。建议对相关情节增设没收财产刑,修改监禁刑、没收财产刑的适用模式,对生产、经营不符合安全标准的食品罪及生产、经营有毒、有害食品罪规定的基本法定刑、加重法定刑,可以增加没收财产刑,在致人死亡或特别严重情节下,监禁刑与没收财产刑的适用模式可以将选科模式修改为并科模式。

4. 完善食品监管渎职罪的刑罚配置

《刑法》第408条之一对食品监管渎职罪设置了有期徒刑、拘役两种刑罚,规定的量刑幅度,较刑法中的一般渎职罪更高,体现的立法精神是食品监管渎职罪比一般的渎职罪危害要大,因此处以更为严厉的刑罚。该条规定了两个量刑档次,“五年以下有期徒刑或者拘役”与“五年以上十年以下有期徒刑”。笔者认为,该条的规定基本合理,但刑罚种类过于单一,与该罪的犯罪性质不相称,不利于贯彻罪刑相适应原则。如前文所述,食品监管渎职罪有滥用职权、玩忽职守两种行为,行为人实施上述行为可能是基于故意,也可能是基于过失,刑法条文还有徇私情节的规定,触犯该罪容易给国家和人民带来巨大损失。对该罪仅规定了拘役和有期徒刑两类自由刑,明显不相称,而应考虑增加没收财产刑、资格刑,以便更好地贯彻罪刑相适应原则。

5. 完善禁止令,将刑罚与行政处罚相衔接

我国《食品安全刑事案件司法解释》对危害食品安全犯罪中适用的缓刑,作了扩大解释,在刑法规定被判缓刑的人应遵守的规则的基础上,对特定的危害食品安全犯罪的罪犯,规定可以同时宣告禁止令,禁止其在缓刑期内从事有关食品的经营活动。该解释所设禁止令的特点是针对特定对象,禁令涉及行业是食品业这个特定行业,禁令的期间与案犯缓刑期间相同。这一解释是对刑法在资格刑方面设置不足的一种补充,目的是防止行为人在缓刑期间参与食品经营活动,再犯危害食品安全类犯罪。但是,这一解释并不完善,没有顾及刑法规制的整体性。如与缓刑对象具有可比性的假释对象,是对被剥夺自由者的有条件提前释放,如行为人所犯之罪是食品类犯罪,为什么不设禁止令呢?还有其他一些犯罪也与一定行业、职业有关,如金融诈骗类犯罪,也未规定禁止令。显然,这一司法解释欠缺整体上的考虑。

此解释还存在与行政法规的衔接问题。内地《食品安全法》对部分食品行业的从业人员设定了“禁止令”,适用的对象是行为人有食品方面的违法行为,这种行为的后果严重到被实际吊销营业执照或被开除的程度。禁止令的对象是食品经营单位的负责人、管理人员以及与食品检验有关的人员,没有包括个体经营者,对象范围较窄。禁止的行为内容是由行为人的违法行为内容

决定的，实施了什么违法行为就禁止什么行为。可见，司法解释中的禁止令与行政处罚中的禁止令，在适用对象、条件、范围等方面均不相同，彼此无衔接关系，在适用、执行等方面并无任何援引或参照。

我国香港、澳门地区的禁止令制度较为成熟，在食品安全领域适用较多，在严厉惩处食品类违法行为上发挥了作用，值得内地借鉴。香港、澳门地区实行严格的“禁止令”，有对象、范围明确，时间具体的特点。禁止令的发出机关是食品主管机关，如香港地区的关长可以向经营不安全消费品的相关人员下达禁止通知书，禁止一定时间内供应该消费品。澳门地区的禁止令决定机关为食品主管机关。“禁止令”的惩罚性很强，直接剥夺了被禁止对象一定时间内的生产经营资格。禁止令的内容是剥夺与食品经营有关的资格、证书。香港、澳门地区有关食品的禁止令禁止的对象——食品业从业者——的范围广，只要查实食品违法行为，就适用禁止令，无其他限制，比内地更为严厉；且明确规定了适用禁止令的时间范围。《食品安全法》中应有一套完善的禁止令制度，对该制度的原则、对象、范围、期间有明确的界定，可以扩大适用的对象范围及行为范围，设定被剥夺资格的恢复条件，这样可以加大行政禁止令的力度，同时与刑罚规制的禁止令相协调、衔接。

6. 对再犯适用刑罚应体现罪刑相适应精神

对再犯，在适用刑罚上应加重处罚，这既符合刑法的基本原理，也是刑事政策的要求。此处的再犯，是指曾因食品生产经营违法犯罪行为而受过处罚的行为人，再次实施同种犯罪行为的情形。我国香港、澳门地区对再犯都作了加重处罚的规定，但各有不同。澳门地区食安法所指再犯属于累犯情况的，提高 1/4 处刑。内地关于危害食品安全犯罪的再犯，适用条件明显不同。内地加重处罚的再犯，针对的先前行为可以是行政违法或刑事违法，后面的行为本构成危害食品安全犯罪的基本犯，在此条件下，才可以对第二次犯罪行为予以加重处罚。倘若后一行为不构成食品类犯罪，或只属于行政违法，就不会发生对此后行为加重处罚。内地可增加食品生产经营违法再犯的加重处罚条款，以提高行政处罚的力度。如可增加相关危害食品安全犯罪的处罚范围，即在一定时期内（如5年内）因食品相关违法行为被处以两次行政处罚，再次发生食品相关的行政违法的行为时，便构成犯罪。既体现从重打击食品领域犯罪的刑事政策，又能扩大对食品违法犯罪的治罪范围。

当然，内地与香港、澳门地区在法律体系、法律文化以及面临的危害食品安全犯罪形势等方面都存在一定差异，以致各自对危害食品安全犯罪的应对态度和具体规制方式有所不同，不可简单地得出孰优孰劣的结论。不过，香港、澳门地区应对危害食品安全犯罪的刑法规制及管理体制方面表现出的优点，值得内地借鉴。

7. 贯彻罪刑相适应原则要重视检验标准及犯罪金额的认定

在危害食品安全犯罪中，影响犯罪成立及量刑的两个重要因素是检验结果与生产、销售金额。贯彻罪刑相适应原则，就要求完善检验机构与标准，食品安不安全，是否有毒、有害，关系到有罪无罪、罪责轻重。《最高人民法院、最高人民检察院〈关于办理危害食品安全刑事案件适用法律若干问题的解释〉》规定，对于加重情节是否严重的认定，主要依据在于行为人“生产、销售金额”，也即生产、销售食品的价值。但是该司法解释关于“生产金额”的表述较模糊，一般来讲，“生产金额”就是查获的食品金额，如果已经销售出去,就难以查获,所以一般是未销售或未销售出去的食品金额。金额的大小,决定情节的轻重,相关食品是否流入市场,对刑法所保护法益的侵害或危险的程度不一样。如果相关食品未流入市场,则不可能对公众的生命、健康权利形成现实的损害,只存在危险。罪责刑相当原则的基本要求是做到罪行与刑罚相适应,只有这样才符合刑罚的价值追求。仅生产未销售相对于既生产又销售而言,在行为对社会的危害性上,未销售出去要轻一些,故在责任承担上,应当予以区别对待,不可一概而论。一般情况下,食品从生产到流入市场有一个过程,行为人如果在生产中或生产后主动将有危害的食品销毁或者中止流通,减少了对社会的危害,在刑事政策上应当得到鼓励,在量刑上理应从轻处罚或者减轻处罚。

后　记

民以食为天，食以安为先。食品安全无疑是公众最为关注且每日面临的问题，此课题之研究具有重要的现实意义。铭记“先天下之忧而忧，后天下之乐而乐”祖训的我，怀着强烈的社会责任感，在刑法专业领域将该课题作为博士学位课程的研究方向。其实，作为法学研究者，我时常感觉到自己的努力是在为芸芸众生解脱困扰，为人间正义负起应有的担当。我素以为刑法学研究不能离开社会现实，否则所谓研究成果会成为空中楼阁，失去价值。该选题得到了恩师赵国强教授的大力支持，澳门大学法学院的师长及同门兄弟姐妹提供了众多建议。艰难写来，毫无悔意，我体会到博士论文写作是一个冗长而艰巨的研究过程，也是一段自身不断学习、不断提高的历程。博士论文完成后，顺利通过答辩，获得了“全国刑法学优秀博士论文（2016—2018 年）”二等奖。论文本可及时交付出版，但我总觉得有些问题还须深入研究，且现实中食品安全相关的突发事件时有发生，相关刑法修正案及法规相继颁布，部分内容得作相应完善、充实。加之几年来我教学任务较重，作为青年教师丝毫不敢误人子弟，得加倍努力，追求教学效果。时至今日，才觉得对该课题的研究可以告一段落。

在研究中，我发现有关食品安全刑法规制的问题越来越多，且存在待完善之处。如犯罪主体的范围、应入罪的行为种类、犯罪罪过形式、犯罪侵犯法益的种类及犯罪的归类、适用刑罚的种类及轻重、相关罪名之间的关系及对犯罪原因的认识等。而且，经济社会的发展日新月异，食品安全的法律规制不断面临新课题，如转基因食品问题、网络交易平台相关问题。因此，对该课题的研究只能是一个动态的过程，本书也只能对已出现的问题进行研究。今后还需继续努力。

我生于内地，求学及工作于澳门地区，对内地与澳门地区社会都有一定的了解，书中研究的相关问题自然多涉及两地。2009 年以来，我在澳门地区历经了本硕博九年的学习，现为澳门地区高校教师，“此心安处是吾乡”，这片土地见证了我的成长和青春。书稿完成之际，我对研究阶段经历的一切充满感恩，感恩澳门大学，给了我学习、研究的优越环境；感恩导师赵国强教授的悉心指导，作为我硕博阶段的刑法学导师，先生学识渊博，治学严谨，诲人不倦，师德高尚，是我学术上的启蒙者和引路人，他对学生的惠泽不仅仅是知识的灌溉，其孜孜不倦的研究态度也应为我辈终身表率；感恩给予我大力支持的澳门大学法学院及澳门城市大学法学院的领导及老师们，他们勤奋、敬业的治学态度值得我终身学习;我也要感谢我的学生,他们认真的学习态度给了我鼓励,同时写作和备课、教学十分辛苦,但每当我看到学生们认真聆听的神情就会充满使命感,每次走上讲台我都会更有动力。

最后,感恩我父母的关爱和支持,他们是早年的刑法学硕士,多年从事法律实务工作,全力支持我完成学业和教研工作,承担了大量家庭事务,是我完成写作的坚实后盾。

书山有路勤为径,学海无涯苦作舟。书稿完成之际,我并未觉得研究任务完成,无如释重负之感,因为的确有太多问题需深入研究。我将带着理想和信念踏上新的征程,脚踏实地,力争为社会多做有益的工作。